Moisés — II

O VIDENTE DO SINAI

Josefa Rosalía Luque Alvarez
(Hilarião de Monte Nebo)

MOISÉS — II

O VIDENTE DO SINAI

Tradução
HÉLIO MOURA

Cotejada com os originais por
HUGO JORGE ONTIVERO
MONICA FERRI

EDITORA PENSAMENTO
São Paulo

Título do original:
Moisés — II
El Vidente del Sinaí

Copyright © FRATERNIDAD CRISTIANA UNIVERSAL
Cassila del Correo nº 47
C.P. 1648 — Tigre (Prov. Buenos Aires)
República Argentina

CAPA: Moisés e as Tábuas da Lei, de Cosimo Rosselli (1430-1507): Capela Sixtina, Vaticano.

Edição	Ano
1-2-3-4-5-6-7-8-9	96-97-98-99

Direitos de tradução para a língua portuguesa
adquiridos com exclusividade pela
EDITORA PENSAMENTO LTDA.
Rua Dr. Mário Vicente, 374 — 04270-000 — São Paulo, SP — Fone: 272-1399
que se reserva a propriedade literária desta tradução.

Impresso em nossas oficinas gráficas.

SUMÁRIO

O príncipe pastor	7
Céus e rochas	17
Como morrem as rosas	21
Moisés descerra o véu	25
A escola de Moisés	38
O apocalipse de Moisés	44
Sete anos depois	54
O grande sacerdote do deserto	59
A regente da Mauritânia	62
Asas mágicas	70
Fredek de Port-Ofir	76
O problema de Thimétis	86
Trinta anos	97
O hierofante Isesi de Sais	104
Estrela de Sharma	199
A volta ao ninho	203
Promessa é dívida	208
Os arquivos da luz	211
Moisés começa a ver	216
As doze colunas do templo	227
O santuário messiânico	233
O povo de Abraão	236
As duas potências	244

O Príncipe Pastor

A jubilosa algazarra das donzelas, que Jetro chamava "minhas filhas", era algo muito além do que o melancólico viajante havia esperado.

Ao saberem que Moisés era um príncipe, filho da princesa real, irmã do faraó do Egito, foi para elas como se o esplendor da montanha houvesse caído no pátio da cabana. Elas nunca tinham visto um príncipe, e dava gosto ouvir os intermináveis comentários que faziam entre si.

Examinavam afanosamente as velhas grandes arcas de Jetro buscando algo digno de tal personagem para adornar o aposento designado a ele por seu pai. Era o salão de entrada, ou sala de audiências do ancião sacerdote de Aton, o melhor aposento da casa, com vistas para o grande golfo pelo ocidente e o remanso de água doce pelo oriente, ou seja, o lugar do horizonte por onde o sol surgia a cada manhã. Comunicava-se com o oratório e a alcova particular do ancião que lhes dera ampla liberdade para utilizar tudo quanto ele guardava em suas arcas como tristes recordações do que fora sua mansão na suntuosa Thanis e, mais tarde, na pomposa Amarna, capital e sede do reinado de Anek-Aton, o rei justo, como o Egito legendário não teve outro.

Tiraram para a luz até um tapete de grandes dimensões, presente da rainha Epúvia a seu irmão, no qual, tecidas com milhares de fibras de finíssima seda, aparecia a jovem rainha, sentada com sua filhinha Thimétis de três anos em seus joelhos, entretida em lançar grãos de trigo às gaivotas e garças que as rodeavam. Tudo lhes parecia pouco para ornamentar o aposento onde devia viver aquele príncipe tão gentil quanto austero e grave, ao qual quase não se atreviam a dirigir a palavra.

As tábuas de cedro, que forravam por dentro os blocos de pedra calcárea com que estava construída a cabana, reluziam com a forte fricção de cera derretida em suco de terebinto.

Os cortinados do baldaquino, de brocado da Fenícia, cor de ouro usado pelo hierofante Jetro quando era notário-mor no templo de On em Heliópolis, cobriram o leito no qual o príncipe devia repousar.

As peças de linho branco, de gazes bordadas de prata, os tapetes da Pérsia que o ancião guardava para quando pudesse voltar ao seu último refúgio no

Egito, o templo de Abidos, tudo foi tirado para a luz daquele ocaso de púrpura, enquanto o tio e o sobrinho dialogavam secretamente a portas fechadas no oratório, onde Jetro, durante um longo meio século, esvaziara todas as suas tristezas, incertezas e aflições de desterrado.

Por constituir-se anjo guardião de sua irmã Epúvia, proclamada herdeira do trono do Egito aos quinze anos, ele desterrou-se voluntariamente daquela Mauritânia, último pedaço deixado a seco pelas águas que haviam destruído a bela Atlântida.

Para não obrigar o sogro de sua irmã, o faraó Seti I, a condená-lo à morte como determinava a lei firmada um século antes por Tutank-Amon, contra todos os adoradores do *Deus único*, desterrou-se, também voluntariamente, para as solidões pavorosas dos desérticos penhascos da Arábia Pétrea.

Dois amargos desterros pesavam sobre a sua vida e oprimiam o seu coração, e ele às vezes perguntava a si mesmo, em suas longas meditações solitárias, por que e para que o havia feito? Que valor tão magnífico teria sua pobre vida para defendê-la à custa de tão longos e penosos sacrifícios?

— Agora sei *por quê* — disse com pranto nos olhos o iluminado ancião, estreitando as mãos de seu jovem sobrinho e apertando-as a seu peito como algo tão íntimo e sagrado que somente podia guardar junto ao seu coração.
— Eu devia preparar o caminho e esperar-te, que demoraste em chegar, mas por fim vieste, Aton-Moses, o único homem que fará o que eu não pude, embora eu tenha feito quanto um homem pode fazer para realizá-lo: a adoração do Deus único, Eterno invisível e eterno criador de todas as coisas. O veneno acabou com a vida de Anek-Aton; o machado e o punhal ceifaram depois tantas cabeças quantas espigas de trigo crescem nas margens do Nilo.

— Eu sabia que em ti estava encerrado aquele homem clarividente chamado o *faraó justo*, e por isso quis vir para o teu lado. O etnarca de Heroópolis quis deter-me em seu palácio-fortaleza, e te asseguro, tio, que a tentação foi forte, e estive a ponto de deixar-me vencer, mas o pontífice Membra em sonhos me disse:

"*— Recorda-te que mais além do deserto te espera o faraó justo que, se fracassou há dois séculos, hoje aguarda o triunfo, a rosa de ouro de Ísis, que recolherá de tuas mãos.*"

— Ele te disse isso?... Oh, bendito Membra, que aprendeu a ler o futuro nos raios do sol do amanhecer e nas estrelas distantes que escrevem com fibras de luz os destinos humanos! Lembro-me bem dele! Eu havia recebido a terceira iniciação e ele fazia as provas da primeira e, meditando sobre uma confidência íntima que me fizera, tive a iluminação do que ele chegaria a ser no correr do tempo. Eu lhe disse: "Pelo valor e perseverança que há em ti para as provas, o eterno Amor te reserva um galardão: Terás em teus braços a *Ave do Paraíso* quando chegar a hora."

— Na linguagem esotérica do templo, chama-se *Ave do Paraíso* ao Avatar divino — disse Moisés —, e não tenho notícia de que haja vindo. Membra já chegou aos setenta anos.

— Dá tempo ao tempo, meu filho. Deus é o senhor da vida, da energia, e manda sobre a morte. — O velho sacerdote encerrou-se por um momento dentro de si mesmo, tal como se, de repente, tivesse descoberto que falava demasiado. Jetro compreendeu que Moisés ignorava sua personalidade espiritual e pensava que, se o pontífice Membra não o tinha desvendado, menos devia ele desvendar.

— Eu sei que a teu lado posso aprender muitas coisas — disse Moisés pensativo —, se tiveres vontade de me ensinar. Eu inicio a vida e, embora tenha tido bons mestres desde minha meninice, não podiam nem deviam ensinar-me mais do que a minha pouca idade permitia saber.

"Quando fui chamado para ser o segundo no governo do faraó, todos se juntaram à minha mãe para preparar-me a carregar com justiça e dignidade o fardo que significava aquele posto. Ao renunciá-lo, como o fiz, encontrei-me com escassa ciência espiritual, e é isto, tio, o que venho pedir a ti. Em meio século de solidão nestes desertos, compreendo bem que uma alma como a tua haverá buscado e encontrado no infinito o que não podiam dar-te os mestres da Terra."

— Dirás o que desejas saber, conhecer e compreender. Tudo quanto a eterna Luz me deu, darei a ti. Quando já nada tiver para dar-te, será chegada a hora de tu dares a mim.

"Agora irás descansar, meu filho, que a viagem foi longa e penosa. Eu a fiz aos vinte e oito anos, e ao chegar a Elimo, estive uma semana estirado num enxergão no pavimento do templo chamado do *Bom Gênio*..."

— Eu o visitei. Estive lá... O guardião do cemitério falou muito em ti, tio.

— O pai dele foi quem me recebeu, e morreu em meus braços. O filho que te recebeu era um adolescente naquele tempo.

"Eu te acompanho ao que será o teu aposento, pois minhas filhas já o devem ter preparado. Longos dias teremos a partir de amanhã para dialogar sobre a tua vida em relação a Deus."

Os dois saíram para o grande pátio como uma pracinha rodeada de palmeiras e sicômoros. A noite já havia estendido seu manto de sombras.

Um dourado resplendor saía por entre as pregas de um cortinado transparente, graciosamente recolhido com uma grinalda de flores.

Sorrindo, Jetro, seguido de Moisés, dirigiu-se em silêncio para esse aposento.

— Príncipe do Egito — disse, inclinando-se, a mais velha das filhas de Jetro. — Perdoai a mesquinha oferenda que fazemos desta morada, indigna da vossa grandeza, mas oferecida com todo o amor do nosso coração. — As sete jovens se inclinaram diante de Moisés, dispondo a retirar-se.

— Esperai um momento, por favor! Eu não sou um príncipe perante vós, mas o sobrinho do vosso pai, a quem pedi alojamento nesta cabana.

Entretanto, elas se afastaram sem se atrever a olhá-lo. Jetro interveio.

— Esperai! — disse. — Meu sobrinho ainda desconhece os vossos nomes... os nomes que eu vos dei quando quisestes que eu fosse vosso pai. — E, voltando-se para Moisés, disse:

"Dei-lhes, como nome, o nome de belezas da natureza e da vida.

"Mencionareis todas vós cada qual o vosso nome pela ordem em que nascestes para mim."

— *Rosalva* — disse a mais velha, indicando a seguir o nome das demais: — *Madressilva*, a segunda; *Alfazema*, a terceira; *Sempre-viva*, a quarta; *Rosa-Chá*, a quinta; *Cravina*, a sexta; e *Solidão*, a sétima.

— Oh, que belos nomes!... — exclamou Moisés. — Se para tudo que é teu és assim, tio Jetro, desde já estou prometendo a mim mesmo belas surpresas...

— Bem que pode ser, meu filho, pode ser!

Moisés, afinal, ficou sozinho em seu aposento. Observou tudo detidamente. Aquele ambiente parecia-lhe um majestoso e belo conjunto de antigüidades.

Parecia estar na grande sala-dormitório de seu bisavô, o faraó Seti I, que era conservada intacta em Thanis, e que a ânsia de reformas de seu avô Ramsés I havia respeitado sem tocar em nenhum de seus detalhes. Moisés estava habituado a grandes riquezas e faustosidades. Nada daquilo o assombrava, mas comoveu-o até o mais íntimo da alma o amor com que aquelas filhas do deserto tinham preparado até o menor detalhe daquela ornamentação.

O divino elixir do amor foi como que se infiltrando suavemente no seu ser. Então pensou em sua mãe..., na meiga e querida mãe que deixara a tão enorme distância. Talvez ela lamentasse a sua ausência naquele instante.

Pensou na pequena Merik, com quem celebrara tão solenes esponsais, naquela alvorada de amor que iluminou a ambos no castelo do lago Merik, quando ainda não se esboçavam em seu horizonte as escuras tragédias que chegaram depois... Sentindo que uma grande onda de amargura o inundava até quase sufocá-lo, arrojou-se como para morrer no leito e chorou em silêncio... em silêncio, para que sua angústia não chegasse ao velho Jetro, que dormia no aposento contíguo.

" — Por que não ficou em Heroópolis, para onde podia ter levado sua mãe e a pequena Merik, para dar a seu pobre coração de carne a meiga satisfação de tê-las a seu lado no desterro?... Por quê?...

"Havia-as condenado cruelmente à sua ausência por tempo indeterminado! Foi medo do faraó? Foi horror ao ambiente de loucura e crime que permeava a corte na qual vivera e de onde acabava de sair? Foi movimento interno de seu próprio Eu, consciente de algo futuro que lhe estava reservado?..."

Passada a meia-noite, venceu-o o sono e, tal como se havia estirado sobre o leito, encontrou-se de manhã, quando um radiante sol penetrava pela janela do oriente.

Sentia-se imensamente cansado e sem forças para se levantar.

Viu, então, aproximar-se na ponta dos pés, junto a seu leito, um gracioso negrinho vestido de tecido branco, que o observava com grande interesse e curiosidade.

Quando percebeu que Moisés estava acordado, saiu rapidamente sem fazer o menor ruído, porque andava descalço, e voltou logo com uma cestinha com pães quentes, uma taça de leite espumante e outra de mel.

— Que sejam bons vossos dias, grandeza — disse o negrinho aproximando-se do leito. — O pai sol vos saúda, e meu pai vos envia o desjejum que tomareis no leito porque estais muito cansado. Assim ele vos manda dizer.

— Na verdade, amiguinho, sinto-me muito cansado — respondeu Moisés. — Deixa tudo sobre a mesa e apresenta meus agradecimentos ao meu tio, ao qual dirás que irei em seguida para junto dele.

— Todos estão no horto recolhendo hortaliças. Somente eu estou aqui.

— Está bem. Está bem. Obrigado. Espera e me guiarás ao horto para ajudá-los na tarefa.

— Vós, senhor príncipe? Não!... O amo não consentirá e brigará comigo se eu vos levar. Ficai aqui, eu vos peço. Aqui tendes o lavabo cheio de água perfumada de alecrim e alfazema.

Moisés interrompeu-o com uma sonora gargalhada.

— Pensaste que sou uma dama da corte necessitada de fazer o toucado? Anda, chama Numbik, que deve ter dormido tanto como eu.

— Não, senhor príncipe. Ele está cortando erva para os animais.

— Pareces-me muito simpático. Como te chamas?

— *Azeviche*, para servir ao senhor príncipe.

— Muito bem, Azeviche, vais fazer-me um favor.

— Sim, senhor príncipe...

— Nada de senhor príncipe. Eu me chamo Moisés, e sou o sobrinho do patriarca Jetro, nada mais. Ouviste?

— Sim, senhor... Moisés...

11

— Cuidado para não dizer aos pastores e a outras pessoas daqui isso de senhor príncipe. Agora vai chamar Numbik.

Poucos momentos depois, estava o criado na porta do aposento. Quando viu a suntuosa decoração, ficou atônito.

— Amo! — exclamou. — Tratam-vos aqui como o que sois! Quanto me alegro!

— Estás de acordo em viver aqui? — perguntou.

— Onde estiverdes, amo, ali eu estou bem.

— Onde dormiste esta noite?

— Numa excelente cama e numa alcova que está sobre o estábulo. Dali vigio nossos animais e vejo também a vossa janela com vista para o golfo grande.

— Há outros criados aqui? Quero sabê-lo porque não devemos ser uma carga para esta casa. Apesar de tudo isto que vês, meu tio carece de fortuna. Quero que te encarregues de averiguar discretamente o que é necessário fazer para que a nossa presença aqui seja um descanso e não uma carga.

— Podeis confiar em mim, eu vos asseguro, amo.

— Muito bem. Agora deixa-me só. Depois irei reunir-me contigo.

Moisés dedicou-se a abrir as maletas de viagem, das quais umas continham as roupas que sua mãe tinha julgado necessárias para a nova vida que escolhera, enquanto outras continham a abundante coleção de escrituras, volumes e rolos de pergaminho em branco, livros de telas enceradas para anotações especiais, etc., com os utensílios necessários para escrever.

Uma terceira maleta, a mais forte, provida por dentro, sob a coberta de pele de búfalo, de uma espessa tela de cobre, encerrava os valores em ouro, prata e pedras preciosas que ela quis dar-lhe a fim de que pudesse prover-se de todo o necessário.

Ali encontrou escrito pelo punho e letra de sua mãe uma longa lista-inventário de quanto ela possuía por herança da rainha Epúvia, sua mãe, e por seu título de princesa real, herdeira de seu pai, o faraó Ramsés I. Moisés ficou estupefato.

Nunca se ocupara em averiguar acerca dos bens de sua mãe e jamais julgou fosse ela dona de tão fabulosa fortuna.

Minas de ouro, prata e diamantes na Mauritânia, onde tinha um vasto domínio, cujas rendas eram administradas pelo Conselho de Finanças do grande sfaz, e acumuladas ano por ano até que a princesa Thimétis o reclamasse.

Encontrou num rico estojo de nácar seu grande colar e diadema de príncipe real, e ali mesmo uma carteirinha de marfim encerrando um documento dobrado muitas vezes e atado com um fita cor de ouro, em cuja atadura e sobre uma grande prancheta de lacre se via o selo da princesa real: a águia em vôo para o sol nascente.

Com emoção profunda, beijou-o como se fosse o rosto de sua mãe, e o rompeu. Esse documento era uma carta-testamento. Dizia assim:

"Filho da minha alma, meu único amor. Se a morte chegar a mim na tua ausência, tens em teu poder quanto necessitas para reclamar o que te pertence em absoluto.

"Tudo quanto fica relatado no inventário adjunto é o legado que te deixo. O original do meu testamento está no conselho do templo de Mênfis sob a custódia do pontífice Membra e de seus conselheiros, e uma cópia foi enviada ao grande sfaz da Mauritânia, irmão de minha mãe.

"Junto cópia dos recibos de registro firmados por todos eles. Os originais destes eu os conservo na minha caixa de segurança, que só tu e eu sabemos onde está neste castelo.

"Meu filho, amado acima de todas as coisas. Muito embora tenha recebido em sonhos o aviso de que voltarei a ver-te, tua ausência me é terrivelmente dolorosa. Da mesma forma o é para tua prometida Merik. Deves pensar nela como em mim, e ambas esperaremos dia a dia tuas notícias. A bênção de tua mãe e todos os nossos amores te acompanham. Thimétis."

Absorto por esta leitura que o emocionava profundamente, Moisés não percebeu o regresso dos moradores da casa, não obstante a algazarra alegre das moças carregadas com cestas de hortaliças e de frutas.

O tio Jetro aproximou-se da porta.

— Moisés, meu filho, vem celebrar o triunfo do teu tio lavrador.

— Já vou — respondeu ele despertando da profundeza de seus pensamentos. Apenas o viram, as donzelas ficaram quietas e muito sérias, o que fez Moisés rir e lhes dizer:

"Pareço-me tanto com um fantasma a ponto de vos assustardes assim comigo?"

O silêncio e os sorrisos forçados foram a resposta. Jetro interveio:

— Não é susto, filho, mas respeito e admiração. Não te dás conta do que significa para elas ter como hóspede nada menos que o príncipe real do Egito.

— É que agora não sou mais o príncipe, tio Jetro, e creio que não há motivo para fazer reviver o que está morto e bem morto.

— Isso julgas tu, meu filho, porque esqueces que a criatura humana é muito limitada em seus poderes e, de ordinário, não sabe o que fará nem o que será no dia seguinte ao presente. Mas, como não é este um momento oportuno para tão profunda filosofia, repito o convite que te fiz de celebrar com todos nós o triunfo do teu tio como lavrador. — Tomando-o pela mão, Jetro levou-o à rústica mesa onde, sob a parreira defronte à casa, se encontrava tudo o que fora produzido pela terra fértil que o bom ancião cultivava desde sua chegada a Poço Durba. — Dize-me se viste nas margens do Nilo azeitonas tão grandes como estas, figos e pêssegos do tamanho do punho de um homem forte. Repara nas hortaliças! Pode um homem desejar mais para a sua vida, a não ser toda esta beleza que a terra lhe dá com tanta generosidade?

— Na verdade, assombra-me tudo isto, e vejo que eu estava muito equivocado quanto ao que é o Madian de rochas.

Nesse momento, abriu-se no muro de pedra uma enorme porta feita de troncos, por onde entravam duas das moças que traziam cântaros de leite. Essa era a porta do redil, e Moisés viu ovelhas e cabras deitadas tranqüilamente debaixo de grandes cobertas de juncos e folhas de palmeiras.

— Como! — disse —, tens também rebanhos?

— O suficiente para tirar lã para nos abrigarmos e alimento para nossas vidas — respondeu Jetro.

— Tens pastores para cuidar deles?

— Tenho sete pastorinhas que valem por vinte. Logo vereis.

O velho Jetro sorria para as duas moças que chegavam carregadas com os cântaros de leite.

— Oh, tio Jetro!... Isto me deixa envergonhado — disse Moisés apressando-se em tomar os cântaros. — A partir deste momento, Numbik e eu seremos os pastores, se tiveres a paciência de nos ensinar a arte de cuidar de ovelhas e cabras. — Moisés, príncipe do Egito, foi a partir desse dia o pastor-guardião dos rebanhos de Jetro.

Através de inúmeros séculos, repetia-se o mesmo fato e com o mesmo ser.

No serão dessa noite, que foi assistido por todos os habitantes da casa, Moisés leu em voz alta uma das mais belas passagens das velhas escrituras deixada pelos kobdas da pré-história: a vida de Numu, o pastor, esposo escolhido de Vesperina, primeira herdeira de um vasto reino na desaparecida Lemúria.

Jetro ouvia e sorria enigmaticamente. Finalmente, disse:

— Admiráveis coincidências de nossas vidas eternas! Numu, de pastor subiu a príncipe real! Moisés, de príncipe real desce a pastor! Oh, os vaivéns da vida!

— Eu não vejo como uma descida, tio Jetro, mas como uma continuação.

— Dizes bem, meu filho. O Numu lemuriano guiou todo um povo escravizado e maltratado pela soberba e egoísmo dos homens, e Moisés... Sabes acaso o que virá para Moisés, no futuro? Há vidas que são uma cadeia de saltos sobre o abismo, subida aos cumes e descida às planícies!... Não sei por que imagino que tal será a vida do filho da princesa real do Egito.

— Penso que todos os seres devem saltar abismos nesta Terra, visto como é ela um mundo de provas, de experiências difíceis e de tempestades horrendas. O primeiro salto sobre um abismo creio que já o dei. Mas não sei se deverei dar outro e outros mais. — Ao dizer isso, Moisés deixou seu olhar se perder no distante horizonte, como se nele quisesse ler o futuro que o aguardava.

* * *

A chegada de agentes dos soberanos do norte da Síria, carregados de ouro e de promessas agradáveis, com o fim de reunir homens jovens e fortes para uma campanha de novas conquistas, despertou o desejo de adquirir fortuna nos pastores e lavradores de toda Madian.

Os pastores de Jetro não ficaram livres de tal sugestão.

Com um breve e seco aviso de "vamos embora", despediram-se do homem justo que tinha sido para eles pai, mestre e protetor, em todos os dias bons e maus que a cada qual havia correspondido passar em suas obscuras vidas.

O bom ancião, já habituado às alternativas da vida e à volúvel vontade das criaturas, sentiu seu coração tão triste a ponto de desejar morrer.

Assim o encontrou Moisés no amanhecer do centésimo quadragésimo dia de sua residência em Poço Durba, sentado sob o parreiral num estado de profunda solidão e de absoluto silêncio.

Só em vê-lo Moisés compreendeu que algo muito íntimo se agitava dentro dele.

— Outro salto sobre o abismo, tio Jetro? — foi esta pergunta a sua saudação.

— Sim, filho, outro salto sobre o abismo, e ainda me faltarão tantos! Que outra coisa é a vida além de um continuado saltar sobre abismos?

— Posso saber de que se trata?

— Vão-se para sempre todos os jovens que se tornaram homens a meu lado, à sombra da minha pobre vida...

Um soluço fortemente reprimido quebrou sua voz que silenciou, e seus olhos, chorando, olharam o caminho ao longe, onde ainda flutuava o pó que os viajantes haviam levantado.

— Por que vão embora? — voltou Moisés a perguntar, e suas palavras tinham vibrações de indignação e de reprovação.

— É justo, muito justo, filho, que se inclinem para onde resplandece mais o sol e os horizontes são amplos, quase como um mar sem margens.

"Os homens que na Terra entesouraram ouro e poder têm mais força de atração que um simples mestre de vida honesta que apenas pode dar-lhes parte de sua fé inquebrantável na divina Providência, cuja eterna lei de amor às suas criaturas lhe deu todas as seguranças em sua longa vida.

"Mas os olhos de carne não vêem essa divina Providência; e o ouro oferecido pelos homens do poder e da força é bem mais visível e palpável para eles."

Moisés permaneceu pensativo. Sentou-se ao lado de Jetro e esperou. Que esperava? A Luz..., essa divina Luz que ilumina todas as obscuridades, todas as incertezas e aflições que tão freqüentemente afetam com maior intensidade as almas sensitivas.

Quando sentiu sua alma transbordante de claridade, de fé, de otimismo e de força criadora, aproximou-se mais do ancião e, tomando-lhe a mão, falou-lhe assim, como um inspirado:

— Tio Jetro, ouve-me! Tu e eu damos este salto sobre um abismo. É o meu futuro que está em jogo em tudo isto que te ocorre. É o meu caminho que se esboça claro neste momento. É o Numu dos kobdas da pré-história que continua a obra redentora de almas iniciada naquela época distante e que as turvas correntes deste mundo impediram que ele realizasse naquela época com perfeição. O que Numu deixou incompleto Moisés terminará.

"Há muitos séculos pelo meio.

"Mas isso não tem maior importância diante da majestade inabalável da eternidade. Eterna é a lei, e eterna é a eterna potência, senhora dos mundos. Eterna é a alma humana.

"Que são, diante de tantas grandezas eternas, todos estes homens que vão e te deixam? Tua obra para com eles e toda a tua vida conquistou o que vale imensamente mais que todas as criaturas que habitam a Terra: o poder de Deus é teu, a paz de Deus é tua, o amor de Deus também é teu.

"Eu serei o pastor de teus rebanhos, o lavrador de teus campos, o cortador de pedra de teus penhascos, o hortelão de teu horto doméstico. Não sais ganhando na troca?"

Ao dizer isto com o coração nos lábios, Moisés apertava cada vez mais a mão do tio.

A emoção interna foi tão grande que o forte ancião não pôde mais e, dobrando sua embranquecida cabeça sobre o peito de Moisés, chorou silenciosamente.

Este foi o momento culminante que selou para sempre a aliança de Jetro com Moisés, que começava na distante vida de Numu e continuava na de Moisés, com nítidos contornos de diamante que não deviam esmorecer jamais.

Desde esse instante, com Numbik e Azeviche como pedras fundamentais, começou Moisés sua nova vida, à qual se reuniram todos os adolescentes órfãos dos pais que correram atrás do ouro e das promessas dos agentes que, por ordem dos soberanos do norte, aliciavam homens para suas campanhas guerreiras de conquista e de ambição.

CÉUS E ROCHAS

No dia seguinte, ao amanhecer, e sem avisar a ninguém, Moisés encaminhou-se para as montanhas entre cujas grutas profundas e pavorosos labirintos eram guardados os rebanhos de ovelhas, cabras e antílopes que eram a vida de Jetro e de sua numerosa família.

Que saberia o príncipe do Egito, o filho de Thimétis, herdeira de um faraó, de rebanhos semi-selvagens escondidos entre as rochas? Contudo, ele queria ser pastor e o seria a despeito de todos os impossíveis.

Sentia-se revestido de uma extraordinária força criadora e organizadora. Sentia-se um vencedor, embora ignorasse o porquê.

O espírito encarnado, quando começa a galgar os picos mais altos, vai colhendo experiências, certezas, convicções geradas durante o sono em íntima colaboração com as grandes inteligências que protegem sua encarnação e, não obstante apagada a recordação quando em vigília, tudo o que foi elaborado no sono persiste vivo e latente na alma que o recebeu e aceitou como algo que lhe pertence para toda essa vida.

Aheloin, seu guia, e os demais companheiros de sua eterna aliança haviam-no blindado como de aço e diamante, e Moisés desconhecia a si mesmo.

E seu pensamento dizia:

"— Sou um pastor. Exposto a todos os elementos da natureza, eu os vencerei. Nada temo nem a ninguém. Jetro me obsequiou com a ternura do seu coração e o abrigo do seu lar.

"Ele se sente abandonado por seus protegidos, mas eu o salvarei do abandono, da miséria e da solidão à qual foi condenado pela ingratidão dos homens."

Sem outras reflexões, Moisés viu uma trilha que subia a montanha e começou a correr por ela com a exuberante alegria de um garoto campesino que sobe a um pinheiro para despendurar um ninho.

Quando, com regular esforço, chegou ao ponto mais alto, ficou extasiado contemplando o grandioso espetáculo.

A alvorada tecia e descerrava seus cortinados de ametista e ouro preparando a aparição do sol, esse magnífico sol do Oriente que calcina as areias nos desertos, queima o musgo sobre as pedras e amadurece prematuramente os trigais e as vinhas.

Viu os rebanhos do tio Jetro que, como manchas brancas incrustadas entre as anfratuosidades das rochas, pareciam formar parte delas.

Como havia subido a montanha às carreiras, desceu também correndo para se encontrar com eles.

Não se deteve para pensar que os cães de guarda não o conheciam, nem que os animais fugiriam assustados, nem que não havia ninguém ali para indicar-lhe para onde devia conduzir aquela multidão de animais que não conhecia e que nem o conhecia.

Moisés sentia em si a força do vencedor. Por quê? Oh!, as grandes atividades realizadas pelas almas de avançada evolução, durante as chamadas "horas perdidas de sono".

Os pastores de Jetro eram dezenove e ele estava sozinho. Como se arranjaria?

Os antílopes eram numerosos; as cabras e seus inquietos filhotes formavam multidão; as manadas de ovelhas... eram como a areia das praias.

Moisés, alto, forte, erguido, de pé com o cajado que tomara ao sair, parecia um pedaço de mármore branco recortado contra o fundo escuro da montanha.

De repente, percebeu lá em cima no cume uma algazarra de palavras e de risos. Saindo de sua abstração, viu Numbik que descia correndo, seguido por Azeviche e por um alegre grupo de adolescentes que, de cajado na mão, vinham para conduzir os rebanhos.

Moisés julgou ter saído de casa sem que ninguém o percebesse, porque esqueceu por um momento que a seu lado tinha uma obscura e humilde vida que a eterna lei, mãe vigilante de seus grandes filhos, lhe dera como um farolzinho insubstituível, para evitar-lhe obstáculos nos áridos e incertos caminhos que deveria seguir no cumprimento de sua missão.

Como ele era grande e forte para as criações, Numbik o era para secundar com eficiência a esse gênio organizador e criador de todas as suas empresas.

O espanto de tio Jetro e de suas filhas quando perceberam o desaparecimento do ilustre hóspede, de seu criado e de Azeviche, e poucas horas depois viam os rebanhos nos bebedouros do Poço Durba tão habilmente conduzidos pelos pastores inexperientes, o leitor pode imaginar facilmente.

O bom ancião ria e chorava, murmurando baixinho para que ninguém o ouvisse:

— É o príncipe real do Egito..., jovem rebento de dois poderosos reis... o da Mauritânia e o do Egito!... Deus de todos os deuses!..., e é hoje um humilde pastor dos rebanhos de Jetro, o proscrito, o abandonado..., o esquecido sacerdote Jetro, que só encontrou amparo entre os penhascos de Madian!

A Moisés, que observava os rebanhos bebendo, chegou esse pensamento e, aproximando-se do tio pôs a mão em seu ombro e com ternura de um filho, disse:

— Assim compensa a divina lei aos fiéis que a cumprem, tio Jetro. Como podes ver, teus rebanhos não tiveram problemas nem tu tens dificuldade alguma na tua vida.

— Assim é, filho, porque estás na minha casa. Deus te trouxe até mim, porque eu começava a precisar de mais luz na minha obscura vida de desterrado. Como é grande, poderoso e bom o Deus invisível e eterno que adoramos!...

A partir desse instante Moisés foi parte da montanha, e a montanha entrou nele, digamo-lo assim, se fez carne de sua carne, sangue de seu sangue, vida da sua vida, que foi e será o assombro de todos os tempos, até chegar à era do celebérrimo Miguel Ângelo, que soube e pôde criar um Moisés de pedra: uma cópia que reflete, palpitante e vivo, o gênio do original.

* * *

Moisés chegou a pensar que aqueles imensos blocos de pedra guardavam segredos que ele devia descobrir.

Uma tarde, quando os jovens pastores sob a tutela de Numbik levavam os rebanhos para seus redis, Moisés ficou só no sombrio vale flanqueado por altíssimos montes. Quis ficar só, como sepultado vivo entre as rochas.

— *Quero romper o silêncio das pedras* — disse com voz potente. — Deus, infinito poder eterno, deu-me à pedra, e a pedra feita montanha me foi dada por Ele. A montanha glorifica e manifesta a onipotente grandeza do seu Criador, e eu, que penso, sinto e amo, não devo ser um expoente de sua excelsa majestade? — Esses pensamentos submergiram-no numa meditação íntima e profunda.

O sol morria no ocaso; a noite começava a estender seus véus acinzentados, violeta, quase negros, e Moisés imóvel, sentado sobre um penhasco, esperava.

O silêncio das pedras não se rompia! Mas ele era mais forte que a rocha muda dos montes que o rodeavam.

De repente, um estranho estremecimento ou tremor de dentro e de fora de si mesmo o sacudiu fortemente; e um claro desfile de idéias, pensamentos e vozes fez-se ouvir no mais profundo do seu Eu:

"— O soberano poder da suprema potência dá voz ao coração de carne que palpita vigoroso ou se paralisa para sempre; acende ou apaga a lamparina interior que pensa, sente e ama; que discerne o bom do mau, que livremente toma o que quer e rechaça o que não quer; que pode cooperar com a vida universal como pode cooperar com a destruição universal."

— Esta voz!... Esta voz!... — conseguiu dizer em entrecortadas frases o solitário que sentia em si mesmo aquela poderosa atividade interior que faz tremer sua matéria, e até parecia fazer estremecer a rocha sobre a qual ele estava sentado.

"— Não querias romper o silêncio das pedras? — continuou a voz interior, já com suavidades de asa de cetim agitando-se no espaço. — Não é a pedra que te fala, mas Aheloin, teu irmão, o mensageiro enviado pela divina majestade que te trouxe para as montanhas para que seja transmitida à tua débil natureza de homem a dura resistência da rocha, a quem não altera a força de todos os furacões, nem as avalanches de areia arrastadas pelo simum, nem os fogos de cem vulcões que fervem no seu interior.

" 'Moisés! Moisés!... o adolescente e belo Osarsip, que era ornamento nos templos de Mênfis e de Tebas!... A majestade divina te quer como uma montanha de pedra, resistente a todos os embates da vida que deves viver, em tal forma que nem o tempo possa destruir a tua vida até que te hajas salvo do último precipício da costa hirsuta e árida que deves galgar!' "

A voz se calou e, ao mesmo tempo, levantou-se diante do vidente a clara visão de um altíssimo monte escabroso e aterrador, perfurado por negras cavernas e horrendos precipícios. Como se tivesse um eixo interno, o monte girou diante do vidente para que ele o conhecesse em todos os seus aspectos.

Um calafrio de espanto o sacudiu por um momento e um suor de agonia resvalou como água gelada pelo seu corpo, umedecendo sua branca túnica de linho.

"— Sobes?" — Moisés ouviu novamente a suave e meiga voz como uma melodia.

— Sim! — gritou Moisés. — Subo! — E despertou do maravilhoso êxtase, encontrando-se de pé sobre a rocha na qual horas antes se havia sentado.

Numbik acomodara-se na areia a seus pés e chorava em silêncio.

— Numbik!... por que vieste?

— Porque é bastante entrada a noite e as feras que devoram as ovelhas farão o mesmo convosco, senhor...

— E daí?... Acaso haveria de se perder muito?...

— Oh, senhor, meu amo!... Vossa lealdade vale mais que um mundo... Se a ninguém eu faço falta..., vós necessitais de mim...

"Senhor! Vossa mãe..., vossa prometida esposa..., vossos amigos..."

— Sou um proscrito..., um desterrado. Sou filho das pedras, e elas me darão a vida e cobrirão o meu corpo morto.

— Senhor, meu amo, magoam-me essas palavras — e a voz trêmula quebrou-se num soluço.

Moisés não o ouviu, porque caiu exânime entre os braços do criado que o sustentou com supremo esforço porque seu corpo pesava muito.

— É tão pesado como um pedaço da montanha — murmurou o dolorido Numbik, que não podia compreender seu amo nem sequer com todo o esforço feito pela sua mente. Ele era tão extraordinário em tudo!

"Não comeu desde o meio-dia e já vai avançada a noite", continuou murmurando o fiel servidor, enquanto fazia seu amo beber alguns pequenos sorvos de vinho com mel.

Este foi o primeiro ensaio da vida de pedra que Moisés sonhava para si mesmo. Muitos anos ele deveria ainda viver irmanado com as rochas das montanhas antes de adquirir a extraordinária força que foi sempre o assombro e a admiração da humanidade terrestre.

COMO MORREM AS ROSAS

Tal como nos seres orgânicos, sucede com os inorgânicos. A chamada *morte* põe fim a toda vida, quer seja vegetal, animal ou humana. Entretanto, observamos que há inúmeros modos e formas de morrer em todos os reinos da natureza.

As rosas, para morrer, derramam como chuva silenciosa suas pétalas brancas, vermelhas, encarnadas ou cor de ouro. Dão elas sua preciosa dádiva, tudo quanto têm até o último momento de sua vida fugaz, e, já mortas, ainda fica a seu redor a terra que as alimentou, semeada de pétalas, vivendo umas horas mais que a rosa-mãe que as soltou a voar antes de morrer. A morte das rosas é a imagem viva do que deve ser, e, assim é, também, a morte das criaturas que chegaram a um grau superior de evolução. Elas deixam atrás de si, como rastro luminoso, suas obras, grandes ou pequenas, que, às vezes, se prolongam em todos aqueles que as cercaram de afetos ou conseqüências emanadas daquela fonte divina ou raiz secular, que já é uma corrente de água clara e fresca, capaz de saciar o sedento, o ramo exuberante que o tempo faz produzir flores e frutos, alimentando os ideais e as almas que as sustentam.

Deixemos por umas horas Moisés ensaiando ser homem de pedra entre as rochas e voltemos para a margem do Nilo, onde outras pessoas, ligadas a essa grande vida humana, merecem a nossa atenção:

Thimétis, a mãe heróica, que uniu às suas grandes renúncias da primeira juventude a mais sublime e heróica de todas: a renúncia à amada presença de seu filho, do qual se despediu por tempo indeterminado ou talvez para sempre! E ela, com seu coração solitário, teve a coragem de continuar sua vida consagrada às recordações...

A pequena Merik, prometida esposa de Moisés, esperava-o sempre, e, sentada durante as tardes naquele banco que ele chamava *da iluminação*, lia uma e outra vez o livro escrito por Moisés, relatando as vidas distantes de grandes idealistas do passado, homens e mulheres que haviam consagrado tudo ao bem de seus semelhantes sem se deter de forma alguma diante dos maiores sacrifícios.

Hur, Aarão e Laio, os amáveis e amados companheiros de estudos, diversões, excursões e de tudo quanto formara sua adolescência e juventude.

Nos claustros sagrados do templo, o pontífice Membra, Ohad e Carmi, os conselheiros clarividentes... todos esses personagens viviam recordando o amado ausente, o que fugiu valorosamente do mundo e de suas efêmeras promessas para ir em busca de uma solidão que ele julgava seria a sua companheira vitalícia...

Todos esperavam ansiosamente o regresso da caravana que o levara, e quando esta chegou encontraram estas linhas num pergaminho enrolado dentro de um tubo de cobre:

"Mãe amada e boa; prometida esposa num dia feliz, mestres e amigos do mundo que deixei, quero que saibais para vossa tranqüilidade que vivo em absoluta harmonia no lar do tio Jetro, que me recebeu com amor de pai. As montanhas são o meu horizonte, o meu mundo; e, entre elas, espero ser, também, uma rocha inabalável ante todos os ventos e tempestades. Que sejam vossos pensamentos as asas que me impulsionam para o cume de todas as renúncias e de todas as glórias.

"Vosso sempre. Moisés."

Era esta uma breve epístola, mas grande em seu conteúdo, reflexo exato do que pensava e sentia o grande espírito missionário pela sétima vez nesta Terra de suas heróicas imolações.

As lágrimas e os beijos da mãe e da noiva borraram essas mensagens cujo original os austeros hierofantes recolheram e colocaram estendido e cravado na estante que o querido ausente ocupara no meio deles no sagrado recinto. Era o cabo condutor do pensamento, do sentimento e da vibração de Moisés que a tão grande distância sentiam fortemente unido a eles.

Em determinados dias a princesa real comparecia ao templo e ocupava o lugar que a ausência de seu filho deixara vazio. Quando isto ocorria na austera Mênfis do Egito de então, Moisés sentia-se invadido por um misterioso sono que o obrigava a recolher-se em sua alcova e às vezes a estender-se em seu leito.

Somente seu tio Jetro conhecia o seu segredo, e, conhecendo-o, acalmava os alarmes de Numbik e de suas filhas, temerosos de uma enfermidade nesse sono do entardecer.

A alma de Moisés, como um branco pássaro em vôo, devorava o espaço que o separava daqueles que o chamavam com o pensamento e, na penumbra da cripta das meditações, os clarividentes viam-no de pé, erguido, firme como um obelisco de mármore branco à direita do altar onde ardia o candelabro de sete círios defronte à arca de ouro que guardava os livros secretos do templo.

— Vem aqui, menino. Vem beber o amor nos velhos corações que tanto te amam — dizia o velho pontífice com a voz trêmula de emoção. E então era visto o corpo astral do grande proscrito deslizar suavemente e cair de joelhos aos pés do ancião.

Sua corajosa mãe sentia-lhe a presença e soluçava angustiada até que o transe a adormecia e seu amado filho ausente falava através de sua boca.

Entre outras coisas, ele anunciou que o faraó estabelecia definitivamente sua sede em Tebas, à qual consagraria seus esforços e sua vontade para torná-la a grande capital de todo o Egito, deixando empobrecida e despovoada Mênfis, despojados os templos de suas riquezas e privilégios e seus sacerdotes sem sustento nem proteção alguma.

Antecipando-se a esses acontecimentos, aconselhava-os a transladar a arca dos livros sagrados para a cidade subterrânea de Amenhemat III, cuja entrada secreta, conhecida pelo conselho, era revelada verbalmente pelo pontífice ao que devia suceder-lhe no cargo.

Moisés dizia isto pela boca de sua mãe, que ignorava em absoluto que na cripta do templo do lago Merik, onde ela comparecia para orar e chorar, encontrava-se a entrada secreta para os subterrâneos de um faraó desaparecido alguns séculos antes.

Thimétis despertou do transe feliz por haver sentido em todo o seu ser a amada presença do filho.

Como em sua mente apagava-se toda recordação do que ela mesma havia dito através do transe, exigia com ansiedade que lhe fosse comunicado tudo.

A gôndola do lago Merik começou a fazer excursões periódicas do lago ao templo de Mênfis, transladando secretamente tudo quanto devia ser resguardado da profanação e curiosidade dos inconscientes.

※ ※ ※

Enquanto acontecia tudo isso, a meiga e inocente Merik continuava suas visitas diárias ao banco "da iluminação", onde escrevia em seu diário, tal como lhe pedira Moisés antes de partir. Já havia acrescentado nele a determinação de remeter-lhe o livreto completo na primeira viagem da caravana. Merik era sua alma-esposa e lhe pertencia. Era a Vesperina de Numu, a Vesta de Juno, a Odina de Anfião e viera para fazê-lo amar a vida.

Em sonhos, Moisés recebera o aviso de que não se uniria a ela no plano físico porque, em razão de uma anormalidade do coração, a jovem devia deixar a matéria física na primeira juventude.

Quando recebeu esse aviso, ele pensou em correr a Mênfis, desposar-se com ela e levá-la para o seu desterro; mas Aheloin, seu guia íntimo, falou em sua solitária meditação entre as rochas:

"— Quieto, Moisés, entre as montanhas escolhidas como horizonte único de tua vida. Tua viagem seria inútil, pois antes que chegasses a Mênfis a jovem já teria partido." — Amargo pranto silencioso começou a correr pelo rosto de Moisés.

" 'Anota no teu livro de intimidades — continuou a voz do invisível — esta segunda renúncia que fazes no altar augusto da lei divina. Quando tiveres chegado a sete, fecha o livro com tríplice selo de lacre, e então volta ao Egito, para a velha e silenciosa Mênfis, onde ouvirás a voz divina anunciando-te a mensagem suprema que será a tua glória e o teu martírio."

Seu tio Jetro ouviu o soluço angustiado de Moisés e acudiu para saber o que ocorria. Ele o tinha na conta de tão forte e sereno que um soluçar tão angustiante lhe parecia algo inaudito.

Quando conheceu a causa, o assombro, o estupor e o pesar também o comoveram intensamente, e conservou-se durante alguns instantes em silêncio.

— Meu filho, querido filho da minha amada Thimétis. O caminho que escolheste nesta tua grande vida é uma encosta escarpada e penosa de subir. A consumação do amor humano não cabe na tua lei desta época. Tampouco coube na minha. Há almas na eternidade de Deus que devem subir sozinhas e desnudas de afetos humanos ao alto cume aonde chegarão para receber o mandato divino.

Moisés reagira e, com serena calma, levantou da mesa o rosto abatido uns momentos antes, com uma luz tão estranha no olhar que chamou a atenção do ancião, que lhe falou assim:

— Uma antiqüíssima escritura proveniente de um *flâmine* pré-histórico, que foi um audumbla de Numu, o príncipe pastor, diz que a cada renúncia feita generosamente por um escolhido do Altíssimo aparece uma estrela sobre sua testa. Em ti, observo duas, meu filho, e apenas começas a tua vida.

"Quantas terás ao terminar?"

— Sete!... Sete vezes verei oprimir-se este coração de carne, que minha soberba quis converter em pedra, e a lei me oferece a humilhação de sabê-lo forjado de débil e mísera carne. Renunciar às grandezas em que nasci foi como um golpe em meu coração... Mas isto, tio!...

A voz de Moisés ficou sufocada em sua garganta e, por isso, calou-se.

— Eu a amava como a uma branca flor perfumada encontrada no meu caminho. Eu devia torná-la a companheira de toda a minha vida. Celebrei esponsais há dois anos, esperando a idade competente, porque a amei sendo ainda menina...

"Não terei merecido tal felicidade. Continuarei amando-a na recordação..., no raio da lua que beija a minha testa, na calhandra que canta na roseira da minha janela..., no vento fresco das tardes, quando me entrego ao Infinito...

"Oh, tio Jetro!... Talvez saibas melhor que eu a beleza quase divina do amor sem consumação na Terra."

— É verdade, meu filho..., é toda a verdade.

E não se falou mais do assunto.

As grandes almas são como um grande sepulcro para esconder quanto por elas passa para não voltar.

Pouco tempo depois, chegou a caravana vinda desde Mênfis, trazendo para

Moisés o amado caderninho com capas de nácar, na qual a jovem amada por ele anotara todas as suas impressões e sentimentos desde o dia em que disseram adeus um ao outro.

Quando Moisés o havia percorrido com avidez quanto sobre ela mencionava sua mãe e encontrava no "Diário", disse a meia voz, contendo um soluço:

— Morreu como morrem as rosas, deixando atrás de si o suave aroma de toda uma existência de amor.

"— Era uma de tuas setenta almas gêmeas — ouviu a voz de Aheloin — e sua breve existência se devia ao mandato de tua própria lei, a fim de que não se manchasse tua adolescência e tua juventude com os perversos e torpes amores próprios da idade e da época em que tua vida apareceu na Terra.

"'Ela se desvaneceu num suspiro — continuou a voz. — Adormeceu, sonhou e viu em seu sonho tudo quanto a eterna potência realizará por ti. E disse ao despertar:

"'— Estarei a teu lado no êxtase do Sinai.' — E estreitando as mãos de tua mãe que velava a seu lado, adormeceu novamente e não despertou mais. Tua mãe cobriu-lhe o leito de rosas brancas, porque viu nela outra rosa branca que se desfolhava no teu caminho."

Moisés Descerra o Véu

Uma semana depois, Moisés ao entardecer meditava sentado sobre uma rocha, enquanto os rebanhos iam sendo recolhidos em seus respectivos redis.

De repente, sentiu uma suavíssima vibração de amor que o fez chorar. No mais íntimo de sua alma, Moisés percebeu claramente uma voz sem ruído a dizer-lhe:

"— Teu pensamento e teu amor chamaram-me *Rosa Branca* e, muito agradecida por isto, digo hoje: traze todos os dias um de teus livros em branco, porque eu a esta mesma hora cumprirei o mandato da nossa lei, que nos manda ser: eu, *o teu transmissor* e tu, *o meu receptor*.

" 'Ignoro ainda o que o Eterno Poder quer de ti e de mim, porque os segredos d'Ele são desvendados às almas depois que elas tiverem pronunciado a grande frase que abre as portas ao manancial divino, ansioso de derramar-se sobre os escolhidos para recebê-lo: *Sou teu, Senhor, para sempre. Faça-se em mim a tua vontade soberana.* Hoje é o nosso grande dia, Moisés.

" 'Digamos juntos esta frase como num desposório eterno.' "

Moisés se prosternou sobre as pedras e, estremecido de amor, de estupor e felicidade suprema, repetiu em alta voz a frase sublime que o unia para sempre em aliança de amor e de fé ao seu Deus, como uma gota de água que se lança no mar.

Assim mergulhado na eterna grandeza divina, Moisés descerrou o véu que ocultava o que devia ser a sua primeira obra, que ele começou: *"Livro dos Princípios"*, e posteriormente foi chamado *"O Gênese"*, e seria sua alma-esposa quem iria ditá-lo do infinito insondável.

Desde esse dia, quando saía para a montanha para vigiar como os mancebos guiavam para o redil os rebanhos, levava consigo um livro em branco obedecendo à ordem *da voz*. Mas Moisés voltava à cabana de seu tio sem escrever uma linha.

Como ele pensasse:

"— Minha rosa branca guarda o segredo. Ela emudeceu... Terá esquecido sua promessa?" — A voz íntima respondeu a este pensamento:

"— Tua mente é um espelho que os artífices divinos devem polir até elevá-lo à claridade do sol. Perceberás o que essa claridade me permita perceber e esboçar em tua mente, que o copiará com absoluta fidelidade. Espera..."

"— Quando tempo hei de esperar?" — perguntou em pensamento o jovem solitário.

"— Não te preocupes com o tempo que passa como o vento. Nos âmbitos ilimitados da criação universal será teu pensamento uma poderosa lente através da qual verás a gestação e o nascimento de tudo quanto cruza, como vertigem eterna, pela potência suprema que nenhuma mente encarnada chegará a compreender jamais.

" 'Espera, Moisés, espera.

" 'Atrás de uma grande esperança, chega a resposta Divina.' "

As meditações de Moisés solitário nas áridas montanhas de Madian se prolongavam até o cair da noite, durante todas as tardes sem faltar uma só.

Numbik, seu fiel criado, aproximava-se para buscá-lo, temeroso de que as feras que vagueavam pelas escabrosas solidões o surpreendessem abismado em seus pensamentos. Até que um dia ele se deu conta do sofrimento causado àquele ser que tanto o amava e, voltando a si de sua profunda concentração, disse:

— Que fazes aí, Numbik?

— Espero que termines de pensar, senhor, para acompanhar-te no regresso à casa. O amo Jetro sofre por ti, senhor... e é um ancião!

— Tens razão, meu amigo. Já não sofrereis mais, nem tu nem ele. Regressarei à casa quando aparecer a primeira estrela.

Quando o *fanal de ametista* aparecia no vivo azul dos céus, Moisés descia da montanha como um sonâmbulo, como um ébrio do ideal divino de beleza suprema, de infinita grandeza, que fariam dele o mais excelso clarividente nascido no mundo de então.

Para retê-lo mais a seu lado, o velho tio iniciou seus "serões de inverno", que depois continuaram sem interrupção na primavera, no verão e no outono subseqüentes, e não se interromperam mais.

Tinham tanto que descobrir, estudar e recordar, o tio e o sobrinho, examinando seus respectivos arquivos carregados de estupendos segredos!

— Meu filho — disse o ancião a Moisés quando, sentado sob o parreiral, aguardava numa tarde o seu regresso. — Se for do teu gosto, eu agradeceria muito que lesses para mim as escrituras que conservo dos arquivos do templo de On e Sais, onde fiz os primeiros estudos em minha juventude, e onde, na idade madura, fui arquivista durante vinte e três anos. Meus olhos cansados já não podem dar-me essa satisfação. Como penso e vejo claro que tu serás o melhor herdeiro que meu arquivo pode ter, é bom abri-lo junto contigo antes que me chegue a hora de partir deste mundo.

Foi esta a origem dos profundos conhecimentos astrológicos, metafísicos, históricos e religiosos que fizeram do jovem filho da princesa Thimétis o sábio mais esclarecido da época.

O aposento do velho Jetro era todo ele um imenso arquivo. Grandes armários de cedro cobriam as quatro paredes, deixando livres apenas a janela defronte ao golfo e as duas portas, que se abriam, uma para a pequena alcova e a outra para o parreiral que dava sombra ao pátio.

Na parte superior de cada armário aparecia em grandes letras o rótulo do seu conteúdo:

Arquivo de um Templo de Tanis
Arquivo do Templo de Sais
Arquivo do Templo de Luxor
Arquivo do Templo de On
Arquivo secreto

— Por que secreto? — perguntou Moisés.

— Não o é em relação a ti, meu filho. Ali guardo os escritos de nosso rei-mártir: Anek-Aton.

"Deveria ser chamado o *Arquivo dos Mártires*, mas tive medo de que até neste desterro me surpreendesse uma delação, e já sou velho, meu filho, para expor-me a arrastar correntes e morrer num calabouço", e o ancião, abrindo as portas dos armários, disse:

27

"Tudo isto que vês são vidas de povos, de cidades, de raças e de dinastias. É morte e é vida. É justiça e é crime. É ódio e é amor. É esplendor e é miséria; enfim, meu filho, tudo isto é vida humana.

"É o passado imenso, desconhecido, esquecido.

"Eu quero vivê-lo novamente junto a ti, através da tua voz harmoniosa e meiga como a voz de tua mãe."

— Eu possuo o arquivo do templo de Abidos, de Luxor e de Amarna, que foram herdados e conservados pelo sacerdote Neferkeré, outro justo desterrado como tu — disse Moisés.

— O mundo desterra, pisoteia e despreza os justos porque eles são um contraste com o crime e a vileza na qual se divertem seus escolhidos.

"Ouviste acaso dizer de um justo que não fosse perseguido, pisoteado e morto?

"Houve um herói do mar chamado Juno nas Terras do Fogo (o continente Lemur). Sua vida foi de luta com os piratas lêmures, bandoleiros do mar, e morreu afogado em seu próprio barco salvador de vidas humanas. Um príncipe aliado e seu discípulo estabeleceram a *Aliança de Navegantes de Juno*, continuadores da obra salvadora daquele herói do mar. Depois de gastarem suas vidas salvando outras vidas, todos morreram de igual maneira que seu herói protótipo e fundador."

— Conheço alguma coisa disso — disse Moisés — segundo o relato de um dos patriarcas de origem atlante que veio a estas terras vendido como escravo pelos sacerdotes kobdas, como eram chamados os filiados de uma antiqüíssima escola de divina sabedoria que existia na embocadura do Nilo. Há deduções de que os templos de Hermópolis foram construídos com os blocos de granito da cidade santa dessa escola pré-histórica, cujos regentes se denominaram *kobdas*, frase tradução destes sinais — e o punção de Moisés traçou-os sobre uma folha de seu caderno de anotações. O ancião observou a escrita e disse:

— Certo. São os sinais das antigas escrituras cuja origem vai mais além, muito além de Mizraim e de Hermes Trismegisto. Tu e eu somos dois proscritos do mundo dos vivos. Por que e com que fim? Eu venho perguntando isto em minhas meditações, desde que chegaste a mim, e a resposta chegou-me afinal.

"No teu Arquivo e no meu temos todo o passado da humanidade terrestre em nossas mãos.

"Sobre as ruínas desse imenso passado, nós dois devemos criar uma humanidade nova, uma nova civilização. Não sei se é melhor ou pior que as que existiram nas desaparecidas épocas que temos mudas e quietas em nossos arquivos, mas sei ao certo que temos de criá-la. Melhor dizendo, tu a criarás, e eu não serei senão o velho leigo condutor do farolzinho que iluminará os escuros antros de onde deverás remover e sacudir todo o pó, teias de aranha e detritos amontoados pelos séculos.

"Como será gigantesca a tua obra, Moisés, filho de Thimétis, e que imensa legião de auxiliares invisíveis e encarnados porá a eterna potência à tua disposição para que te seja possível realizá-la!... Ó menino grande de vinte anos!... meu novo pastorzinho que hoje vigia meus rebanhos e que será amanhã forjador de uma humanidade nova..., de uma nova civilização no planeta Terra!

"Eu julgava inútil a minha vida e queria deixá-la; mas hoje eu a quero!... Oh, sim, quero viver longos anos ainda acendendo dia e noite o farolzinho para iluminar o teu caminho, peregrino eterno do poder invisível que te fez cair neste mundo como um cabo de ferro para demarcar de novo o caminho que a iniqüidade humana apagou para seu mal!

"Não compreendes e sentes de igual forma que eu?"

Mergulhado na insondável profundidade de múltiplos pensamentos, Moisés tardou em responder à pergunta do ancião e, quando o fez, sua voz soava cansada..., distante, quase apagada.

— Talvez será como tu o sentes, tio Jetro..., mas também é verdade que não sinto no meu Eu íntimo nem a força nem a capacidade de ser o que pensas. Poderá ser que ambos sejamos os arautos de alguém muito maior e mais forte que virá depois de nós.

"Em algumas das velhas escrituras que conheço, tenho visto os grandes trabalhos de preparação realizados nos elevados planos do Infinito e no plano físico desde séculos antes da vinda a esta Terra de uma inteligência superior que há de transformar, por um poderoso impulso de evolução, uma humanidade primitiva quando soar a hora de adiantar um passo na senda de sua vida eterna."

— Justamente. Caminhas em terra firme. Tão logo tivermos examinado algumas antiqüíssimas escrituras que escolhi de antemão, poderás ver que os trabalhos de preparação estão feitos desde há vários séculos antes de hoje. As mesmas inteligências que iluminaram os passos da humanidade na Lemúria, na Atlântida, na Suméria e nos demais países do Eufrates e do Ponto Euxino, assentaram-se como andorinhas viajantes em Hermópolis, em Sais, em On, em Heliópolis, em Amarna e Mênfis, em Karnak e Abidos, em Luxor e Tebas.

"Pelo menos numa cadeia de sete séculos não foi interrompida a chegada de grandes inteligências às terras regadas pelo Nilo, onde todas elas consagraram sua vida ao cultivo mental e moral de todos os seres capazes de serem cultivados.

"Contra vento e maré, sofrendo tremendas perseguições, ocultando-se de governantes inconscientes, prepararam almas capazes de assimilar verdades eternas, desconhecidas da humanidade.

"Não o dizem, acaso, esses enormes monumentos dos quais estão semeados estes desertos: as pirâmides, os templos, a Esfinge?... Não são todos eles templos-escolas onde, sob a ficção de que eram tumbas reais, davam-se ensinamentos secretos das ciências chamadas ocultas: a astrologia, a metafísica, a teologia, a magia, etc.?

"Anek-Aton, o nosso rei-mártir, foi o primeiro a ter o valor de manifestar ao mundo o que fora mantido oculto até então... E os bárbaros, inconscientes, afogaram em sangue quantos se lançaram empós do ideal apenas vislumbrado.

"Tudo isto e muito mais, que encontrarás nesta cadeia de sete séculos, foi preparação de almas para a chegada do criador de uma humanidade nova. Não o duvides!... Esse criador serás tu, Moisés, filho de Thimétis.

"Faz um quarto de século que tive, em sonho e em vigília, avisos de que entrara na esfera astral da Terra a inteligência que tomaria matéria carnal, para transformar esta humanidade. Ignorei por todo este tempo onde deteria o seu vôo essa ave do paraíso.

"Mas apenas te vi, Moisés, algo muito profundo em mim disse que eras tu o designado pela eterna lei. Sei e compreendo que duvidas disto. Temos de dar tempo ao tempo! Examinaremos agora os arquivos." Jetro abriu o armário que tinha esta indicação: '*Arquivo do Templo de On*.' Tirou de uma prateleira um rolo de papiro, em cuja coberta se lia, em caracteres aramaicos: '*Patriarca Adulik.*' "Este é o documento mais antigo guardado nestes arquivos", explicou o ancião, abrindo diante de Moisés o carcomido e amarelado papiro. "Conheces os sinais usados pelos hierofantes do primeiro templo de On?"

— Conheço-os, tio Jetro, porque tive uma evidente inclinação para estudar a mais remota antigüidade.

— És tão velho, Moisés, que quiseste encontrar nesta vida os vestígios do teu passado. Lê, então, para mim, esta escritura do patriarca Adulik.

Moisés começou a leitura:

"*Memórias de um desterrado.* Eu, Adulik, servo do Eterno Invisível, nasci na Atlântida, no país de Poseidônia, na cidade porto de Miramar, situada junto ao marco que assinala o limite com o país de Zeus.

"Minha mãe era uma das damas da rainha Deodina, esposa do rei Eskobardo, e meu pai era escriba do palácio. Por tudo isto eu tive a sorte de ser internado num bom instituto de altos conhecimentos dirigido por uns anacoretas que desciam diariamente de suas ermidas, na colina dos Pinheiros, para dar ensinamento à juventude de Miramar. Esses anacoretas eram chamados *profetas brancos*, em razão de sua vestimenta, e estavam instalados em várias cidades do continente.

"Três vezes por ano vinha como visitante de honra o *Atlas*, ou superior-mor de todos esses profetas e, quando ocorria que algum dos alunos também queria ser anacoreta, Atlas o levava para a escola maior que se encontrava em Manha-Ethel, grandiosa capital do país de Zeus.

"Quando completei dezesseis anos, morreu minha mãe, e minhas duas irmãs mais velhas tomaram esposos entre os marujos do Mar do Sul, que as levaram para Atakales, no país da Mauritânia. Meu pai e eu ficamos como únicos membros da família, e tão entristecidos e aturdidos que ele me disse um dia:

"— Grande tristeza me abate ao ver nossa casa deserta, e concebi uma idéia que, se for do teu gosto, nós a realizaremos.

"— Sim, pai — disse-lhe eu —, porque também sou atormentado pela tristeza amarga da solidão.

"— Pensei — continuou ele — que teus mestres vivem tão pobremente em suas ermidas que poderiam aceitar ocupar a nossa casa, tão grande e tão cheia de comodidade.

"Eu, que queria muito bem a meus mestres, abracei meu pai, louco de alegria, e lhe disse:

"— Pai, o Altíssimo deu-te essa inspiração que tornará muito feliz minha mãe no reino de luz onde vive. Quando às vezes íamos, ela e eu, visitar os anacoretas, sentia grande pena por vê-los sentados sobre pedaços de pedra e comer numa mesa que é um tronco de árvore partido pela metade.

"Sem esperar um dia mais, subimos a colina e logo depois de lutar algum tempo para convencê-los, descemos com os cinco solitários, que não eram velhos, mas homens jovens e fortes. O mais velho teria aproximadamente quatro décadas de idade, e era o guardião que cuidava de todos. Chamava-se Ahmes, e os outro quatro: Erosi, Binuter, Ibrino e Shametik.

"Eles tinham dois jumentos e sobre eles carregaram o pouco que possuíam em roupas, utensílios e, principalmente, uns grandes livros de papiro, telas enceradas e couros de animais, tão pesados, que os jumentos mal podiam andar.

"Não tivemos dificuldade na nossa convivência juntos, porque nem nós queríamos ser amos nem eles tampouco. Assim, numa reunião ficou disposto de comum acordo que ficariam na casa duas criadas antigas, mãe e filha, com seus maridos, que eram os hortelãos encarregados dos estábulos.

"Meu pai quis que o guardião escolhesse os aposentos que eles deviam ocupar e o guardião quis que meu pai ordenasse tudo. Nessa emergência, nomearam-me, como era o mais jovem de todos, para que eu desse as ordens. A grande alcova de meus pais foi a sala de oração. A biblioteca, sala de estudos. Em seguida, a sala de espera, as alcovas e o refeitório ao centro, fechando primeiro o pátio e dividindo-o da cozinha, da despensa, dos banheiros e de outras dependências.

"A primeira vez que o Atlas da grande escola de Manha-Ethel veio visitar o instituto da nossa cidade, nós o trouxemos para hospedar-se em nossa casa durante todos os dias que permaneceu na cidade. Este acontecimento foi o que decidiu o caminho de minha vida daí em diante.

"Conhecer Atlas e ficar preso a ele como um espinho em sua vestimenta foi tudo coisa de um momento.

"Não era mais o ancião que eu conhecera quando ingressei no instituto, mas um belo jovem que tinha luz em seus olhos e mel de amor em sua boca. Todos riam ao ver-me extático, observando-o, como se meus olhos se houvessem encravado em seu rosto, até que ele mesmo, sentindo sem dúvida o meu olhar fixo nele com tanta imprudência, aproximou-se sorrindo e, acariciando a minha cabeça, perguntou:

"— Minha presença te assusta, pequeno?

"Eu era muito franzino de corpo e parecia ter menos idade do que realmente tinha. Fui em extremo um tonto e comecei a chorar sem motivo algum. Contudo, isso foi motivo para que Atlas me abraçasse com grande carinho e, enxugando meu pranto, beijou minha testa e me apertou contra seu coração. Era o grande Antúlio de anos depois, que encheu com seu nome, com sua ciência e com suas obras todo o continente.

"Ele disse a meu pai que eu tinha condições para continuar estudos elevados, e encarregou os anacoretas de me prepararem para ser um aspirante a mestre.

"Para que eu ficasse contente quando ele foi embora, prometeu-me que, se eu fosse um bom estudante e meu pai o permitisse, levar-me-ia para sua grande escola de Manha-Ethel quando estivesse preparado para nela ingressar.

"Quando, passados dezessete dias, Atlas voltou para o seu lar, parecia que minha vida ficava vazia e que tudo era triste e sombrio sem ele.

"Durante as noites, chorava em minha alcova, e tanta foi a tristeza que me invadiu, que comecei a enfraquecer, ao mesmo tempo que estudava desesperadamente a fim de ir quanto antes para junto de Atlas, na primeira vez que ele voltasse.

"Os solitários e meu pai perceberam isso e, temendo uma enfermidade, o guardião disse a meu pai que me levasse a Manha-Ethel para visitar Atlas, que era médico e com ele veriam o que convinha fazer.

"Ficou resolvido que eu iniciaria a primeira prova de aspirante porque me recusei a voltar para Miramar. Como tampouco meu pai quisesse separar-se de mim, ficou também na grande escola na qualidade de econômico-administrador, substituindo o ancião que ocupava esse cargo e que caíra de cama vencido pelo reumatismo que sempre o atormentara.

"Lembro-me que foi esse o dia mais feliz da minha vida quando meu pai me disse:

"— Está bem. Queres ficar aqui preso a Atlas e eu fico preso a ti. És a única coisa que a vida me deixou e eu não posso me afastar de ti enquanto viver.

"Ficamos os dois ali para toda a vida... Falto com a verdade quando digo assim, porque anos mais tarde, quando meu pai morreu e Atlas foi envenenado pelos sacerdotes, vi-me obrigado a desterrar-me dessa cidade com todos os companheiros para não sofrer a sorte do mestre. Ele pedira a todos nós a formal promessa de continuar sua obra, que era o ensinamento nos povoados que abrissem suas portas, e nenhum de nós pensou jamais em faltar com a palavra dada.

"Sendo eu o mais jovem dos aspirantes, os mestres tomaram muito afeto por mim e, mais ainda, a veneranda mãe de Atlas me alojou num apartamento do grande edifício.

"A fatal sentença que cortou tão cruelmente essa bela vida teve por fundamento uma horrível calúnia, que o tribunal forjou, enganando uma donzela que comparecia às aulas na qualidade de aluna externa.

"Conseguiram que ela firmasse uma declaração falsa, como falsas foram as testemunhas pagas para referendar a declaração que ela firmou. Agiram tão iniquamente, que seus discípulos não tiveram tempo de fazer defesa alguma, e eu, no desespero de ver que o mestre tinha sido morto difamado por uma vil mentira forjada com toda a malícia para perdê-lo, apresentei-me à sua mãe que chorava inconsolável, e lhe disse:

"— Não podemos devolver-lhe a vida, mas ao menos lhe devolvamos perante o mundo a honra que corresponde ao justo, ao sábio, ao mestre que foi o exemplo de retidão e de nobreza, pondo a descoberto a vil calúnia com a qual o levaram à morte.

"— É justo — disse ela —, mas como queres fazê-lo se te custará também a vida?

"— Não me importa perder a vida, pois não seria perdê-la, mas glorificá-la.

"Disfarçado de vendedor de bugigangas e perfumes, pude chegar até o gradil da casa onde estava reclusa a moça, para que não pusesse a descoberto o engano.

"A infeliz ignorava todo o dano causado ao seu mestre, que a levantara de uma precária posição dando-lhe altos conhecimentos e boa educação com a intenção de fundar uma escola de mestras aptas para educar a juventude feminina daquele tempo.

"Como havia firmado, enganada, a declaração contrária ao mestre, firmou a que fora feita pelos discípulos que ainda não tinham fugido protegidos por seus disfarces. Éramos quatro: Audino, Tilo, Dorki e eu."

Num pedaço de pele de cordeiro curtido em branco, Moisés encontrou a escritura escrita em caracteres que não podia traduzir. Seu tio Jetro disse:

— Procura o papiro seguinte, que ali está a tradução para o idioma sagrado que poderás ler.

Moisés deu volta à folha e leu:

"Eu, Íris Leda de Chanharal, aluna externa da grande escola, declaro ter firmado uma acusação falsa contra o mestre diretor Antúlio de Manha-Ethel, para o que fui enganada pelo escriba-mor do templo de Zeus, que me disse estar recolhendo assinaturas para pedir que o mestre fosse proclamado pontífice-rei. Juro diante do altíssimo Deus do mestre Antúlio, perante sua augusta mãe, que está aqui presente com quatro mestres da grande escola: Adulik de Miramar, Audino de Lucerna, Tilo de Anahuc e Dorki de Askersa. É justiça.

"Dia quatorze da segunda lua de verão do ano um mil novecentos e noventa e quatro de Manha-Ethel."

Moisés continuou lendo:

"Depois que a moça firmou a declaração, a mãe Walkíria, que chorava em silêncio, disse pegando sua mão direita:

"— Com esta mão causaste a morte de meu filho, teu mestre. Tua declaração, firmada por esta mão, confirmou a sentença de morte. Merecias que o verdugo a cortasse e a desse aos cães, como se faz aos ladrões. Roubaste a honra e a vida de meu filho, que era a minha honra e a minha vida. Mas eu te perdôo por Ele e te abençôo por Ele.

"A infeliz moça, que foi empalidecendo pouco a pouco, caiu no pavimento sem sentidos, acometida de uma crise de angústia que transtornou seu sistema nervoso.

"Como Tilo era médico, acudiu-a, fazendo-a voltar a si, e a tiramos daquele lugar para conduzi-la para onde deu indicações.

"Audino, Dorki e eu saímos da cidade nessa mesma noite, acompanhando a mãe Walkíria à sua casa de campo, no Monte de Ouro, onde permanecemos até nos orientarmos no caminho a seguir.

"Tilo reuniu-se a nós logo em seguida, e nos disse que Íris falecera dez dias depois, vítima de um ataque cerebral.

"O príncipe Hilkar, secretário do mestre, havia-o sepultado no panteão de sua família e, renunciando a seus direitos em favor de seu segundo irmão, fugira para ultramar. Fechada a grande escola, dispersos os alunos, fugitivos uns, retornados a seus lares os outros, isto foi a única coisa que chegou até nós de toda a grandeza, da glória e do bem que desfrutamos junto ao grande homem cuja vida foi o bem, a paz e o amor.

"Quando, três anos depois, começaram a transbordar as águas do mar, conforme estava anunciado desde anos antes, os quatro companheiros, seguindo sempre a solitária mãe do mestre, embarcaram num navio que fazia viagens ao país de Casitéridas, e nas altas terras de Ascusai (a Escócia de hoje), compramos uma herdade com um velho castelo, que foi o nosso lar comum durante os onze anos que permanecemos ali.

"Os poucos habitantes desse país eram, em sua maioria, aventureiros fugitivos da justiça dos países do leste, e eles julgaram que nós também o éramos e queriam associar-nos às suas correrias por terras e por mar, na busca de mercadorias valiosas e de riquezas que diziam existir em outras cidades ou nos navios que naufragavam continuamente nas águas bravias do Mar do Norte.

"Nosso castelo fora construído como para desafiar as fúrias do mar, porque formava parte do penhasco que lhe servia de base e no qual foram abertas as cavernas ou grutas da planta baixa destinada aos estábulos, armazém e depósito de lenha. A subida das águas inundou as cavernas de nossa moradia, e do alto do mirante presenciamos aterrados o alagamento do nosso país na margem oposta do Grande Canal.

"Justiça da Lei eterna! — gritamos todos, quando não vimos mais a luz do farol do cabo Costanera nem os famosos obeliscos de Manha-Ethel, que diziam ser as construções de mais altura que existiam no continente.

"Nossa mãe Walkíria caiu doente do horror que aquele tremendo drama do mar, da terra e dos homens causou em seu espírito, já tão atormentado pelas angústias suportadas anos atrás. Apenas a vimos recobrada, vendemos nossa casa a uns pastores de cervos, únicos seres amigos que tivemos, e nos lançamos ao mar na direção anunciada pelo nosso mestre para um dia que veríamos chegar.

"— Mais além de Tajamar — havia-nos dito — está o país de Shior, onde outros irmãos proscritos começam a semeadura do nosso ideal. Esperai-me lá, que nos encontraremos novamente com vestimentas de carne.

"Parte do país de Zeus e mais da metade da Mauritânia se abriu no espantoso cataclismo do mar e, flutuando como um barco à deriva, encalhou nas terras do leste onde, ao que parece, ficou firme.

"Ali ficou prisioneiro o navio que nos conduzia, e nosso capitão, desorientado pelas transformações das antigas vias marítimas, não encontrava lugar onde pudesse ancorar com segurança.

"O mestre velava por sua mãe e por nós, e pudemos desembarcar na Mauritânia, salva das ondas, pois havia sido afastada do continente-mãe, quem sabe por que secreta lei que os homens desconhecem.

35

"Fomos trazidos como por milagre sobre o mar traidor — disseram para nós os mauritanos que, como moluscos presos às rochas, ainda viviam em suas casas que eram escombros sob os quais muitos haviam perecido.

"Na Poseidônia, em Zeus e na Mauritânia falou-se sempre a mesma língua, o que foi para nós um feliz augúrio. Podíamos, provavelmente, considerar-nos habitantes de um mesmo país, desmembrado como uma rocha das terras da Atlântida, submersa grande parte no mar.

"Agrupamo-nos todos ao pé de um grande monte, onde um belo lago, semeado de palmeiras e vizinho de uma verde pradaria, nos prometia uma vida menos desditosa.

"Como chamaríamos à nossa aldeia? Como chamaríamos ao gigantesco monte que se levantava às nossas costas?

"Logo depois de uma longa busca, nossa mãe disse:

"— Esta terra tem muito sol, e é tão formosa à luz do sol! Chamemo-la *Solana*. A este monte protetor chamaremos *Atlas*, como era para nós o nosso grande Atlas, que nos segue na nossa penosa peregrinação. Seis anos depois, morreu nossa mãe, anjo tutelar de nossas vidas açoitadas por tão rudes sofrimentos.

"Para sepultá-la, fizemos uma pirâmide de pedra toscamente lavrada; e na arca onde ela guardava suas roupas, colocamos o amado corpo morto que tanto nos havia acompanhado no nosso caminho ao desterro. Dois anos depois, nós quatro seguimos viagem para leste, até encontrar o país de Shior, regularmente povoado e de uma fertilidade maravilhosa.

"Como levávamos presa sobre o peito uma estrela de prata de cinco pontas, os primeiros habitantes que encontramos nos receberam com grande júbilo.

"— Somos irmãos — disseram — e da mesma raça, porque nossos antepassados vieram também fugitivos da catástrofe que mergulhou no mar os países do Ocidente daquela maravilhosa Atlântida que só conhecemos através das escrituras que eles deixaram. Esta cidade se chama *Anfiona*, e é governada por três *Spanosan: I, II e III*.

"O primeiro é um mestre que ensina o povo; o segundo, um juiz que faz manter a ordem; e o terceiro, um terapeuta que cura todas as enfermidades. Quando morre um *Spanosan*, o povo elege entre os homens mais capazes e justos aquele que deve substituí-lo, e assim vivemos em paz.

(Aqui havia uma interrupção, ou seja, um espaço vazio sem inscrição alguma. Logo depois continuava.)

"Não sei se é doença ou princípio de loucura, ou revelação especial do meu mestre, o que passa por mim como uma vertigem maravilhosa.

"Quando, ao cair as primeiras sombras da noite, me recolho em minha pequena alcova para pôr-me em união com a divindade invisível, tal como nos ensinou o mestre, começa um desfile de acontecimentos, de imagens e de coisas sucedidas quem sabe em que lugar da Terra. Consegui manter-me calmo, compreendendo que havia chegado a hora tão anunciada pelo mestre de que um dia se manifestariam no nosso eu íntimo faculdades que até então desconhecíamos e que nos tornariam capazes de ver, de saber e de compreender a infinita majestade da potência que cria e conserva os mundos, os seres e quanto tem vida no vasto universo.

"Meus companheiros, Audino e Dorki, sentiram mais ou menos o mesmo que eu e os três nos entregamos completamente a uma vida de silencioso recolhimento, como se houvéssemos perdido a capacidade de comentar, de dialogar e de nos dedicarmos ao mundo exterior como apóstolos de uma doutrina que devíamos ensinar aos demais.

"Um dia Tilo nos disse:

"— Se não levardes a mal, quero caminhar um pouco mais e sinto ânsias, que me queimam como o fogo, de buscar e encontrar o notário Hilkar, que conheceu mais do que qualquer outro os segredos da sabedoria do mestre. Parece-me que no sonho Hilkar me disse:

"— Encontrei meu caminho na Hélade, sobre o mar das Cem Ilhas (o Mar Egeu), onde o mestre teve um dia aquela visão maravilhosa de um mundo em ruínas, que seus discípulos transformavam em jardins resplandecentes de flores e frutos.

"— Bem sabes — disse eu — que nosso mestre nos disse que, quando ele partisse de junto de nós, todos nos dispersaríamos pelos caminhos até onde nos sentíssemos empurrados, quer pelos acontecimentos ou por um impulso interior muito poderoso. Se não te sentes quieto e sossegado neste lugar, talvez será indício de que deves procurar outro e, se for assim, o próprio mestre te apresentará a oportunidade de satisfazer tuas aspirações.

"Com efeito, ela se apresentou num veleiro que chegou às bocas do Nilo desde Casitéridas, e vinha em busca das peles que os nativos do Shior guardavam de ano em ano para esse barco mercante que as comprava e seguia viagem até Ethea, costeava o Mar Novo (nome que se deu ao Mediterrâneo que, pela abertura da cordilheira de Gibraltar, havia sido formado recentemente), até a cordilheira Tauro, que lhe dava seus abundantes minerais e chegava finalmente a Hélade, ponto final de sua viagem.

"Tilo nos deu o abraço de adeus e partiu para não voltar. Quatro anos depois, morreu sem ter encontrado o mestre Hilkar; mas, como era da lei que se encontrassem, orientou-se depois em estado livre, e se encontrou com o notário quando tratava de fundar uma escola, em cujos paupérrimos princípios nosso irmão foi um dos cinco órfãos desamparados com que o mestre formou a escola iniciática cujos sacerdotes passaram a ser chamados de dáctilos.

"Assim vai a eterna lei levando seus apóstolos como boa semente que vai germinando lentissimamente nas almas preparadas para recebê-la e fazê-la produzir flores e frutos de fé, sabedoria e amor.

"Entretanto, nós três, que permanecemos no país de Shior, consagramo-nos nos primeiros anos a ensinar os nativos a cultivar a terra, a criar gado e a manejar os teares.

"A cada seis luas vinham do Acantilado* dois terapeutas para curar os enfermos e ensinar uma doutrina de adoração a Deus e de ajuda de uns aos outros, e tão grande foi o nosso amor por eles, e deles por nós, que Audino e eu fomos com eles até as bocas do Nilo. Dorki ficou em Anfiona, à frente da aldeia e da escola que ali havia sido fundada. Os solitários eram dez; chamavam-se kobdas, vestiam túnica azulada, tinham crianças órfãs, velhos desamparados e todo ser sofredor e perseguido encontrava amparo na *Cabana do Carriçal*, como todos chamavam à grande casa de barro e palha que eles haviam construído entre os juncais do delta do grande rio daquela terra.

"Unimo-nos de todo o coração a esses irmãos porque seu ideal era idêntico ao que havíamos bebido da grande e luminosa alma do nosso mestre Antúlio.

"Graças mil, mestre amado acima de todas as coisas, por haver-nos conduzido ao lugar do nosso descanso!"

O último rolo fechou-se novamente entre as mãos de Moisés quando já era passada a meia-noite e a lua cheia estava no zênite.

Jetro, o ancião que escutava, e Moisés, que lia, guardaram um longo silêncio porque ambos meditavam sobre o mesmo tema: a sabedoria e a perseverança com que a lei divina vai conduzindo os acontecimentos e os seres obedientes à sua inspiração para o lugar e o momento onde devem formar as fileiras gloriosas de seus escolhidos para cumprir seus eternos desígnios.

A Escola de Moisés

Noite após noite, durante mais de um ano, os dois hierofantes desterrados leram o que de mais importante estava guardado em seus arquivos; o imenso

---

* Assim foi chamado, na época, o que anos depois se transformou no porto de Neghadá e, depois, Alexandria.

arquivo do velho Jetro, e o mais reduzido, transportado por Moisés desde o castelo do lago Merik.

Seus irmãos, idealistas do passado, pareceram-lhe gigantescos, heróis e semideuses! O que haviam realizado, o que tinham sofrido, parecia-lhes inaudito, um sonho grandioso, fantástico, quase chegando ao inverossímil, e era uma realidade provada e comprovada.

O arquivo de Moisés continha "As Escrituras do Patriarca Aldis", nas quais se relatava detalhadamente o que foi a grande civilização dos kobdas nos países do Nilo, do Eufrates, no Ponto, nas terras chamadas dos *Cinco Mares*, a obra educadora dos dáctilos de Antúlio, que fizeram da Ática préhistórica um glorioso Ateneu de Ciência, Arte e Beleza, levadas à máxima altura a que pode chegar na humanidade terrestre.

Logo depois de um longo silêncio, levantou Moisés o rosto pensativo e falou como num sentido clamor:

— Tio Jetro!..., e nós, que faremos?... Cuidar de manadas, de rebanhos, semear hortaliças e cereais é algo, contudo, muito insignificante e pequeno comparado com tudo isto que vimos e conhecemos num longo ano de serões não interrompidos.

— Venho pensando isto mesmo, meu filho, desde que começamos a desdobrar estes rolos amarelecidos e carcomidos, e até antes, em minhas longas noites solitárias pensei também da mesma forma. Busquei tantas vezes oportunidades que me falharam outras tantas vezes!

"Agora que os anos se amontoaram sobre a minha pobre vida..."

— Tua vida não é pobre, tio Jetro, mas rica em merecimentos e fecunda em realizações. A coleção deste grandioso arquivo é uma obra colossal. Gastaste metade da tua vida neste enorme trabalho.

— É verdade, filho. Gastei meus melhores anos e minha herança paterna em toda esta coleção de rolos de papiro que examinamos; mas ainda é pouco se o compararmos com o que fizeram todos os que nos precederam no longo caminho do nosso eterno ideal.

Seguindo este tema, o tio e o sobrinho quase chegaram ao amanhecer. Mas não foi tempo perdido, porque dali surgiu a criação de uma nova escola de conhecimentos humanos e divinos, que bem pode ser chamada de escola da mais elevada sabedoria.

— Temos de construir uma grande sala de estudos e logo procurar alunos — disse Moisés. — Onde os encontraremos?

— Brotarão dos barrancos, meu filho, se for da lei que devemos abrir essa escola — afirmou o ancião com tal força de convicção que Moisés olhou para ele assombrado, achando que estava delirando.

Via-se perdido entre montanhas e desertos. Quem poderia desterrar-se voluntariamente naquelas desoladas paragens, quando as grandes cidades de todas as latitudes ofereciam os encantos de uma vida cômoda e cheia de prazeres?

— Moisés!..., filho de Thimétis. Não te assombres do que vou dizer-te. Entre minhas filhas de adoção, há quatro filhas bastardas de princesas e nobres do grande Egito e de outros países; e outras duas, órfãs de um hierofante condenado à morte pelo teu avô, Ramsés I. Algumas delas já traziam os primeiros estudos feitos, e todas são dotadas de uma inteligência fora do comum, porque são velhos espíritos em evolução. Além do mais..., e este é um grave segredo que somente a ti posso confiar. Guardo ocultos de toda vista humana dois jovens sírios, condenados à morte por um crime cometido pelo mesmo que os condenou a morrer, com o fim de ocultar sua culpa.

"Temos aí oito alunos para iniciar uma boa carreira em nossa escola de sabedoria. Ó, Moisés, meu filho! Há diamantes perdidos entre as areias e pérolas escondidas entre a folharada seca arrastada pelos ventos!"

— Tudo isto me reconforta a alma, tio Jetro, e aviva a débil chaminha da minha esperança. Está bem. Os alunos estão aí. Mãos à obra na sala que será a nossa sala de aula. Sobra-nos pedra para construí-la solidamente.

— Também temos a sala de aula que parece ter estado esperando por ti desde longo tempo.

— Como! Onde?

— Vem e a verás.

O ancião levantou-se e Moisés o seguiu. Passou para sua alcova e, meio escondido pelos grandes cortinados do seu leito, Moisés viu um pequeno armário ou guarda-roupa que, aberto, permitia ver o início de uma escada que descia até o subsolo.

O ancião tomou um candelabro e começou a descer, seguido por Moisés. Era, pois, uma cripta bastante espaçosa, como as usadas nos templos e na maioria das casas de proprietários abastados.

Nos templos, eram lugares destinados a ritos especiais e reservados. Nas casas particulares, as criptas eram destinadas a guardar riquezas e documentos de valor pertencentes aos proprietários, que dessa forma os resguardavam de uma possível intervenção de estranhos e de ladrões. Aquela sala tinha estrados em todas as suas quatro paredes e uma mesa ao centro, onde o ancião deixou o candelabro.

— Excelente sala para a nossa escola — disse Moisés, com visível satisfação. Na parede, defronte à entrada, Moisés viu uma polida lâmina de mármore na qual aparecia a imagem de um jovem rei, pois ostentava em sua testa uma bela coroa real.

— Este é o último rei tolsteka, da dinastia dos Atahulfos — explicou o ancião com acentuada emoção.

— Anfião, o rei santo de Otlana! — exclamou Moisés.

— Nós o conhecemos em suas obras pelos relatos do teu arquivo, tio; entretanto não esperava conhecê-lo num retrato de sua pessoa. Como o conseguiste?

— O ouro consegue tudo, meu filho, no entanto, mais do que pelo ouro, as grandes coisas são conseguidas pela soberana vontade da lei, que entrega às vezes a seus adeptos inesperados tesouros para compensar seus sacrifícios. Agora verás o que Anfião de Otlana esconde atrás dele. — O ancião fez correr a lâmina pelo trilho em que estava enquadrada, e Moisés viu uma pequena porta de passagem para outra câmara. — Ali dormem tranquilos os dois jovens inocentes condenados à morte — disse o ancião, aproximando o candelabro para que Moisés observasse o interior do aposento.

Moisés viu um dormitório improvisado, utilizando como leitos o estrado em ambos os ângulos do aposento; uns biombos de bambu e pele de antílope escondiam discretamente os tranquilos dorminhocos.

— Já és senhor de todos os segredos do teu velho tio — disse o ancião, satisfeito e sorridente, ao ver o grande assombro que Moisés não tratou de ocultar.

— És grande e nobre de verdade, tio Jetro! Cada uma de tuas obras é uma magnífica explosão de amor — disse por fim, absorto em profundos pensamentos. — Mas eu quisera saber como te inteiraste das tremendas tragédias sofridas por todos estes seres amparados pela tua piedade.

— Quando o homem age com justiça, as forças do bem o acompanham, e como ainda existem almas nobres em torno dos grandes da Terra, não me foi impossível encontrar colaboradores em minha obra silenciosa de proteção aos desamparados.

"Minhas sete filhas, que para mim são um tesouro, estorvavam àquelas que as trouxeram para a vida, e estes moços iam ser enforcados pelo delito de um magnata que, urdindo uma trama hábil, fez cair sobre eles todas as aparências.

"Em minha longa vida, conquistei muitas amizades boas que, conhecendo minha vocação, direi, de proteger os desamparados, fizeram chegar às minhas mãos, como encomendas preciosas para mim, estas criaturas que consigo tornar felizes ao meu lado, ao mesmo tempo que desfruto da minha própria felicidade."

— Tio Jetro!... Eu sou também um desamparado e os anjos de Deus me trouxeram para junto de ti!

O jovem filho da princesa real do Egito abraçou-se, quase chorando, ao nobre ancião que, sendo um proscrito, um desterrado da sociedade humana, ainda tinha o poder de amparar os desamparados.

※ ※ ※

Poucos dias depois, inaugurava-se a escola, não com oito alunos, como haviam julgado Moisés e Jetro, mas com dezoito, porque entre os jovens pastores dos rebanhos encontraram dez com aspirações e capacidades para um bom cultivo intelectual, moral e espiritual.

Os dois moços da cripta que somente saíam de seus aposentos durante as noites quando todos dormiam, aparentaram chegar montados em jumentos ao amanhecer de um bom dia, quando eram iniciados os preparativos para a abertura da escola. Ambos disseram vir de Dhopas, chamados por Jetro para trabalhos de escrituração.

Ambos eram aprendizes de escribas, de agradável presença, de quinze anos de idade, embora pela estatura aparentassem vinte.

Deste modo, ficava coberto o segredo que existia em suas vidas.

Seus nomes eram Josué e Caleb. Levavam já sete meses sem ver a luz do sol, a não ser através de uma janelinha gradeada, aberta junto ao teto da alcova com vista para o ocidente, através da qual podiam ver escassamente o ocaso.

O leitor compreenderá perfeitamente a jubilosa acolhida que ambos tiveram diante do aviso que seu protetor lhes fez de que inaugurava uma escola para eles.

Eram primos-irmãos entre si, e ambos padeciam a mesma dor pois, fazendo-os passar por mortos para salvar-lhes a vida, não podiam regressar ao seio de seus familiares enquanto vivesse o poderoso caudilho que os condenara à morte.

Enquanto Jetro e Moisés examinavam todos os seus alunos nos primeiros dias de preparação a fim de conhecer a fundo as capacidades de cada um, dialogavam entre si:

— Tio Jetro — disse Moisés —, estou comprovando que a divina lei parece gostar de que todas as almas sobre as quais forja desígnios determinados, dêem grandes saltos sobre abismos para chegar a colocar-se no lugar onde devam atuar.

— Assim é, meu filho, e eu sabia muito bem que todos estes meus filhos adotivos pertencem ao número desses seres. Por isso, o meu velho coração esperava um acontecimento, um "rasgar-se" os céus em meu horizonte, que me permitisse ver por que e para que a eterna lei trouxe para o meu lado estas almas nas quais eu adivinhava um nascimento de asas que cresciam sempre mais.

"Esse acontecimento chegou contigo, Moisés, e o céu abriu uma fenda pouco depois da tua chegada, e eu vi..."

— O que viste? Posso saber?

— Que uma obra de bem surgiria ao teu redor, porque almas como a tua nunca estão inativas. Elas parecem levar em si mesmas o germe das grandes criações. Quando me disseste naquele dia: "Eu serei o pastor de teus rebanhos", pensei imediatamente: "Não há de ser para pastor de ovelhas que a lei te traz a esta solidão." Nada te disse então, porque não devia antecipar acontecimentos. O dia e a hora das grandes realizações, só o Divino Poder pode fixar.

— Uma dúvida surgiu, tio, e vou expô-la porque penso que entre nós dois não deve haver nada que não seja claro como a luz do sol.

— Vejamos a tua dúvida.

— Por que razão contamos para a escola seis de tuas filhas e não as sete?

— Porque a sexta que me chegou, e que se chama *Cravina*, é surdo-muda. Não te deste conta?

— Na verdade, não, tio. Nada podemos fazer por ela?

— É muito inteligente e, embora nada ouvindo nem falando, compreende tudo e se dá conta perfeita do quanto ocorre à sua vista.

"Fazem somente três anos que está aqui e eu gasto uma hora a cada dia para um trabalho mental em benefício dela. Até hoje consegui muito, porque mudou completamente o caráter insociável e esquivo que tinha; tanto, que nem tu percebeste o seu defeito.

"*Rosa-Chá*, que é como uma mãezinha amorosa, teve a habilidade de fazê-la compreender que, com alegria, se pode viver melhor até sendo surdo-muda. Com sinais mudos, porém eloqüentes, ela a fez compreender e aprender os diversos e variados trabalhos que todas elas fazem e, sendo muito dócil, entrega-se com alegria em fazer o que vê as demais fazerem. Em minhas longas meditações, pedi e perguntei ao Invisível por ela, e a resposta chegou: 'Espera e confia, que tudo chega a seu tempo.' Eu espero tranqüilo e confiante."

— Não sofrerá ela vendo suas irmãs freqüentar a escola e que a ela isso seja negado? — perguntou Moisés.

— Falei isto mesmo com *Rosa-Chá*, que me assegura a possibilidade de fazê-la compreender. Pensamos deixar-lhe livre a entrada, a fim de evitar nela idéias não convenientes. Veremos o que acontece.

— Quanto aos nossos moços pastores, como já te disse, encontro em dez deles bastante capacidade de compreensão dos poucos conhecimentos que pude expor em minhas conversas com eles, desde que venham conosco. Não sei se os familiares, mães e irmãos nos trariam problemas.

43

— Não, não, meu filho, isso não! Sem nenhuma vaidade eu te digo: para toda esta gente das proximidades, tio Jetro é como um agente dos poderes invisíveis e visíveis para o bem de todos.

"Esta é a comparação dada por Deus a quem não causa mal algum a ninguém. Asseguro-te, sem medo de me equivocar, que todas as mães e avós dos moços estarão tecendo redes de ilusão e já estarão vendo seus filhos engrandecidos e ricos, feito mestres, grandes homens, porque nossa escola fará prodígios a granel... Não tenhas por isso nenhum temor."

A escola começou na cabana do patriarca Jetro com uma aula inaugural, dada por Moisés, a todos os alunos e com a presença do ancião:

"Que é o ser humano? De onde vem e para onde vai?"

O APOCALIPSE DE MOISÉS

O original foi escrito por Moisés no estilo hieroglífico usado nos antigos templos egípcios, como também *"O Livro dos Princípios"*, comumente chamado *"Gênese"*, e quase todos os seus cantos, salmos e profecias.

Foram conservados, em severa custódia, pelos anciãos do grande santuário de Moab da fraternidade essênia, que somente permitiram a pessoas de sua inteira confiança tirar cópias. Essas cópias foram declaradas apócrifas séculos depois, e substituídas pelo *Pentateuco*, que conhecemos e é atribuído a Moisés.

* * *

Retrocedamos, leitor amigo, por vinte e quatro horas.

Retirados ao oratório na segunda hora da noite, véspera da inauguração da escola, o futuro professor disse a seu tio:

— Em meus estudos de menino, de adolescente e de homem realizados no castelo do lago Merik, junto a meus pais, e logo nos templos de On e de Mênfis, pude comprovar o poder e a força que vai unida ao pensamento elevado à divindade. Aqui não temos um conselho de hierofantes capazes de derrubar montanhas com a força mental adquirida em anos de perseverantes exercícios, mas creio que o nobre desejo que nos anima, tio Jetro, suprirá quanto falta ao nosso redor.

— Que queres insinuar com isso?

— Eu quisera conseguir da eterna potência invisível duas coisas que me faltam: a convicção de que fui trazido à vida material para realizar *algo* de grande em benefício de meus semelhantes. Essa é a primeira.

"A segunda é se a abertura da nossa escola é o início desse *algo* que pressinto, sem saber por que, desde que cheguei a esta solidão."

— Justamente, Moisés, meu filho, e é na meditação onde o supremo poder responde a todas as nossas perguntas e dúvidas.

"Acredita-me que, em toda esta minha existência, recebi poucas respostas, mas todas elas se cumpriram de maneira prodigiosa."

— Por que é *prodigiosa*?

— Já o verás. Enquanto minha vida deslizou na opulência das cortes reais, meu Eu interior dormia e me inquietava. Mas um bom dia me veio este pensamento: 'Será toda a minha vida tão invariável e plácida como a presente?'

"Esse pensamento começou a martelar tenazmente em meu foro íntimo. Eu estudava astronomia e humanidades no templo de Zeus, mas sentia uma vaga inquietação que me molestava por momentos durante as aulas, até que o mestre percebeu e me recriminou por isso. Vendo-me incapaz e humilhado, pensei na suprema potência, com a ânsia daquele que não encontra um recurso eficaz em si mesmo. Tão forte e profundamente pensei, que lá no meu Eu íntimo apareceu esta idéia:

" 'Não estás em teu lugar na Mauritânia. Esse lugar está muito longe daqui.' — Quem o disse? Por que o disse? Para onde podia eu ir, se estava no palácio de meu pai, que era o grande sfaz, e nada me faltava?

"Foi essa a primeira resposta da eterna sabedoria para este insignificante calhau nos caminhos da vida.

"Sessenta dias depois, o faraó Seti, teu bisavô, pedia a mão de minha irmã Epúvia para seu filho primogênito. No ano seguinte, participei da homenagem que meu pai lhe fez e com ordem de ficar junto à minha irmã até a realização das bodas. Antes dessa data, meu pai morreu de repente e eu preferi ficar ao lado de Epúvia, que muito me amava, a voltar para junto de meu irmão mais velho, que jamais teve afinidade comigo por causa de nossos modos diferentes de pensar e de viver.

"Não sendo eu homem de armas, teu avô quis que eu seguisse meus estudos nos templos de Sais e de On, e parece que ele tinha pretensões de que o irmão da princesa real de sua corte chegasse ao pontificado. Meus mestres seguiam em segredo as doutrinas de Anek-Aton, que tão furiosa revolta causara tempos atrás. Alguém os atraiçoou e alguns deles, para salvar a vida, renegaram a sua fé; outros fugiram e alguns foram condenados à prisão perpétua; outros foram decapitados. Na minha meditação dessa noite, voltei a sentir como daquela primeira vez, lá, muito dentro de meu Eu interior, esta idéia:

" 'Tu não morrerás, mas irás para um lugar solitário muito longe daqui.'

"No dia seguinte, chorando, minha pobre irmã me disse:

"— Pedi complacência em teu favor, e o faraó quer que saias quanto antes do país para não se ver obrigado a usar contigo a severidade da lei.

"Assim começou a minha peregrinação até chegar onde me encontraste. Foi o desterro e a solidão o paraíso da minha vida, porque os céus de Deus se derramaram sobre mim até chegar a me dizer pouco antes da tua chegada:

"— Verificas que muito recebeste quando ainda não chegaste ao final. Espera mais um pouco e verás sob o teu teto a glória de Deus."

— Vejo que minha rota se assemelha à tua, tio Jetro, e talvez por isso mesmo a lei eterna nos uniu.

Uma forte onda de emoção inundou a ambos nesse instante de silêncio e de absoluta quietude, e ambos compreenderam que grandes presenças invisíveis se aproximavam sem ruído, mas cheias de inefável amor e ambos se entregaram a uma profunda meditação.

Habituados a esses vôos gigantescos e audazes das almas evoluídas, não sentiram transcorrer o tempo, mergulhados ambos na intensa corrente de amor que ia levando-os suavemente aos planos de infinita claridade.

Ambos perceberam a presença de três seres diante deles. Reconheceram-nos. O velho sacerdote, mestre da meninice de Moisés, Amonthep; o velho Neferkeré, que Moisés encontrou solitário nos pórticos do templo de Luxor, e o pontífice Pthamer, falecido três anos antes, estavam diante deles e apontavam para um ponto da imensidão azul.

Um escuro mar tempestuoso, sob um céu sombrio onde cem relâmpagos se entrecruzavam quais chicotes de fogo, apareceu instantaneamente como se mãos de mago houvessem descerrado uma tela imensa.

Um navio de cor cinza lutava desesperadamente por aproximar-se de uma costa negra e pavorosa, um áspero escarpado cuja elevada silhueta se destacava dentre as ondas embravecidas. De vez em quando, a sinistra claridade dos relâmpagos iluminava o bravo marujo que fazia prodígios de força e habilidade para evitar um violento choque da embarcação contra as rochas da costa. Quando o conseguiu e seus marinheiros soltaram a âncora, ele levantou por três vezes uma tocha e, pouco depois, apareceram homens e mulheres angustiados, todos levando crianças de poucos anos que os marinheiros recebiam como se fossem cordeirinhos contratados de antemão. Algumas das mulheres embarcavam também, outras se despediam chorando de seus filhos, que o barco tragava apressadamente. Apagada a tocha, levantou-se a âncora e o navio continuou sua luta tenaz com as ondas bravias naquela noite de tempestade.

Os dois clarividentes compreenderam a cena astral que os três anciãos da primeira visão lhes fazia contemplar, e um deles disse:

— A eterna lei tirou *Juno* do tranqüilo lar onde nasceu e o levou até a ponte de comando de um navio porque ele quis ser o salvador de crianças que seriam devoradas pela gula insaciável dos poderosos senhores da Lemúria.

A luz divina dessa meditação fez Moisés encontrar-se em *Juno*, o marujo que lutava contra a tempestade. Compreendeu também que algumas das crianças salvas por ele estavam novamente junto dele, em Caleb e Josué, e em alguns dos jovenzinhos pastores que seriam alunos da escola que inaugurariam na cabana no dia seguinte.

O pincel mágico da eterna luz continuou desenhando nessa noite memorável, uma após outra, as vidas de *Numu*, o príncipe pastor de Mirt-ain-mari; a de *Anfião*, o rei santo de Otlana; a de *Antúlio* de Manha-Ethel; a de *Abel* entre os kobdas; e a de *Krisna* no Dekan, e viu que em todas elas ele fora levado prodigiosamente de um lugar para outro, saltando abismos, tecendo sacrifícios e renúncias como redes de aço que oprimiam seu coração até chegar ao que a eterna potência pedia e queria dele.

Depois de ter visto e compreendido tudo, com o espírito perplexo diante da imensidão da dor sofrida em tão longínquas eras, apareceram novamente os três amigos eternos que o haviam levado à compreensão e à luz.

— O que me falta fazer agora que não fiz antes? — perguntou com inaudita veemência e com uma voz trêmula quase próxima do pranto.

Os três amigos do espaço falaram, mas suas vozes soaram como uma única:

"— A humanidade esqueceu o que fizeste e ensinaste no passado, e hoje o eterno invisível quer que escrevas com *fogo na pedra*, a lei que Ele gravou com seu amor no coração dos homens e que eles apagaram, pisotearam e esqueceram."

— Como? Onde? Quando o farei? — voltou o vidente a interrogar.

— Ele é o senhor do tempo e sabe o dia e a hora — respondeu a voz tríplice. — Segue o caminho que iniciastes, o único que é teu por toda a eternidade.

A celestial claridade desapareceu. Os círios consumidos haviam-se apagado. Jetro, em sua poltrona, parecia mergulhado como num desmaio. Moisés tremia de frio, e pela cortina entreaberta filtrava-se a suave luz do amanhecer.

Moisés não pôde entregar-se ao descanso, apesar de ter passado toda a noite em vigília; estava esgotado e desgastado.

Queria esmiuçar como em pequenas fibras o sonho ou visão dessa noite que ele conceituava o mais extraordinário de sua vida.

Seus estudos haviam-lhe ensinado muitas coisas desse outro mundo imenso dos seres sem carne terrena, mas o que aconteceu nessa noite no oratório de seu tio ultrapassava os limites de seus conhecimentos extraterrestres.

Moisés queria guardar até o menor detalhe todas aquelas jornadas de seu próprio eu em épocas distantes, pois, embora conhecendo algo através das escrituras do patriarca Aldis e outras de diferentes cronistas e épocas, o que lhe foi apresentado vividamente como se visse suceder de novo era algo tão estupendo que merecia toda a dedicação.

— O algo tão estupendamente grande — disse a meia voz — que devo gravar no sistema sagrado dos templos, em forma tal que só os hierofantes adeptos do mais alto grau possam compreendê-lo. Que homem, revestido de carne, será capaz de assimilar o que me foi dado ver e saber nesta noite?

Com uma resolução e decidida atitude que somente nele era possível, sentou-se diante de sua mesa-escrivaninha e, tomando o primeiro livro em branco que achou à mão, gravou na primeira página com grossos sinais hieroglíficos:

"O que eu vi"

"Sentado no oratório com o tio Jetro a meu lado, entregamo-nos ambos a profunda meditação tratando de conhecer a vontade divina para orientar, de acordo com ela, todos os atos de nossas vidas.

"Senti-me como levado, sem violência e sem esforço, para um lugar de indizível paz, de inefável amor, de uma claridade como de muitos sóis e que não causava deslumbramento mas gozo infinito. Compreendi que quem me levava eram meus três mestres da meninice e da primeira juventude: Amonthep, Pthamer e Neferkeré, cuja presença espiritual se fez visível ao iniciar a meditação.

"Vi um esforçado marujo em luta tremenda com o mar embravecido, cujas ondas sacudiam sua embarcação que parecia próxima a afundar. Ele queria atracar na costa e as ondas batiam-lhe impetuosamente como milhares de monstros do mar que quisessem devorar o barco e seu capitão. Quando pôde finalmente dominar a fúria do mar, seus marinheiros apareceram para as manobras de ancorar e amarrar o barco, que era enorme e forte como uma galera feita para a guerra.

"À luz da tocha que o capitão acendeu vi claramente seu rosto e toda a sua pessoa. Se eu houvesse tido um irmão teria dito que era ele por sua semelhança à minha fisionomia, embora sua pessoa fosse muito maior e mais forte do que eu. Vi que aos sinais da tocha acudiram ao escarpado escuro e pavoroso muitos homens e mulheres com crianças de dois a seis anos, segundo me pareceu, que os entregavam aos marinheiros, em silêncio, como se houvesse entre eles um acordo antecipado. As mães choravam e beijavam seus filhinhos, enquanto o capitão repetia-lhes palavras de paz e de confiança, ao mesmo tempo que lhes entregava carteiras de couro nas quais compreendi devia haver algo importante e de valor pelas mostras de agradecimento que todos eles manifestavam. Os mestres que me haviam conduzido até ali apareceram novamente e me disseram a uma só voz:

"— É Juno, a quem chamaram na Lemúria o 'Mago das Tormentas' porque, quando o mar estava enfurecido, os piratas invadiam as aldeias da costa para roubar as crianças que vendiam a bom preço para os poderosos senhores que faziam deles o prato predileto de seus banquetes. Quarenta e sete anos viveu Juno, e essa foi a sua tarefa desde os vinte e dois anos até que, coalizados príncipes e piratas, conseguiram afundar seu barco, no qual pereceu ele, sua esposa cega, Vesta, e os mais velhos dos seus marinheiros, salvando-se alguns jovens socorridos pelos pescadores da costa. Foi essa a tua primeira vida missionária no meio da humanidade terrestre, que é a tua herança eterna, aceita por tua livre vontade.

"Mas não se detuve aqui o pincel mágico que esboçava visões com prodigiosa destreza e claridade.

"Apareceu uma cidade enorme, toda de pedra, de grandes blocos vermelhos, cinzentos, negros, esverdeados, amarelecidos, tais como vemos nas pedreiras das cordilheiras da nossa terra.

"Numa dessas casas enormes, quais montanhas cortadas a pico, uma janela contornada de hera formando moldura para uma belíssima jovem vestida de azul e touca branca, observando distraidamente a paisagem de esquadrões de lanceiros que pareciam chegar de uma campanha.

"Quando o último esquadrão deixou vazio o lugar, vi um jovem pastor com um cordeirinho num dos braços, e no outro o cajado, apressando o passo porque o animalzinho lançava sangue pela boca.

"A jovem da janela inclinou-se até ele e o chamou confiadamente como a um amigo conhecido:

"— Vem — disse — que meu pai tem um presente para te dar.

"Aquela grande casa era o palácio do rei, e a jovem era sua filha.

"O pastor deteve-se e a jovem fê-lo entrar pela porta secundária do grande portão da entrada.

"Tomou o cordeirinho e o entregou a uma escrava para curá-lo. Conduziu o jovem pastor à sala de vestir de seus aposentos. Despendurou um luxuoso traje dos usados pelos príncipes da casa e mandou que ele se vestisse como um deles para se apresentar ao rei que devia falar-lhe. Grande foi a confusão do pastor que não sabia como havia de vestir aquela pesada e rica vestimenta, e como foram chamados, apareceram dois pajens que o engalanaram rapidamente, deixando-o convertido num galhardo príncipe real, porque aquele pastor tinha um rosto gracioso e galharda presença.

"Os pajens levaram-no perante o rei que detrás de uma grade dourada estava, junto com sua filha, esperando o visitante.

"O pastor aproximou-se da grade e, instruído pelos pajens, inclinou-se numa profunda reverência, e a jovem disse a seu pai:

"— Este é, ó rei, o esposo que escolho para mim.

"O quadro apagou-se diante de minha vista, e logo vi o pastor e a jovem numa gruta entre grandes montanhas. Uma multidão dolorosa, enferma, esfarrapada, os rodeava e os dois curavam suas chagas, acalmavam seus prantos, davam-lhes de comer, vestiam-nos com roupas novas, amparavam-nos do frio em grandes cavernas com fogueiras acesas, com leitos de peles e cobertores de lã.

"Meus três mestres apareceram novamente e, a uma só voz; disseram:

"— É o príncipe pastor, é Numu e sua esposa Vesperina fazendo da humanidade dolente a porção escolhida que corresponderá um dia ao ideal supremo da fraternidade e do amor que tu e ela semearam nos mundos que vos foram confiados.

"Nesse preciso instante, vi no pastor a minha própria pessoa, e na jovem vestida de azul, a pequena Merik, que já não vivia na Terra e com quem eu celebrara esponsais no castelo do lago Merik, há quatro anos.

"Não pude suportar mais essa visão e, cobrindo o rosto com ambas as mãos, tratei de aquietar meu coração que pulsava violentamente.

"Quando descobri os olhos, busquei um olhar alentador do tio Jetro, mas seus olhos estavam fechados e todo ele parecia uma estátua de marfim formando um só corpo com sua enorme poltrona de nogueira envolta num pano branco. Senti-me só com todo o extraterrestre a me rodear. Fechei também os olhos e cruzei os braços como quem se entrega, rendido e submisso, a esse oculto poder soberano, ante o qual eu me sentia como um pequeno peixinho flutuando em águas desconhecidas.

"Senti grossas lágrimas rolarem de meus olhos fechados e ouvi bem ao longe minha própria voz sussurrando:

"— Senhor!... Deus infinito, Senhor de toda a criação!... Faça-se a tua vontade neste e em todos os mundos!" — uma paz suavíssima me invadiu de imediato e logo uma ternura confiante de quem se sabe protegido e amado. Novamente os três mestres da meninice, sem corpo de carne, estavam diante de mim dentro de um nimbo de luz que me permitia perceber até o menor detalhe de suas pessoas. Os três falaram a uma só voz:

"— Não temas nada, Moisés, pois os mestres que guiaram tua meninice e primeira juventude cumprem hoje o mandato divino de acelerar o reconhecimento de ti mesmo a fim de que, sabendo o que foste em teu passado, aceites sem violência e sem negações o presente que começou nestas paragens qualificadas de lugar do teu desterro, e é o lugar da gloriosa apoteose da tua vida atual.

"Nem bem se extinguiram suas vozes, não os vi mais porque um novo cenário apareceu no lugar onde eles haviam estado. Uma cidade populosa, com enormes torreões de pedra de cor turquesa e mansões de estrutura piramidal e de uma imensidão espantosa, apareciam entre bosques de pinheiros e palmeiras. Longas filas de lanceiros, numeroso povo, um pórtico majestoso e, por fim, um vasto recinto muito branco encortinado profusamente de um vivíssimo azul..., e, lá em frente, um jovem rei descia de seu trono, entregava cetro, colar e coroa a uns anciãos de fisionomia angustiada, e desaparecia silenciosamente para o interior, logo depois de abençoar dois guardas que, dobrando um joelho em terra, beijaram-lhe as mãos e depois levantaram o cortinado para que o rei passasse. Senti nesse instante a dor dos anciãos ao receberem os atributos reais, e a dos dois guardas abençoados pelo rei.

"Todo esse grandioso cenário desapareceu como ao impulso de um sopro mágico que o houvesse destecido e desfeito subitamente. A voz de meus três mestres, ali presentes, se fizeram ouvir novamente:

"— Acabas de presenciar a renúncia nobre e heróica de Anfião, rei de Otlana e Teoscândia, ou seja, tu mesmo, a fim de evitar uma guerra de extermínio entre os dois países irmãos, promovida pela soberba e pela ambição de Alpha-Huari, seu irmão mais moço, que dois anos antes lutava por conseguir a revolta dos países que haviam governado seus pais. Às vezes, os grandes feitos se repetem através dos séculos e tal como naquela época, a renúncia de Anfião rei não foi o triunfo de Alpha-Huari, mas a sua derrota, da mesma forma como a tua renúncia ao cargo de superintendente vice-rei do Egito na época presente é outra nova derrota para o faraó Alpha-Huari.

"Como eu pensasse sem falar que não via derrota alguma no faraó com a minha renúncia, a voz tríplice de meus mestres respondeu a esse pensamento:

"— Hoje não podes ver a tua vitória sobre o faraó e sua espantosa derrota, mas a verás quando tenham passado vinte anos mais. Busca nas escrituras do patriarca Abidos que tens em teus arquivos, e encontrarás com detalhes a obra de Anfião rei de Otlana e Teoscândia na desaparecida Atlântida. Maior ainda será a tua não sendo rei mas tão-somente um mensageiro do eterno Deus invisível.

"A voz apagou-se de novo e outro cenário apareceu diante de mim: Era uma cidade esplendorosa, tão magnífica e grandiosa como eu não vira outra com meus olhos de carne, e um jovem mestre, filósofo ou profeta falava perante uma grande multidão de jovens, varões e mulheres.

"Era o imenso pórtico da 'Casa da Vida' como chamamos no Egito a um grande sanatório onde se estuda medicina e onde os médicos cirurgiões fazem toda classe de operações, e é também escola onde sábios professores dão lições aos que aspiram a ciência de curar as enfermidades humanas.

"Mas não era uma aula de terapêutica o que aquele homem dava à multidão, mas um ensinamento filosófico e moral, uma lição de vida pura para viver com saúde e com alegria, para formar uma sociedade nobre, digna, honrada e justa, capaz de servir de exemplo e de modelo a todos os povos da Terra.

"Como em êxtase, ouvi esse mestre e pensei imediatamente: 'Penso como ele e, se algum dia a divina lei me colocar diante de uma cátedra para ensinar às multidões, falarei do mesmo modo como ele o faz.' Lembro-me bem desta frase repetida várias vezes:

" 'A vida ordenada e pura, ou seja, sem excessos e sem abusos, é claridade na mente e saúde no corpo.'

"Eu o vi depois no grande templo de Zeus diante de um auditório de sacerdotes respondendo a perguntas que lhe faziam os sacerdotes da alta hierarquia a julgar pelas vestimentas de púrpura e brocado, tiaras e mitras resplandecentes de ouro e pedrarias. Ouvi que lhe diziam:

"— Ensinaste, em tua escola, que a alma vai e volta em repetidas existências carnais, depois de ter percorrido todas as formas de vida desde a pedra, a erva, o inseto, a ave e o animal, era após era. Tu te desdizes de tão tremenda aberração com a qual enlouqueces a juventude?

"— Não, porque é a verdade.

"— Observa que estás jogando com a vida. Ensinas que a *morte não existe*, mas seguindo pelo caminho que vais, *continuará existindo* em relação a ti. — Tais palavras foram pronunciadas pelo que parecia ser o pontífice ou sacerdote máximo desse tribunal.

"Então ouvi um toque de clarim, e outro, e outro mais, seguido de aclamações e aplausos a alguém que chegava. A grande porta de ouro e cristal abriu-se de par em par, e uma voz sonora disse:

"— Um arauto real, com um edito de nosso rei Faselehon.

"O tribunal pôs-se de pé, com exceção do sacerdote máximo. O arauto rompeu os selos e fitas de um papiro branco e leu:

"— Glória e louvor a Zeus que nos dá ar, luz e vida. Por estas letras, ordeno e mando que não seja causado incômodo algum a meu médico e mestre de meus filhos, Antúlio de Manha-Ethel, e que seja imediatamente acompanhado até sua escola por quem leva esta mensagem. Eu, *Faselehon,* rei de Zeus e da Mauritânia.

"Quatro garbosos lanceiros rodearam mestre Antúlio, e o arauto ofereceu-lhe o braço, tirando-o do grande templo de Zeus.

"Tudo se encheu de escuridão, de silêncio e de pavor. Meu coração batia violentamente, pois sentia como se fosse eu mesmo quem se achava entre duas poderosas forças que se encontravam frente a frente: o poder sacerdotal e o poder real. Pensei nos arquivos que me foram entregues pelo sacerdote Neferkeré, descendente de Anek-Aton, que também se viu diante do poder sacerdotal de seu tempo, e morreu envenenado pouco tempo depois.

"— Também assisti ao teu radioso *Apocalipse*, Moisés — disse o tio Jetro despertando do que eu julgava um tranqüilo sono.

"Como eu o observasse, assombrado, ele continuou:

"'— Sim, meu filho. É a minha hora de glória. Fazer-te companhia e ser uma testemunha ocular de tua vida no deserto é para mim a glória com que nosso Pai eterno coroa a minha desditosa vida.

"— O que mais posso pedir como conclusão dela?...

"— Considerando o que viste, tio, dize-me, que pensas de tudo quanto ocorreu esta noite aqui? — perguntei-lhe depois do silêncio que se seguiu às suas afirmações.

"— Dormias ainda na inconsciência, como nos ocorre a todos ao iniciar a existência carnal, até que algo extraordinário nos despertou para a realidade. Assim, penso, filho, que a eterna potência enviou para junto de ti arautos que, descerrando os véus que encobrem os mistérios divinos, fiques inteirado finalmente de *quem és e por que estás na carne sobre esta Terra*.

"Tudo tem sua hora fixada no infinito do espaço e do tempo e, quando essa hora chega... Ó filho de Thimétis, o eterno poder usa de meios que os humanos ignoram quando soa a hora para que se cumpram nos mundos suas Vontades Soberanas.

"'Em meus velhos arquivos, que irás conhecendo a cada dia, há muito do que tu e eu contemplamos nesta noite com vida real como sucedendo de novo.

"'Asseguro-te que há grande diferença entre saber através de esmaecidos sinais de escrituras arcaicas e vê-lo viver nos elevados e puríssimos planos nos quais a luz divina conserva tudo quanto acontece em todos os mundos do universo.

"'Nas criptas sagradas dos templos de Sais e de On, pude ver passagens das vidas planetárias de nosso grande Pai Sírio, hierarca deste universo de mundos ao qual pertence o nosso sistema solar. Ó meu menino grande de vinte e três anos terrestres, que são como uma hora na eternidade!

"'Tenho o pressentimento de que terás uma longa vida, talvez mais fecunda que todas as manifestações estupendas das grandezas de Deus!

"Eu ouvia em silêncio a dissertação de meu tio Jetro, ainda que no meu

53

Eu mais íntimo não houvesse a absoluta convicção do quanto ele dizia com tão plena certeza."

— Tio Jetro — disse finalmente. — Acompanha-me para pedir ao Eterno invisível a capacidade de conhecer, de compreender e de ser o que Ele quer de mim.

— Assim o faço e o farei, meu filho, que para isso Ele te trouxe até minha humilde morada.

Sete Anos Depois

Nosso protagonista chegara aos trinta anos de idade e, nos sete anos transcorridos, sua vida fora de uma atividade vertiginosa.

O recinto subterrâneo que o leitor já conhece e que era chamado de cripta do rei Anfião tinha sido transformado num templo-escola da divina sabedoria, onde os dois hierofantes desterrados dos grandes templos vizinhos das pirâmides do Nilo criaram um sacerdócio apostólico, ou seja, adaptado a todas as abnegações e renúncias heróicas dos autênticos missionários de um ideal superior.

A sala que durante tanto tempo fora alcova dos dois jovens reclusos Caleb e Josué, havia sido preparada e consagrada única e exclusivamente para esperar a presença das elevadas inteligências desencarnadas que quisessem dar instruções especiais aos que sentissem a necessidade e a aspiração de uma comunhão espiritual mais íntima com elas.

Jetro e Moisés, plenamente conscientes da severa clausura necessária dos santuários dedicados a manifestações extraterrestres de ordem superior, naquele recinto cuja única entrada era guardada pela grande lâmina de mármore na qual estava gravado, em alto relevo, a imagem do rei Anfião de Otlana, no princípio entravam somente os dois, até que, três anos depois, foram dando entrada a seus alunos nos quais viram manifestas condições e faculdades espirituais mais em sintonia com o que pensavam, sentiam e queriam seus mestres.

Nos três primeiros anos, os alunos responderam, uns mais outros menos, ao ensinamento das ciências e letras humanas que lhes foi dado. Entretanto, para os conhecimentos de ordem espiritual, ou seja, a ciência divina de Deus e das almas, responderam todos com tão decidida consagração, que Jetro e Moisés ficaram assombrados.

— Parece — disseram ambos dialogando — que foram trazidos para o nosso lado expressamente para este fim.

Nos três anos durante os quais só entravam no santuário Jetro e Moisés, eram seus visitantes mais freqüentes aqueles três personagens espirituais da noite inesquecível, que Moisés chamou de seu *Apocalipse*, ou seja, Pthamer, Neferkeré e Amonthep, como se fossem eles os guardiães e custódios daquele recinto sagrado.

Mas, de tanto em tanto, se manifestavam outras inteligências de evolução avançada para estreitar novamente velhas alianças de idades pretéritas. Uma noite, manifestou-se um *flâmine* que nos dias de Krisna, o príncipe da paz no Dekan, fora irmão maior nas *Torres do Silêncio*. Chegando-se a eles, disse com voz clara, também ouvida pelo velho Jetro:

"— Krisna e Ugrasena!, desterrados e proscritos novamente pelo egoísmo dos homens, o grande Pai Sírio me envia a vós, com suas dádivas divinas de consolo, esperança e amor, que necessitais no momento presente, mais árduo e penoso que aquele outro já esquecido. Sou o vosso velho irmão, o *flâmine Nagasena*, perseguido e proscrito naquela época, como vós na presente, estive refugiado numa gruta de Ganda Madana, onde ainda está minha matéria formando parte da própria rocha que um dia a agasalhou. Sou enviado para vos dizer que nos alunos varões que ouvem o vosso ensinamento, estão os flâmines que fugiram das Torres do Silêncio, quando os invasores tártaros ameaçaram derrubá-las.

"A eterna lei os trouxe até vós porque o momento é propício para que sejam a teu lado, novo Krisna, teus apóstolos missionários, companheiros nas fadigas e nas glórias desta jornada, a mais longa e rude de quantas viveste.

"Nascidos e criados na selvagem aspereza do deserto e das montanhas, nada pedirão à civilização caduca e voluptuosa que, como uma luz fátua, resplandece nas grandes capitais até que os ventos da vida as apaguem e venha sobre elas a escuridão e o silêncio das tumbas.

"Minha revelação de hoje vos fará compreender o que deveis fazer com eles neste momento de sua vida espiritual. Outras idades, séculos e horas passarão, e esta antiga aliança tornará a despertar as almas que voltarão a juntar-se em renovadas missões redentoras seguindo teus passos. Pensamento de Deus feito homem. Idéia Divina vibrando numa mente encarnada. Amor eterno aceso num coração humano. Duas últimas jornadas gloriosas faltam ainda para penetrar na divindade, mergulhar-te nela e ser uno com o Grande Todo Universal.

"São lâmpadas que tu mesmo acendeste. Deixarás que elas se apaguem ao teu lado?..."

Moisés compreendeu o sentido oculto das revelações do flâmine Nagasena, que em espírito se manifestava a eles e, fortemente iluminado por uma luz superior, nesse instante respondeu:

— Os filhos venusianos que me foram dados em épocas distantes por minha esposa eterna, seguiram-me desde o princípio e seguir-me-ão até o fim.

"Tua revelação fez-me compreender que jamais estou só neste mundo. Que Deus te abençoe!"

A visão diluiu-se como a névoa que se dissolve numa rajada de vento.

Jetro e Moisés ficaram mergulhados em profundo silêncio durante longo espaço de tempo.

Ambos desfiavam fibra por fibra as vozes, palavras e pensamentos que haviam cruzado como estrias de luz em seu horizonte mental. Finalmente, o velho Jetro falou:

— Compreendeste, meu filho, o mesmo que eu compreendi?

— Tio Jetro!... Quando se acende uma luz nas trevas, todos os que não estão cegos vêem da mesma maneira. Creio, portanto, que ambos vimos com igual claridade a revelação do flâmine Nagasena.

"Compreendi que todos os que estão a nosso lado, neste momento, estiveram antes também e estarão no futuro.

"São almas que nos pertencem. É a porção da humanidade que colabora com nossas obras. Também Numbik e Azeviche são pérolas do nosso colar. Sabes, tio Jetro, que surpreendi ambos ouvindo tuas aulas de moral com uma dedicação tão completa que estive tentado a lhes dizer: entrai e ocupai um banco, pois há também lugar para ambos?

— Por que não o fizeste, Moisés, se és aqui quem toma as diretrizes?

— Quis dizer-te antes. Sou da opinião que os jovens não podem nem devem colocar-se acima da experiência dos mais velhos.

— Espiritualmente, és tão velho quanto eu, mas é verdade que a matéria física em mundos novos traz consigo miragens enganosas para aqueles que vivem poucos anos no meio dela. Aí está a razão por que aquele que passa a juventude sem obstáculos pode ser considerado um grande favorecido da providência.

— Voltando aos nossos alunos e tendo em conta a revelação do flâmine Nagasena, veio-me esta inspiração, não sei se de mim mesmo ou de uma entidade amiga: submeter a todos eles em exame e ordená-los em graus como sempre foi feito nas escolas de todos os templos e com todos os alunos, mesmo quando forem da alta nobreza e até quando são faraós.

— Muito bem pensado, meu filho e, se estás de acordo, avisaremos na aula de amanhã e lhes daremos sete dias de prazo para se prepararem convenientemente.

Na metade da semana de preparação ocorreu a chegada da caravana que periodicamente vinha desde o mundo civilizado e distante.

O fiel Numbik, acompanhado por Azeviche, já um jovem vigoroso e vivaz, foram fazer compras em Param e regressaram com três jumentos carregados com fardos e quatro viajantes inesperados: Ohad e Carmi, os sacerdotes mestres da primeira juventude de Moisés, e Hur e Laio, seus companheiros de estudos.

No décimo ano de seu desterro, Moisés abraçava aqueles seres tão amados de seu coração. Passados os primeiros momentos de intensa emoção, sua primeira pergunta foi esta:

— Por que deixastes só minha mãe? Acaso um perigo de morte?

— Não te alarmes, Moisés, que não há nada disso. Deixa-nos tomar alento e já diremos tudo. — Ao falar assim, Ohad, que era o de mais idade, deixou-se cair sobre o primeiro banco rústico que encontrou na cabana.

Hur e Laio quase não podiam articular palavra, tão profunda era a emoção de encontrar-se novamente com Moisés a quem tanto haviam amado!

O velho Jetro chorava e ria.

Suas sete filhas formaram um assombrado grupo, mantendo-se a distância. A chegada de gente do distante mundo civilizado era algo extraordinário no deserto.

Que ocorrera?

Uma cruel epidemia tinha aniquilado quase toda a família real da Mauritânia. O grande sfaz daquele distante país, sua esposa e seus filhos caíram vítimas do flagelo. Apenas ficaram com vida uma netinha, de dez anos, e seu irmãozinho, de seis.

Os anciãos do conselho haviam pedido auxílio à princesa real do Egito que, como filha da rainha Epúvia, irmã do grande sfaz, era quem podia ser a regente até a maioridade dos pequenos e legítimos herdeiros. A princesa Thimétis, com uma numerosa escolta, tinha acudido ao premente chamado.

Os dez anos de ausência de seu filho ela os havia passado em absoluto retiro na fortaleza-embaixada da Mauritânia, em Mênfis, e somente incógnita passava breves temporadas em seu castelo do lago Merik, sem ser tida em conta para nada pelo faraó e sua corte e sem que, tampouco, ela o pretendesse de alguma forma.

Todos perceberam que o rosto de Moisés se tornou pálido e contraído diante desses relatos, e em seu foro íntimo ficou gravado como a sangue e fogo este pensamento:

"Fui eu o causador de toda esta dor de minha mãe."

57

O hierofante Carmi, que tinha a alta faculdade de perceber os pensamentos mais profundos, leu-o claramente.

— Não penses assim, Moisés, meu filho — disse em seguida. — Tua nobre mãe, com luz superior, sabe com perfeição por que estás neste lugar, que força te trouxe e que obra deves realizar. Fica, pois, tranqüilo e em paz. Foi ela mesma quem obteve do pontífice Membra a aceitação da nossa vinda até aqui.

— O Eterno invisível se manifesta a nós a cada passo — acrescentou o velho Jetro —, pois O vemos claramente em suas obras e nos acontecimentos de cada dia; e assim, sabeis que, segundo as invariáveis leis e determinações de ordem espiritual, para abrir uma escola de conhecimento superior e divino, são necessárias pelo menos seis inteligências encarnadas, que com o consultor, guia celestial invisível, formem os sete raios de luz divina, abóbada e coroação do templo espiritual que vai se formar. A chegada destes quatro irmãos formam o número exato.

"Poderíamos esperar uma prova mais clara da complacência da lei eterna para os nossos desejos?"

— É verdade..., toda a verdade — responderam os recém-chegados.

Somente Moisés permanecia em silêncio. Seu pensamento estava muito longe!... Acompanhava sua mãe em sua longa viagem à Mauritânia e culpava a si mesmo por não ser seu amparo e seu sustentáculo na penosa jornada.

Houve um momento em que passou como um relâmpago pela sua mente a idéia de empreender a viagem, não ao regresso da caravana, mas somente com Numbik, atravessar o Mar Vermelho, os milhares de despenhadeiros das montanhas da Etiópia, a vasta desolação dos campos da Núbia, os desertos montanhosos da Líbia para alcançar sua mãe em sua longa viagem à Mauritânia. Como subjugado por uma visão distante, pôs-se de pé e deu um passo adiante.

O hierofante Carmi, que leu seu pensamento, interpôs-se à sua passagem.

— Aonde vais, Moisés, filho de Thimétis?

— Vou até ela, pois eu a vejo atravessando sozinha o deserto.

— Aquieta-te, Moisés, eu te peço. Tua mãe não vai só. Leva uma escolta de duzentos lanceiros mandados pelo príncipe Fredek de Port-Ofir, que a amou antes de teu nascimento e, por amor a ela, foi a Mênfis e se pôs à frente da embaixada da Mauritânia só para defendê-la, quando soube do teu desterro da corte e do país.

"Ela vai bem guardada, e sabe que teu dever está aqui."

Moisés, como saindo de um sonho, deu um grande suspiro e se deixou cair na poltrona abandonada.

— Já passou! — disse. — Foi um mau pensamento que a carne e o sangue geraram para desviar o meu caminho.

O velho Jetro abraçou-o chorando.

— É outra das renúncias exigidas pela austeridade da tua lei, Moisés, meu filho. Como vais galgando rapidamente o cume!

O hierofante Ohad entregou a Moisés um feixe de papiros envolvidos numa fita de linho com o selo do pontífice do grande templo de Mênfis.

Hur, por sua vez, entregou-lhe as chaves das sacolas de pele de foca que a princesa Thimétis enviava a seu filho.

Tudo isto fez desaparecer a onda de tristeza e ansiedade angustiosa que se assenhoreara do ambiente.

Uma alegre cordialidade estabeleceu-se imediatamente e começaram as confidências, as notícias e tudo quanto cabe no encontro de almas companheiras que depois de dez anos de separação voltam a se reunir num oásis do penoso e árido deserto da vida.

O GRANDE SACERDOTE DO DESERTO

Passaram-se breves dias, os absolutamente necessários para que Jetro, com suas filhas e Moisés preparassem alojamentos convenientes para os quatro viajantes recém-chegados.

Moisés, procurando diminuir as complicações que os donos da casa pudessem ter, fez instalar em sua grande alcova seus dois companheiros Hur e Laio.

O bom tio Jetro imitou a ação do sobrinho; e Ohad e Carmi compartilharam da espaçosa alcova do ancião que, muito satisfeito, lhes disse:

— Isto será assim até que sejamos capazes de construir um ninho para cada uma destas andorinhas do Senhor.

Quando na ordem material tudo esteve acertado, pensaram em organizar a vida espiritual conforme os superiores ideais que todos sustentavam.

Para isso, realizaram a primeira "reunião dos seis" que a eterna lei havia unido na cabana do patriarca Jetro, na paupérrima aldeia de Poço Durba, no lugar mais solitário do extenso deserto vizinho do Sinai.

A reunião foi realizada naquela câmara secreta cuja entrada era a pedra corrediça na qual aparecia gravado, em alto relevo, um retrato do rei Anfião Atahulfo de Otlana.

Nem bem terminada a evocação em que a lira de Laio e o alaúde de Hur haviam atraído uma sereníssima paz com a melodia executada, caiu em transe o sacerdote Carmi, possuído por uma forte e puríssima inteligência conhecida com o nome de *Aheloin* que, a partir desse momento, se pôs à frente, digamo-lo assim, da grande obra que Moisés realizaria em todo o curso de sua longa vida. Ele falou assim:

— Irmãos deste templo de Deus. Quanta honra é para mim ser o número sete deste conselho de vontades e inteligências reunidas para colocar os alicerces de uma grandiosa obra de evolução humana!

"Somos aqui sete *sacerdotes*, ou seja, sete escolhidos e consagrados pela eterna lei para fazer o bem às almas encarnadas no planeta Terra, que tal é o significado, como sabeis, dessa grande palavra: *Sacerdote*!

"Como está entre os *sete* o instrutor e guia desta humanidade, ele deve ser o sacerdote máximo que nos dará as diretivas a seguir de hoje em diante."

Apenas pronunciadas estas palavras, dois vivos raios de luz apareceram na fronte de Moisés, convertendo como em brancura de neve a meia-luz daquela câmara secreta. Jetro, Carmi, Ohad, Hur e Laio puseram-se de pé e suas túnicas de linho branco refulgiam como girassóis de nácar à viva claridade do halo de luz que envolvia Moisés, o qual, aturdido e extremamente comovido, não conseguia se mover nem pronunciar uma palavra.

Os cinco irmãos que estavam de pé pronunciaram o solene voto ou juramento de lei em casos como este:

"— Ante o eterno Deus invisível, Senhor dos mundos e da vida, fazemos voto solene de fidelidade, confiança e amor ao companheiro e irmão designado pela lei para guiar esta humanidade a seus eternos destinos."

Moisés reagiu imediatamente e, pondo-se de pé, pronunciou por sua vez o voto solene:

"— Ante o eterno Deus invisível, senhor dos mundos e da vida, faço voto solene de fidelidade, confiança e amor aos companheiros e irmãos designados pela lei para secundar-me na obra que devo realizar em benefício desta humanidade." — E abraçou com profunda emoção seus companheiros.

Em tão solene e glorioso momento, desapareceram da vista de todos eles as paredes da câmara secreta, e ela se converteu como num luminoso campo aberto, inundado de uma suave claridade azul como a luz viva da lua cheia numa esplanada coberta de neve.

Deslizando-se ali como levadas por suavíssimas brisas, os messias, ou inteligências gêmeas do avatar divino encarnado, pronunciaram também o solene voto de fidelidade, confiança e amor ao que devia ser o herói daquela jornada heróica, enquanto suaves harmonias, que não eram da Terra, pairavam no ambiente saturado de paz, de felicidade e de infinito amor.

Nenhum dos presentes pôde medir o tempo transcorrido até que toda aquela magnificência dos céus foi-se dissolvendo como diluída nas sombras, como absorvida pelo silêncio...

Nessa primeira reunião, resolveram que aquela câmara secreta seria daí em diante sala do conselho, templo de oração e lugar sagrado de consagração de todos os que no futuro quisessem formar fileira entre os já consagrados ao serviço de Deus e da humanidade.

A pilastra de pedra para a água vitalizada seria colocada no centro do recinto, e na muralha defronte à entrada seria construído um pequeno pedestal sustentando um altar de mármore branco no qual seria colocado o candelabro de sete círios e um turíbulo para queimar incenso.

No alto da muralha, devia ser colocada a lâmina de basalto negro com a gravação usual em todos os lugares consagrados à divindade e com o símbolo hieroglífico costumeiro para representar o Deus eterno e invisível: um grande círculo branco com a estrela de cinco pontas num azul vivo ao centro.

O conselho supremo da escola iniciática do deserto estava organizado na forma exigida para desempenhar sua elevada missão daí em diante.

Josué e Caleb, mais cinco jovens escolhidos entre os dezenove pastores, seriam a base da escola iniciática de Moisés. Eles vinham ansiosos de conhecimentos, e não obstante continuassem vigiando os rebanhos dos quais estavam encarregados, repassavam uma e cem vezes as lições ouvidas nos últimos dias.

Para facilitar-lhes isto, Josué e Caleb que, como aprendizes de escriba, eram práticos em escrita, copiavam as lições dos mestres e as repartiam entre seus companheiros.

Todo este grande esforço e dedicação entusiasmou Moisés, no qual começava a nascer e a crescer a certeza de que a eterna potência extrairia até das pedras e das areias do deserto os seres que seriam aptos para colaborar na obra que ele devia realizar.

Em assembléias do conselho, foram nomeados Ohad e Carmi hierofantes do sétimo grau, para mestres dos aspirantes à iniciação.

As matérias primordiais eram a astronomia, a astrologia, o magnetismo, a quiromancia, o hipnotismo e a teologia ou ciência de Deus e das almas.

As classes de história, ciências naturais, linguagem, geografia, etc., foram encarregadas a Hur e Laio, e eram para todos os alunos em geral, para as filhas de Jetro; nem sequer Azeviche ficou excluído delas. Igualmente, a aula de moral, a cargo do velho Jetro, era a portas abertas para todos, e também começaram a assisti-la os familiares dos jovens pastores transformados em estudantes.

O sacerdote máximo, como é lógico, poderia presenciar as aulas quando fosse do seu agrado.

Diariamente, ao cair da noite, os seis sacerdotes-mestres deviam reunir-se na câmara secreta das meditações íntimas.

— Somos também alunos de uma escola divina — disse o tio Jetro — e, se devemos ser bons mestres, precisamos de um duplo ensinamento. Ensinar a criatura humana a se pôr em harmonia com a eterna potência, é obra de gigantes, e eu, pelo menos, me vejo como um pigmeu.

— Creio que todos podemos dizer o mesmo — afirmou Ohad —; contudo, o amor ao ideal divino põe asas ao espírito, e espero que a divina bondade faça crescer as nossas tanto como nos seja necessário para cumprir seus eternos desígnios.

Esse esquema ficou estabelecido para a escola iniciática de Moisés.

A Regente da Mauritânia

Apesar de sua alta investidura e de seus próprios esforços, não conseguia Moisés aquietar seu mundo interior; e a recordação de sua mãe atravessando desertos e montanhas produzia-lhe penosa inquietação.

As palavras que ouviu Carmi dizer martelavam também sua mente: "Leva uma escolta de duzentos lanceiros comandados pelo príncipe Fredek de Port-Ofir que a amou antes do teu nascimento, e por amor a ela veio a Mênfis e se pôs à frente da embaixada da Mauritânia, só para defendê-la, quando soube do teu desterro da corte e do país."

Moisés jamais teve conhecimento de que o príncipe Fredek houvesse amado anos antes a sua mãe. Em visitas de cortesia, que algumas vezes fez à corte de Mênfis, viu efetivamente delicadas finezas dele para com a princesa real, que era sua prima, e viu também que ela e Amram, seu esposo, lhe demonstravam simpatia e cordialidade.

"— É o irmão do sfaz — pensou Moisés —, por que não é ele o regente, e obrigam minha mãe a sê-lo quando é uma prima?... Não será esta uma nova emboscada do faraó para afastá-la do Egito?..."

Três dias passou Moisés absorto por esse pensamento sem poder anulá-lo ou apagá-lo de sua mente, embora fizesse grandes esforços para consegui-lo.

Mas na meditação do terceiro dia, ao anoitecer, a divina lei permitiu que lhe chegasse a resposta na emotiva cena que a eterna luz conservou em seu arquivo, de onde a copiou com toda a fidelidade possível.

Humilhado em extremo pela sua incapacidade para aquietar seu mundo interior, Moisés começou a dar guarida a pensamentos de dúvida acerca dos avisos recebidos anteriormente.

Dialogava consigo mesmo em profundo silêncio, na semi-obscuridade da cripta, rodeado por seus cinco companheiros do conselho.

— Estou destinado a guiar almas, educar multidões, a ser condutor de povos e me vejo como uma criatura qualquer, incapaz de dominar inoportunos pensamentos e manter sereno o meu mundo interior... É um engano grosseiro..., é um fantasma de grandeza que devo afastar de mim, se quero livrar-me de cair no abismo da vã glória e da soberba!

Moisés foi transportado em espírito ao último oásis que existia no caminho percorrido pela princesa real, adormecida tranqüilamente na tenda que fora levantada para ela e sua dama de companhia. Viu que havia guardas ao redor da tenda, e que o marido de Enabi, governador do castelo do lago Merik, era o chefe dos guardas.

Viu o príncipe Fredek acordado em sua tenda particular fazendo comparações entre dois grandes livros com capas de cobre e fechos de prata em cujas capas se lia, respectivamente:

"Lei de Anek-Aton, faraó do Egito."

"Lei de Anfião Atahulfo de Orozuma, rei de Otlana e Teoscândia."

O observador achava-os iguais entre si, mas muito diferentes de um terceiro livro, um pouco inutilizado como por um descuidado uso, que dizia:

"Lei de Atenéas, grande sfaz da Mauritânia, descendente do patriarca Thot."

Moisés ouviu Fredek de Port-Ofir dar um golpe sobre este último livro, dizendo desgostoso:

— É verdade. É verdade o que diz Thimétis! Este Atenéas foi o forjador da atual lei da Mauritânia, tão diferente daquela primeira trazida pelos antepassados que em distante época vieram à nossa terra do sol. Thot foi, na verdade, o primeiro civilizador da terra negra, mas que este Atenéas seja seu descendente é bem duvidoso e, ainda que o seja, sua obra de adulterador da grande lei dos reis tolstekas não diz nada de bom em seu favor. Esperemos e confiemos. O Deus de Anfião, de Anek-Aton e de Thot farão de Thimétis o instrumento da sua vontade.

Moisés voltou a si de seu transe, e ficou tranqüilo e feliz porque teve a certeza de que sua mãe ia à distante Mauritânia em cumprimento de um grande desígnio divino; o de fazer voltar a humanidade que habitava aquele país à lei dos profetas brancos.

Dois dias depois, os viajantes chegavam às terras da Mauritânia, depois de longos e pesados dias atravessando o Sahara, se bem que os oásis de Augila, de Jofra e de Choilf tivessem moderado a tremenda fadiga da rude passagem entre areias ardentes e penhascos pavorosos.

A princesa real, temendo as tormentas do mar, que tão bravias costumavam desatar-se na entrada do grande golfo, preferiu realizar a viagem por terra, e isto a obrigava a suprimir toda queixa, embora o cansaço a mergulhasse num abatimento desolador. Ao pé do grande Atlas, a mais alta montanha daquela cordilheira, resplandecia engalanada a cidade de Fazsol, na época, sede do governo mauritano.

Foi ao chegar que Thimétis veio a descobrir que o príncipe Fredek de Port-Ofir era o chefe de uma brilhante legião de companheiros e amigos chamados *iberianos*, cujos ideais eram reflexo e cópia dos criados e mantidos pela fraternidade kobda da pré-história. Thimétis viu-se rodeada por uma dupla coluna de homens, jovens em sua maioria, vestidos de túnica e capa azul, ostentando na cabeça um turbante púrpura violeta com uma estrela de prata de cinco pontas como broche de adorno.

— É este parte do exército mauritano? — perguntou Thimétis a Fredek, quando ele se aproximou para ajudá-la a descer de sua carruagem viva.

— É o meu exército, princesa real, que comparece para vos receber como merece a alta investidura com que tomais posse do país de vossa mãe.

Seu assombro foi maior quando ouviu uma grande banda musical executando uma estranha música acompanhando o cantar melancólico de um hino, cuja letra era a despedida da tarde ao sol do ocaso.

— É o hino da tarde que se despede do sol... E era cantado pelos kobdas da pré-história ao se apagar o sol no ocaso — exclamou a princesa, assombrada.

— É o hino do entardecer! — afirmou Fredek. — Os *iberianos* contam com a vossa colaboração para voltar a esse passado glorioso dos tolstecas atlantes, que trouxeram para a nossa terra negra a luz dos profetas brancos de Anfião e de Antúlio, que resplandeceu depois nas margens do Nilo e nas pradarias do Eufrates, esperando a chegada de Abel...

— Mas tudo isso é nosso, absolutamente nosso, e também na Mauritânia vós o tínheis! — exclamou Thimétis com o assombro de quem faz uma descoberta inesperada.

— Não toda a Mauritânia, princesa, mas os iberianos somente, e muito em silêncio antes deste momento.

— Logo, sois vós os que me trazeis aqui como regente em vosso país!

— Assim é, princesa real. Os iberianos sairão finalmente da sombra para proclamar à luz do sol e à vista de todos os países civilizados do mundo, a verdade e a justiça que torna os homens justos, grandes e bons.

O hino, cantado pela multidão, havia terminado e o povo agitava bandeiras e lançava flores ao numeroso e brilhante grupo formado pelos iberianos em torno da princesa real do Egito, vinda de sua terra distante para reger os destinos da Mauritânia, próxima a cair na anarquia e no caos por falta de uma prudente e sábia orientação.

A alvoroçada multidão e os cavaleiros de capa azul se abriram como uma avenida e apareceu uma carruagem escoltada por lanceiros na qual vinham os herdeiros dos soberanos falecidos na epidemia: uma menina de dez anos e um menino de seis.

Fredek foi o primeiro a acudir para ajudá-los a descer e os conduziu até a princesa, extremamente comovida ao vê-los tão pequenos, tão tímidos, prestes a entregar-se ao pranto...

— Eu não esperava netos — disse — e eis que a lei divina me entrega estes dois que são na verdade preciosos. — Abraçou enternecida as crianças que pareciam querer devorá-la com os olhos.

"Tu és Néfart e tu Eldaína. Acertei? — e ao dizer isso acariciou com terno amor as duas crianças.

— Sim, mas a mim chamam Nef, e a ela, Elda, e assim roubam a metade dos nossos nomes — argüiu o varãozinho um tanto descontente.

— Começam as acusações, princesa, bem o vês — disse Fredek. — Quanto não tereis que ouvir mais adiante?

— Tudo é carinho, queridinho; e não o tomes de outra forma — disse Thimétis —, mas, se vos desagrada, trataremos já de pôr-nos de acordo em todas as coisas.

A princesa e Fredek subiram na carruagem com as crianças e, escoltados a passo lento pelos iberianos, os lanceiros e a multidão, se encaminharam para a cidade real, engalanada de palmas, tochas e galhardetes para receber a ilustre hóspede.

Os vivas à princesa real, à filha de Epúvia, ao príncipe Fredek, que realizara tão maravilhosa conquista, formavam como o rumor de uma tempestade. A quadriga de cavalos brancos que arrastava a pesada carruagem começou a se empinar como se espantada pela multidão alvoroçada que a apertava, o que obrigou Thimétis a se pôr de pé para pedir calma e serenidade.

Ao ver aquela figurinha envolta em véus brancos e dourados, o povo caiu de joelhos, gritando a todo pulmão:

— A rainha Epúvia retorna à Mauritânia abandonada! Que o deus Sol a faça viver eternamente entre nós! — Fredek saltou da carruagem e ele com seus iberianos conseguiram finalmente abrir caminho entre a multidão para que Thimétis, esgotada pelo cansaço da longa viagem, pudesse chegar à morada que lhe haviam destinado.

Mas ela quis antes entrar no templo oratório da família real, onde sua mãe Epúvia havia orado e chorado muitas vezes na sua adolescência e primeira juventude, como lhe havia referido a velha aia que a acompanhou ao Egito quando foi desposar o herdeiro do faraó.

Qual não foi seu assombro quando a pesada cortina da entrada foi descerrada e saíram para recebê-la dois hierofantes do conselho sacerdotal do templo de Mênfis, Artafet e Amontiph, ambos meio-irmãos do pontífice Membra e professores ilustres na aula sagrada do templo, onde recebiam a iniciação os estrangeiros de nobre linhagem que o pediam.

— Como! Estais aqui? — exclamou ao vê-los.

— Faz três dias que desembarcamos, princesa real, para ter a satisfação de vos receber e compartilhar da vossa obra social, moral e espiritual de que a eterna lei vos encarregou. Aceitai-nos como colaboradores?

— A partir deste momento!... Somente meu grande pai, o pontífice Membra, poderia dar-me tão bela dádiva — e estendeu-lhes a mão que eles beijaram dobrando um joelho em terra.

Os hierofantes tinham feito a viagem por mar, que era mais rápida que por terra. Através deles soube Thimétis que seu grande filho, desterrado em Madian, se havia manifestado em transporte espiritual dois dias antes que sua mãe fosse chamada à regência da Mauritânia, e em plena concentração de todos os hierofantes anunciara que sua mãe teria que ir a um país distante em cumprimento de uma missão, e lhes pedia para colaborarem com ela. O pontífice tinha-lhe prometido e por isso eles estavam ali.

Só uns poucos dias bastaram a Thimétis para conhecer, medir e compreender o alcance de sua missão no país de sua mãe, e o campo de ação no qual devia atuar.

Chamou em seguida o conselho que acompanhou seu tio Nefart, o grande sfaz desaparecido, e ouviu em confidência privada a cada um dos conselheiros, e isso, tendo por detrás do cortinado que abrigava sua poltrona, seu conselho particular formado pelos dois hierofantes vindos de Mênfis, o chefe de sua guarda, e o príncipe Fredek de Port-Ofir, que tantas provas de fiel devoção lhe havia dado.

Essa era a *Escolta Silenciosa*, costumeira entre os enviados extraordinários como interventores em um lugar e em ambiente desconhecido. Thimétis teve a lucidez necessária para compreender que, dos sete conselheiros de seu tio, somente três tinham sido fiéis a ele e conscientes de seus grandes deveres e responsabilidade perante a lei e o povo que dirigiam.

Dos quatro restantes, uns haviam utilizado sua alta posição em benefício próprio, outros tinham entregue fontes produtoras do país a potentados nativos ou estrangeiros, mediante elevadas propinas que não apareciam como recebidas pela tesouraria real.

O príncipe Fredek, na qualidade de notário, que atento ouvia em silêncio, foi tomando nota de quanta declaração escutava.

Os antigos conselheiros, na presença daquela mulher pequenina e de tão suave e débil aparência, nem remotamente pensaram que ela os havia descoberto completamente.

Instalou-se imediatamente um tribunal de justiça que pusesse em claro o destino que fora dado àqueles imensos valores. Da prolixa investigação resultou que os quatro conselheiros, defraudadores dos bens do Estado, apresentaram suas renúncias e, sem difamá-los publicamente, foram obrigados a reintegrá-los ao tesouro real.

O tribunal de justiça, presidido pelo príncipe Fredek e acompanhado por quatro de seu mais capazes iberianos, ficou por vontade expressa da princesa real como instituição permanente de seu governo como regente.

A segunda medida que ela tomou foi a reforma religiosa e moral no novo campo de ação em que se encontrava. Eram os iberianos uma esforçada legião de cavaleiros, cujo ideal era a justiça no agir e a defesa dos fracos e indefesos diante do predomínio dos prepotentes e poderosos caudilhos açambarcadores de quanto valor existia no país.

No velho arquivo dos antepassados, Fredek encontrara fragmentos das *Escrituras do Patriarca Aldis*, e tomou a personalidade de *Iber*, o jovem soberano que pôs ordem e justiça nos países de Ethea e Nairi, das margens do Eufrates, como modelo para o grupo que formava com seus numerosos amigos. Daí o nome que adotaram: *iberianos*.

Era pois uma espécie de brigada religiosa e militar. Tinha aspectos de escola de ciências filosóficas e espirituais e de legião defensora dos direitos do povo, oprimido e maltratado como em todos os tempos e em todos os países.

Esse grupo numeroso foi a base sobre a qual a regente levantou o grandioso monumento com que sonhava: a elevação moral, social e espiritual do país natal de sua mãe.

Eles adoravam como a seu deus supremo o Sol em suas três faces diárias: ao aparecer na alvorada, no zênite ao meio-dia e no ocaso. Os mauritanos chamavam a si mesmos de *filhos do Sol*, e a regente quis saber a causa e a origem de tal filiação.

Numa de suas longas noites de insônia, na qual meditava sobre a árdua missão que aceitara, apresentou-se-lhe em transporte espiritual o filho desterrado em Madian e, serenada do assombro que lhe causara o inesperado prodígio, ouviu que ele dizia assim:

— Mãe!... minha venerada mãe, não posso deixar-te sozinha na imensa tarefa assumida. Nossos caminhos se assemelham; ambos somos *reconstrutores* por determinação divina, mas nada há que se oponha a que sejamos também aliados para ajudar-nos mutuamente. Começo, pois, a ajudar-te. Queres saber a causa e a origem do culto solar do povo da Mauritânia?

— Sim, meu filho!... Preciso e quero sabê-lo.

— Está bem. Na base da grande Arca de ouro que se encontra sobre o altar do Sol está um rolo de papiro antiqüíssimo que um kobda fugitivo, quando ocorreu a invasão de Neghadá, trouxe a este país, que era uma propriedade dos filhos do Sol pré-históricos.

"Esse kobda conhecia qual era a verdade, mas não pôde impô-la e, quando foi escolhido para sfaz, deixou-os no erro porque apenas pôde conseguir que suprimissem os sacrifícios humanos e que as *Virgens Doloras* se consagrassem a socorrer e remediar as dores humanas. Nessa antiga escritura, aparece o relato de *Solânia*, a grande matriarca kobda de Corta Água, que depois foi chamada 'Filha do Sol' e declarada gênio tutelar deste país. Fredek de Port-Ofir conhece esse relato, que são fragmentos das 'Escrituras do Patriarca Aldis' e, porque o conhece, criou a legião de seus iberianos, que têm por modelo e gênio protetor o jovem soberano de Ethea e Nairi, Iber, filho de Shiva.

"Mãe, eu, Moisés, teu filho, sou por lei divina teu aliado, e esta aliança deve ser sagrada e eterna para ambos se cumprirmos o mandato divino de intermediários entre o Eterno invisível e esta humanidade da qual formamos parte.

Thimétis quis abraçar seu filho, mas abraçou o vazio, porque a visão era impalpável. Sentiu-se envolta em seus eflúvios suavíssimos quando os braços etéreos a estreitaram a um peito que não era de carne. Ficou desvanecida por alguns momentos por causa da impressão. Depois chorou... chorou por longo tempo pelo seu grande filho ausente naqueles penosos dias em que levava sobre seus ombros tão pesada carga.

Passados três dias, que Thimétis dedicou a pôr em ordem tudo o que se referia à educação das duas crianças herdeiras do reino, tarefa na qual a secundaram eficazmente os dois hierofantes e o príncipe Fredek, quis ter com os três uma confidência de outro caráter.

Quando os teve em sua presença, falou assim:

— Vossa atitude como companheiros e colaboradores na verdade roubou meu coração pela vossa sinceridade e clara compreensão da eterna lei que define horizontes e marca rotas às almas e aos povos formados por elas em nosso plano físico.

"Assim como juntos constituímos a escola na qual devem formar-se meus dois sobrinhos, futuros governantes deste país, eu vos peço que também juntos levantemos o santuário-escola onde façamos conhecer a verdade divina e eterna, tal como nós a conhecemos e como tratamos de vivê-la com a maior perfeição e firmeza permitida pelo nosso grau de evolução, e as forças mentais e físicas que adquirimos."

— Quereis, pois, a criação de uma escola iniciática como a de Mênfis? — perguntou o hierofante Artafet, que era o de mais idade.

— Justamente. Tal é o meu desejo, se posso contar com vós outros — respondeu a princesa.

— Quanto a mim, estou às vossas ordens, princesa real — disse Fredek imediatamente.

— Também eu estou — acrescentou Amontiph —, mas penso que antes devemos assegurar-nos dos elementos que hão de formar essa escola. Se vosso ilustre tio, o grande sfaz desaparecido, deixou este povo no erro, não será ele um adversário invencível?

— Ele o é efetivamente — respondeu Fredek —, mas creio que posso antecipar notícias que tornarão mais firme em todos a esperança de melhores dias: na minha legião de iberianos tenho seis elementos que correspondem plenamente à sugestão e desejo da princesa real. Até hoje nos limitamos a estudar e a tratar de compreender a sublime doutrina vinda da Atlântida com os profetas brancos de Anfião e de Antúlio; e que no Egito e na Potamis floresceu com Bohindra, com Abel, com Adamu e Évana, com Hilkar de Talpaken e seus dáctilos da Ática, com todos esses grandes educadores de povos que hoje conhecemos como os kobdas pré-históricos. Não poderemos fazer em ponto pequeno o que eles fizeram em três continentes e durante mais de um milênio?

— Algo de tudo quanto manifestais eu já havia adivinhado em vós, príncipe — disse Thimétis —, e estimo que possais abrir tão agradáveis horizontes para o futuro.

Por esta ordem de sugestões, opiniões, projetos e esperança, continuou a reunião durante a metade dessa noite que podemos chamar de consultas. De tudo isso ficou decidido que os quatro personagens desta cena, em completo acordo, deixaram estabelecidas as bases de uma escola iniciática no estilo da do templo de Mênfis, na qual seria sacerdote máximo o hierofante Artafet, e conselheiros a princesa real e o hierofante Amontiph. O príncipe Fredek somente aceitou ser notário, e sugeriu a idéia de que seus seis companheiros colaborassem como monges, zeladores, bibliotecários ou instrutores dos primeiros discípulos que chegassem.

A aula sagrada funcionaria no oratório do palácio, residência do príncipe, junto ao palácio real, e com o qual era ligado por uma galeria secreta de comunicação.

A atuação da regente da Mauritânia começava a florescer com magnífica exuberância.

ASAS MÁGICAS

Moisés, desterrado e silencioso, não era um Moisés inativo e pessimista.

Suas forças mentais e físicas haviam crescido e desenvolvido cem por cento.

Seus companheiros de solidão, de tarefas e de estudos viviam de surpresas e de assombros. Jamais haviam visto outro caso igual.

Viam-no levantar-se cansado, esgotado, e que ele, depois de um breve passeio ao ar livre sob o arvoredo, entre as plantas florescidas ou à margem do golfo, recuperava a animação, as energias, as forças e voltava a ser o homem-gigante, física e mentalmente.

Jetro, Ohad e Carmi estudavam através dele e compreenderam claramente o que ocorria no mundo interior de Moisés.

Compreenderam que aquele grande espírito gastava todas as horas de liberdade durante o sono em trabalhos intensos, difíceis, quem sabe em que regiões, em que países e de que espécie eram esses trabalhos.

Como parecia grande a seus olhos aquele jovem a quem dobravam em idade física, mas que provavelmente dobrava a eles em idade espiritual! Moisés apenas havia chegado aos trinta anos.

A maravilhosa maga celeste, a luz eterna, nos desvendará o segredo do cansaço de Moisés ao amanhecer e da extraordinária força e energia que pouco depois lhe davam novo ânimo.

Num pedaço de linho branco emoldurado em madeira de cedro, ele mesmo desenhara uma representação da constelação de Sírio, não completa, mas contendo apenas o sol central, Sírio, e setenta estrelas ao redor. Na azulada nebulosa que envolvia o conjunto, viam-se inúmeros pontos que davam a idéia de um grande cortejo de satélites e de asteróides da magnífica constelação.

Em cada uma das setenta estrelas, ele havia escrito um nome: os nomes dos setenta messias que o grande Pai Sírio viu nascer de umas algas marinhas e as acompanhou em seu crescimento até vê-las refulgir como estrelas na imensidão infinita. Esse desenho sideral estava colocado sobre a estante das meditações de Moisés, em sua alcova particular. Para os profanos, era simplesmente a reprodução da constelação chamada Cão Maior, mas para Moisés era o esboço permanente e vivo de sua vida eterna, de sua origem e de seu destino eterno, também através das épocas e de múltiplas existências físicas.

Uma breve e intensa evocação momentos antes de entregar-se ao sono, unia-o intimamente com aquele grande ser que chamava seu Pai Sírio, e com seus sessenta e nove irmãos gêmeos de origem e de evolução, e todos eles, por intermédio de Aheloin, seu guia íntimo, o conduziam durante o sono a todas aquelas paragens onde houvesse um grande trabalho a realizar, quer fosse neste planeta, quer em outros mundos e em outras humanidades, onde estavam encarnados alguns de seus irmãos gêmeos.

Isto nos esboça com traços gloriosos o magnífico quadro da solidariedade que reinava entre as inteligências chegadas a um alto grau de evolução.

Naquela época, a Ática pré-histórica, enobrecida e cultivada pelos dáctilos de Antúlio, encontrava-se numa tremenda decadência espiritual e moral; da mesma forma, a Trácia, ordenada e reorganizada pela grande aliança dos kobdas de Abel.

Como podia permanecer indiferente o grande espírito de luz encarnado em Moisés a tanta desolação naquelas terras queridas, onde em outras épocas deslizaram seus passos de eterno peregrino e onde resplandecia seu ideal divino, como um sol que se levantava glorioso no zênite?

Ele era como uma águia branca de incansáveis asas e, enquanto sua matéria descansava em profundo sono na cabana do patriarca Jetro em seu desterro de Madian, seu grande espírito vigiava dos cumes nevados do monte Kaukaion, das cúpulas e torres dos grandes templos de Zeus, de Cronos e de Urano, onde antes havia ressoado a voz musical de Orfeu, o Bohindra semidivino da pré-história já distante. O Espírito de Luz dialogava consigo mesmo:

"— Sou eu o regente, o guia e o mestre da humanidade deste planeta. Meu grande Pai Sírio nos deu em herança eterna, obedecendo também ele a essa lei imutável emanada do Eterno invisível e da qual ninguém consegue eximir-se. Em tão espantosa marulhada de corrupção, de ignorância e de transbordante loucura, eu, pobre de mim! encerrado num corpo de carne, sinto-me incapaz para lutar e vencer..."

Apenas pensou tais palavras, estava Aheloin, seu guia, diante dele.

— Tu, incapaz? — disse com fina ironia. — Não sabes o que dizes. A residência na carne em seres de tua evolução é tão-somente um meio mais eficaz para dominar e salvar as maiores aberrações humanas. Agora a eterna potência comanda o teu sono. Dorme! — e o indicador do guia, como uma batuta de ouro fino abrilhantado, apontava para o leito. Moisés obedeceu docilmente.

Era o começo da noite, e o fiel Numbik não se retirava nunca para o descanso sem dar antes um último olhar na alcova do amo, como continuava a chamá-lo, apesar da indicação contrária que ele lhe fizera. Viu-o adormecido sem retirar a túnica e as sandálias, brandamente estendido em seu leito como quem se recosta em descanso. Conhecedor do que era aquele grande ser ao qual a lei o havia unido, sem fazer o menor ruído, correu as cortinas, abriu a janela sobre o golfo, correu o ferrolho da porta e se estendeu sobre o tapete do pavimento no mais distante ângulo da grande alcova, de onde podia observar o leito coberto do adormecido.

Nem o mais ligeiro rumor de vida era sentido ao redor, pois os laboriosos moradores da cabana de Jetro buscavam o descanso das fainas do dia apenas cerrava a noite.

O duplo etérico vigoroso e radiante de Moisés, desprendido da matéria e acompanhado do seu guia Aheloin, alçou vôo através da savana imensa do Sahara, até pousar sobre a torre ameada do palácio real de Fazsol, onde Thimétis examinava e punha em ordem documentos que formavam pilhas sobre sua grande mesa-escrivaninha. Estava sozinha e o *duplo etérico* de Moisés a envolveu num grande abraço.

Seu grande amor filial significava a única manifestação de que era ele um homem com um coração de carne; digamo-lo no termo vulgar: era a única debilidade humana de Moisés.

O duplo etérico se fez visível a Thimétis, que deu livre curso a seu pranto de emoção e de amor. Aqueles olhos, que não eram de carne, a observavam com profundo amor. Quando a intensidade da emoção se aquietou, ele falou assim:

— Mãe... Os aliados se buscam, se chamam e se encontram. Assim determina a lei, e por isso estou a teu lado. A obra a realizar é imensa, e unidos em perfeito acordo diluiremos a turva marulhada do mal, como desfaz o vento as espumas do mar nas areias da costa.

"Ao mesmo tempo que ordenamos juntos a Mauritânia de tua regência, reorganizaremos a Trácia e a Grécia, feridas de morte por uma anarquia atroz, causadas pela luta de religiões e cultos, onde cada qual quer impor suas paixões e seus caprichos, como lei que submeta as vontades e as consciências. O pensamento de Thimétis expressou sem falar esta pergunta:

"— Como poderei fazê-lo, estando eu a tão longa distância desses países?"

Ele respondeu de imediato:

— Daqui mesmo podes fazer, da mesma forma como eu o faço, estando minha matéria adormecida em Madian. Na vigília de teus laboriosos dias organizas e semeias na Mauritânia de tua mãe, e na liberdade do sono organizamos e semeamos em outros campos do eterno Pai, que também foram nossos campos num dia distante. Dorme, mãe, pois Aheloin nos espera e nos guia.

O duplo astral de Moisés levantou sua mãe da poltrona onde estava e a conduziu ao leito.

Sem tirar o véu nem a roupa, ela se estendeu em seu grande divã de repouso e, imediatamente, viu o vidente que aquele espírito se desprendia de seu corpo e se prendia com força à sua mão.

Aheloin aguardava-os na pequena torre do observatório com Laio, Hur e Carmi, também desdobrados e prontos para alçar o vôo.

Era como um radiante grupo de estrelas que corria pelo éter azul. Atravessar o Mar Grande adormecido em quietude silenciosa, abrilhantado pela claridade da lua, foi coisa de poucos minutos. Eles contemplaram com horror as noturnas orgias trágicas, desde os montes da Trácia e da Grécia, onde se levantavam os templos do culto solar, semi-abandonados, porque as multidões eram assaltadas pela vertigem da corrupção e do crime representado pelos cultos da *Kali Yuga*, procedente da Índia distante, impelida também pelo declive resvaladiço da decadência moral na qual de tempos em tempos cai fatalmente a humanidade.

O pensamento de Moisés exalou uma queixa:

— Meu Pai! Por que me mergulhaste neste abismo de imundície e de maldade?

O pensamento de Aheloin respondeu em seguida:

— Quando a lâmpada bruxuleia próxima a se extinguir, é a hora certa de que necessita novamente de azeite.

Moisés abraçou-se a ele e teve a debilidade de soluçar sobre o peito de Aheloin durante alguns instantes... Mas logo se desprendeu vibrante como uma harpa recém-afinada e, dando um firme passo adiante, disse:

— Vamos! — e lançou-se em rápido vôo em direção às nebulosas vermelhas, negras, nauseabundas nas quais viviam felizes aquelas porções de humanidade que enchiam de horrores esses países onde, séculos atrás, ele mesmo e os seus haviam semeado rosas de amor, narcisos de glória e madressilvas de paz.

Que fariam os invisíveis viajantes siderais naquele horroroso abismo de misérias humanas?

A *Maga dos Céus*, a luz eterna nos dirá, leitor amigo, descerrando suavemente seus véus como ela se digna fazê-lo quando seus pequenos amigos humildemente lhe pedem com amor e com fé.

A luz nos revela o segredo.

Uma terrível luta religiosa dividia em dois grupos, que se odiavam até a morte, as grandes porções de humanidade que habitavam a Trácia e a Hélade: os crentes do culto solar com deuses masculinos e os do culto lunar patrocinados por deusas femininas. Os primeiros tinham seus pontífices e sacerdotes austeros, sábios de longos estudos e profundos conhecimentos em todas as ciências físicas, naturais e suprafísicas, ou ciências ocultas, segundo se denominava então, e estes pediam a seus adeptos uma vida de alta moral, eqüitativa e justa em todas as ordens da existência.

Os adeptos do culto lunar o eram por afinidade com todas as corrupções vindas do distante Oriente, na decadência tremenda produzida pelo errado rumo que foi dado aos princípios de Krisna, o príncipe da paz.

O luxo desenfreado da mulher e sua ambição de domínio em todos os campos e atividades humanas, mui especialmente no campo religioso, criou uma legião fatal de sacerdotisas e de adivinhas, que logo se converteram em bacantes e magas de tão baixa categoria que induziam novamente aos sacrifícios humanos, escolhendo as vítimas, que imolavam a Moloc e Astarté, entre as crianças e adolescentes dos adeptos do culto solar. Era, pois, uma luta de morte, e a ferocidade das sacerdotisas, magas e adivinhas era na verdade diabólica.

As orgias de luxúria e de crime ultrapassavam a tudo o que de mais repugnante e selvagem se pode imaginar. As multidões enchiam os templos e suas grandes praças eram incapazes de contê-las.

Os grandes templos das ciências, da justiça e do dever, consagrados a Zeus, o Deus invisível, iam ficando vazios, porque a humanidade não queria luz mas as trevas.

Que fariam pois os invisíveis viajantes siderais? — volto a repetir —, que fariam naquele horroroso abismo de miséria humana? Fugir horrorizados, enojados e medrosos? Não! Suas asas eram brancas e fortes. Seus pensamentos, dardos de fogo santo e purificador.

Uma legião de espíritos de justiça, *arautos e potenciais*, obedientes a Aheloin apresentou-se de improviso e desatou um vento com força de furacão que arrancava árvores, fazia tremer muralhas, torreões e apagava luminárias. Puseram em atividade toda a energia elétrica do éter e da atmosfera, e uma espantosa tempestade de relâmpagos e de trovões semeou o pânico entre as multidões que, em todos aqueles antros e templos se entregavam à vertigem de todas as depravações com que rendiam culto às suas divindades.

Toda uma noite durou o açoite dos viajantes invisíveis sobre as iniqüidades humanas na Trácia de Tamiris e dos Anfictiões, e na Grécia imortal de Orfeu e de Dioniso.

Árvores derrubadas, muralhas despedaçadas, torres desmoronadas, altares e templos incendiados por suas próprias luminárias, cortinados ardendo, toda uma tragédia de horror e de espanto, deixou memória por longo tempo, sem que aquelas multidões açoitadas pudessem pensar sequer remotamente que seres humanos em estado de sono o haviam realizado com tão inflexível potencialidade.

Os menos depravados dentre aquelas multidões receberam o impacto do pensamento ultrapoderoso dos invisíveis, e o terror, o medo, o instinto de conservação os empurrou para os pórticos dos grandes santuários esquecidos, que, silenciosos e escondidos entre altas montanhas, pareciam esperar os sofredores fugitivos que chegavam em romaria interminável.

A verdade oculta nas grandes almas de seus missionários assemelha-se a esses remansos e nascentes claras, sem rumores e sem murmúrios, que às vezes encontramos entre altas e escabrosas montanhas. Os pontífices, hierofantes e sacerdotes dos grandes santuários da verdade a da sabedoria os receberam com imensa piedade, os curaram de seus terrores na alma e de suas dilacerações no corpo. Eram os leprosos arrojados pelas sociedades humanas e que a infinita bondade do Pai universal recolhia para curá-los e purificá-los.

Tal é o processo repetido milhares de vezes no correr das idades e dos séculos! A eterna lei da evolução não tem pressa, porque sabe que triunfa sempre tendo a eternidade pela frente e o invencível poderio do supremo legislador.

Muitos dos prófugos agradecidos, ao amparo desinteressado e piedoso dos santuários da verdade, perseveraram na nova vida de retidão e cumprimento do dever; outros esqueceram a horrível tragédia e o oportuno amparo que os agasalhou, e deram um passo atrás buscando os lamaçais abandonados no momento da irreparável dor.

Para os seres de escassa evolução é difícil a subida a um plano de vida onde a justiça, a moral e a retidão em todos os momentos da vida significam uma cadeia que os mantêm atados, impedindo a livre complacência de suas ambições e desejos.

Os sacerdotes do Deus invisível abriam para eles, com verdadeiro pesar, os claustros protetores, sabendo ao certo que aqueles infelizes seres corriam para sua própria desgraça e perdição.

— Se o eterno poder — diziam eles — deu liberdade às suas criaturas para agir no bem ou no mal, quem somos nós para impedi-los pela força da nossa lei?

— Que Zeus te abençoe! — diziam eles —, e não esqueças esta porta que em um dia de dor se abriu para dar-te passagem e abrigo.

Fredek de Port-ofir

Cumprida a grande tarefa, Moisés e seus companheiros de excursões siderais despertaram na vida física com um cansaço que lhes tornava penoso deixar o leito. Vagas recordações, em que coincidiam uns com os outros, permitia-lhes reconstruir com maior ou menor perfeição a obra realizada, e refortalecia em todos eles a convicção de que eram instrumentos do eterno amor para impulsionar as almas a seu progresso espiritual e moral, ou seja, ao fiel cumprimento da lei divina.

Mas Thimétis, a regente da Mauritânia, que sozinha na alcova real não tinha a seu lado companheiros com quem fazer retrospectos e comentários, escreveu uma detalhada epístola a seu filho e despachou um mensageiro. Um iberiano da escolhida legião do príncipe Fredek que, escoltado por conhecedores do deserto, atravessaram-no de lado a lado para levar a mensagem de amor da mãe amorosa ao grande filho desterrado em Madian.

Com nova energia e constante dedicação, continuou ela examinando documentos reais de instruções, decretos, doações, obras grandes e pequenas a construir, convênios e tratados com os países vizinhos. Céus! Que obra estupendamente grande a que aquela débil mulher devia realizar sozinha entre seres que apenas a conheciam, embora fosse esse o país de origem de sua mãe, morta quando ela ainda chorava no berço.

Sua cabecinha toucada de brancas gazes dobrava-se entre suas mãos, pensativa, quase acovardada e abatida pelo peso enorme que aceitara em cumprimento de um dever e em memória de sua mãe.

Nesse breve silêncio, pareceu ter ouvido no mais profundo de si mesma uma voz distante, muito distante, assemelhando-se a um estado de sonho em vigília:

"— Não estás só, minha filha, pois te acompanha meu sobrinho, bastardo do grande sfaz, que eu amparei ao nascer, para que sua desesperada mãe não o afogasse." — Thimétis levantou a cabeça como atendendo a um misterioso chamado interior.

Na porta, viu o príncipe Fredek que aguardava permissão para entrar, pois não queria interromper a meditação que adivinhava. Ele viu nos olhos dela uma pergunta, que em seu pensamento mais íntimo unia à voz distante sentida em si mesma e a inesperada presença de Fredek em sua porta.

— Princesa real, vosso olhar pergunta, segundo creio, por que estou aqui neste momento.

— Sim, é verdade, surpreendi-me porque me oprimia neste momento a minha solidão diante de tudo isto que aqui vedes — e pôs a mão direita sobre a grande pilha de documentos que tinha sobre a mesa. — Entrai sem etiquetas, príncipe Fredek, que estais em vossa casa mais propriamente que eu.

— Creio que por um momento ambos estamos em casa, pois esta foi a casa paterna de vossa mãe. Senti-me como chamado por um pensamento íntimo para vir oferecer-vos a minha companhia. Fiz mal obedecendo?

— Não, de nenhum modo. Se coincidimos no grande ideal de verdade que temos, devemos coincidir em quanto emana dele. Assim estamos certos de que asas invisíveis se agitam ao nosso redor, e vozes íntimas nos trazem a solução dos grandes problemas de nossas vidas — acrescentou ela. — Por favor, examinai tudo isto e procedei de modo que o conselho e eu possamos dar cumprimento ao que seja justo cumprir.

— Se confiais plenamente em mim, deixai que eu leve tudo isto à sala do conselho, onde estou sempre na minha qualidade de notário da regência. Não é justo que eu interrompa vossas meditações em vosso aposento particular.

— Tendes muita razão. Levai tudo e quando tiverdes posto em ordem e aprontado, reuniremos todo o conselho e resolveremos o que for justo.

— O mensageiro para Madian saiu hoje, apenas clareava o dia. Amanhã ao anoitecer toma no grande golfo o navio-correio que em seis dias o levará ao Nilo, onde vossos guardas do castelo far-lhe-ão escolta até Madian. Parece-vos bem?

— Demasiado bem. Obrigado, príncipe, pela vossa solicitude para com esta desterrada. — Thimétis quase chorava.

— Não vos qualifiqueis assim, por favor, princesa real. Estais na casa de vossa mãe, onde viestes a ser como a estrela polar para o navegante em plena tempestade. Se pudésseis compreender quanto o país espera da vossa presença como regente da Mauritânia!

— Feliz seria eu, na minha triste solidão, se pudesse fazer dessas esperanças uma realidade. Mas, neste momento, não tenho fé em mim mesma.

— São depressões momentâneas, crede-me, real senhora. Almas como a vossa não podem permanecer longo tempo em tal estado, sejam quais forem os ventos que as açoitem.

"Se não é inoportuno o momento, tenho algumas confidências importantes para vos fazer, certo de que encontrareis a solução."

Thimétis reanimou-se visivelmente. Pressentiu a dor em alguém que esperava dela o oportuno auxílio.

— Falai — disse — que para solucionar tudo quanto tenha solução é que estou aqui. Se julgasse não poder fazer nada em benefício do país de minha mãe, não teria vindo. Quem sofre, quem padece, quem se queixa?

— Os que perderam há anos sua liberdade e vivem sem a luz do sol.

— Deles devíeis ter-me falado apenas pisei esta terra, príncipe Fredek. Não é a meta do nosso ideal *amar ao próximo como a nós mesmos*?

"A pena de morte existe aqui como em todos os países do mundo. São raras as prisões, porque todo homem ou mulher que desagrada ao grande amo morre sem defesa alguma. Isso acontece em todos os países, bem o sabeis. Como é que aqui há pessoas encarceradas há longos anos?"

— Eu vos direi. A mãe de vossa mãe, a rainha Etelva, que era um ramo da árvore genealógica de um rei atlante, conservava velhos manuscritos de hinos, de cantos, poemas e tragédias daquelas terras tragadas pelo mar. Nelas, apareciam várias nobres mulheres de sua raça que conseguiram anular a pena de morte, substituindo-a por uma reclusão mais ou menos duradoura. A princesa Epúvia, antes de ser desposada pelo faraó, conseguiu do sfaz, seu pai, fazer aqui o mesmo. Meu irmão, que o sucedeu, não quis anular o mandato paterno.

"Mas essa obediência filial é cruelmente dura para quem suporta longos anos suas conseqüências."

— Parece-me que não haverá inconveniente algum em eu visitar as prisões...

— Há o inconveniente do meu pedido, nobre senhora. Padeceríeis demasiado. Somente vós podeis aliviar esses infelizes, e se me permitis uma sugestão, eu vos diria que é mais conveniente que me autorizeis a levar os cativos à sala de armas, para que os vejais de perto e resolvais o que ditar o vosso sentimento e o vosso pensamento. Embora não haja risco algum para vossa pessoa, vos escoltarão dez chefes de meus iberianos e eu, se for do vosso agrado.

— Não há aqui um tribunal de justiça estabelecido para estes casos?

— Houve, princesa real, mas o grande sfaz dissolveu-o por incompetência comprovada com fatos. A morte o surpreendeu antes de substituí-lo por outro.

— É este um problema que reclama solução imediata. Se puderdes preparar todo o necessário, dentro de uma hora me acompanhareis à sala de armas.

"Creio que temos tempo antes do meio-dia."

※ ※ ※

Haviam transcorrido quinze anos desde os dramas terríveis ocorridos em Mênfis, quando ela ao lado de seu grande filho e de seu esposo Amram, haviam conseguido que a eqüidade e a justiça acalmasse a rebelião do povo pelas injustas arbitrariedades da rainha Ghala.

O êxito havia coroado seus esforços, mas agora estava sozinha num ambiente estranho, na presença de um grupo de seres que a justiça humana havia confinado em prisões por tempo indeterminado.

Distraidamente, abriu um velho livro de amarelentos pergaminhos procurando silenciar pensamentos dolorosos e pessimistas.

Um sinalizador azul indicava o começo de um relato: *Os presídios ficaram vazios.*

— Justo!... — disse Thimétis. — É o que preciso saber. Se Anfião e Odina deixaram vazios os presídios, eles me ensinarão a forma de eu também fazê-lo, apesar de não ter a meu lado dois grandes amores: Amram e Moisés.

Fredek observou-a com um tal olhar que ela disse:

— Preencheis, é verdade, grande parte desse vazio...

— Impossível, senhora!... É um vazio demasiado grande e vosso servidor é apenas um passarinho que apenas deixou seu ninho. Se a majestade divina me pusesse em contato com um arcanjo de luz que me ensinasse a bater as asas!...

— Conheceis como eu o poder da divina Psique, filha do céu, e sabeis o que pode e até onde chega o pensamento dela. Acompanhar-me-íeis a ter uma meditação particular com nossos dois hierofantes Artafet e Amontiph?

— Com o maior prazer, senhora, quando?

— Esta noite, e para merecer as dádivas divinas que através dela nos queira conceder, a suprema Inteligência nos obsequia a oportunidade de realizar obras de amor que nos ponham em harmonia com Ela mesma.

— Voltarei em seguida — acrescentou o príncipe, e saiu.

Thimétis abriu as cortinas de sua alcova, entrou e as fechou atrás de si. Seu pensamento subiu muito alto.

— Mãe Ísis!... Disseste-me, num dia já distante, que és Mãe de todas as mães dos missionários divinos. Eu quero sê-lo de todas as almas sofredoras que cruzarem pelo meu caminho.

"Sou pequena e débil, bem o vês, e não tenho a meu lado o grande filho que me deste como força e apoio em minha debilidade. Sem ti e sem ele, como poderei guiar, salvar, encaminhar outras almas, todo um povo numeroso e forte que espera tudo de uma débil mulher?..."

No fundo de si mesma, Thimétis sentiu a resposta à sua prece:

"*— Eu vejo tudo. Eu sei tudo. Eu posso tudo. Espera e confia.*"

Thimétis havia sentido essa grande voz sem som conhecida por todos os que sabem dos íntimos colóquios com a eterna Potência e, caindo de joelhos na penumbra de sua alcova com a alma transbordante de amor, houvera passado quem sabe quanto tempo, se duas discretas batidas em seu escritório ao lado não a houvessem feito voltar ao mundo material.

Ao sair, encontrou-se com Fredek e o conselheiro-mor das prisões, para onde se encaminharam imediatamente. Thimétis não pensava a não ser na *voz íntima* que sentira, e se abandonou a esse impulso sereno e firme daquele que se sabe guiado e resguardado por um grande poder superior a todos os poderes da Terra.

Fredek, em troca, tremia. Por quê? Sentia-se culpado por não haver pensado com eficácia e valor na solução do problema que ele mesmo trazia para a regente? Envergonhava-se de que houvera sido necessário que sua pobre mãe, morta muitos anos antes enclausurada num daqueles calabouços, lhe aparecesse em sonho pedindo compaixão para o único ser que soube do segredo do seu nascimento.

"— Meu grande pecado de egoísmo!... — pensou — que em cem vidas consecutivas não acabarei de expiar. Cuidei de aliviar a reclusão desse ser que possui o segredo da ignomínia do meu nascimento, mas jamais tive o valor de procurar a sua liberdade, pois me dominou o medo de que descobrisse o que o meu amor-próprio queria manter escondido para sempre! Meu horrível pecado de egoísmo!... E esta santa mulher vai descobri-lo... Eu mesmo a porei no caminho para descobri-lo!" — Sua luta foi tal que houve um momento em que se deteve em seu andar ao lado de Thimétis.

— Que acontece convosco, príncipe, pois estais pálido e deteis vossos passos? — perguntou ela, um tanto inquieta por essa atitude.

— Nada, nada. Sofro tonturas e calafrios quando me acossam pensamentos importunos. Já passou. Vamos! Será a hora da justiça...

Embora a princesa não tenha compreendido as palavras entrecortadas de seu acompanhante, a intuição unida à *voz íntima* que sentira no fundo de si mesma levou-a suavemente a coordenar as idéias. E pensou:

"— Meu acompanhante deve temer que nestas prisões eu descubra um terrível segredo. Mãe Ísis. Mãe Epúvia! sede ambas meus anjos de misericórdia e de prudência para agir conforme a vontade divina."

Estavam ante a grande porta chamada "*A Reclusa*".

O conselheiro abriu, e Thimétis viu uma grande praça sombreada de acácias, ao redor da qual se abriam os arcos baixos de grossos pilares de uma galeria toda de pedra. Não era alegre o ambiente, mas tampouco era pavoroso.

A regente viu que toda portinha estava separada da que se abria a seu lado, pelo que compreendeu que os reclusos ali não se viam nem falavam com o vizinho.

— Quantos cativos estão aqui? — perguntou, por fim, ao conselheiro.

— Já restam poucos, princesa regente. Alguns faleceram e outros obtiveram a liberdade em troca de se deixar conduzir a países distantes e completamente ignorados aqui.

— São delinqüentes perigosos? — voltou Thimétis a perguntar, observando também Fredek, que não dava sinais de vida.

— Não, senhora regente... Os que ficaram..., creio que é porque possuem segredos ou professam doutrinas que não convém sejam reveladas ao povo, e são retidos aqui para guardar eterno silêncio.

"Há aqui sacerdotes e profetas para os quais tenho ordem de trazer continuamente os utensílios necessários para escrever."

A alma de Thimétis foi penetrando cautelosamente nesses mistérios para os quais não sentia a ajuda da *intuição*.

— Príncipe Fredek!... Creio que fostes o principal agente que atuou para trazer-me à Mauritânia. Como devo interpretar a vossa atitude neste momento? — perguntou a princesa amavelmente.

O aludido pareceu despertar de um sonho, tão absorto estava em seus pensamentos.

— Perdoai-me, princesa real!... Somente vós podeis compreender o que ocorre no meu mundo interior. Eu vos suplico que vosso piedoso coração o seja tanto para os reclusos aqui como para mim, que sofro tanto como eles neste momento.

Estas palavras foram pronunciadas a meia voz enquanto o conselheiro abria, uma após outra, as portas da grade que cerrava cada arco da galeria ou claustro de pedra.

A princesa compreendeu que Fredek as ocultava até do conselheiro. Sem medo, penetrou na primeira porta aberta diante dela. Fredek e o conselheiro ficaram na galeria de entrada.

O recluso era um ancião octogenário que estava absorvido em fazer cartas astrológicas dos reis, caudilhos e heróis de tempos passados. Ao ver Thimétis entrar, pôs-se de pé e, com o olhar, interrogava em silêncio.

— Sou a regente, e creio um dever informar-me da vida dos reclusos nestes pavilhões.

— A regente!... Há regente na Mauritânia? Por quê?

— Ignorais o falecimento do grande sfaz? É possível?

Thimétis voltou-se para o conselheiro como numa muda interrogação.

— Senhora! Havia proibição estrita de não dar aqui nenhuma informação nem falar nada com os reclusos.

O velho recluso ofereceu a Thimétis seu único assento e ele sentou-se em seu pequeno divã ali próximo.

— Antes de vos interrogar, bom homem, serei eu quem vai falar. O governo deste país, que foi berço natal de minha mãe, e rainha Epúvia Ahisa da Mauritânia...

— Princesa real do Egito! — exclamou o ancião extremamente emocionado. — És quase minha filha. Tive a honra de ser mestre de vossa mãe e de vossa tia Adhari, e as tive em meus braços quando eram pequeninas...

— Celebro o vínculo de gratidão e de amor que há entre nós. A mãe Ísis quer sem dúvida que eu vos pague hoje a dívida de ontem.

— Nenhuma dívida, princesa. Creio ter cumprido com o meu dever; e isso é o Eterno invisível quem paga.

— Pela querida memória das duas pessoas que nomeastes, rogo me digais os motivos de vossa reclusão neste lugar e, em primeiro lugar, quem sois.

— Sou Isesi de Sais, sacerdote do templo de On, que não sei se ainda existe ou se está em ruínas. Irmão por minha mãe de vosso ilustre avô Merneftê, que foi faraó do Egito com o nome de Séti I, desterrou-me ele mesmo para este país para salvar minha cabeça que inimigos poderosos da família desejavam cortar. Ódios e vinganças, que fizeram vítimas em todos os tempos, princesa. Não me tomeis, pois, como um delinqüente mas como um proscrito refugiado sob o amparo dos soberanos da Mauritânia. Se examinardes o arquivo secreto do grande sfaz, ali aparece minha reclusão e os motivos dela.

O assombro e a emoção de Thimétis deixou-a muda por alguns momentos e, quando pôde reagir, falou assim:

— Se quiserdes vossa liberdade, eu vô-la posso dar e vos dou a partir deste momento. Se a liberdade representa um perigo para a vossa vida, conto com a honrada legião de iberianos para vos proteger e a todos os injustamente perseguidos pelas injustiças humanas.

— Essas mesmas palavras me foram ditas um dia, neste mesmo lugar, pelo grande sfaz recentemente desaparecido. Mas, que representa na minha idade a liberdade? Para que posso querê-la?

"Além do mais... creio que seria trazer alarmes inúteis a todos aqueles que se sabem ligados aos graves segredos que guardo no sepulcro do meu coração.

"Creio, princesa, que os que estão enclausurados aqui, em sua maioria, vos diria como eu acabei de falar. A liberdade não traria bem algum nem para nós mesmos nem para terceiros."

— Posso saber até que altura subistes na sabedoria divina dos templos egípcios? — perguntou Thimétis.

— Eu era guardião do arquivo sagrado no pontificado de Sahuré, que de On passou a Mênfis quando seu templo foi consagrado como o maior. Eu havia chegado ao sétimo escalão, e todos os mistérios, maiores e menores, me haviam sido revelados pelos mestres que agora estão nos reinos da luz eterna.

"A história dos semideuses que iluminaram os povos do passado, e a história de países e continentes já desaparecidos, vivem no meu mundo interior e no meu arquivo particular. Conheço todas as profecias feitas séculos atrás e ignoro se estes olhos de carne verão o seu cumprimento. Uma única coisa me falta por saber, senhora regente, de todas as que o meu eu íntimo aspira conhecer, e é esta: no arquivo do templo de On estava guardada esta profecia do pontífice-rei Hemoteph, da VIII Dinastia: "Quando o Mar das Canas (o Mar Vermelho) recolher suas águas deixando a descoberto seus escarpados e suas costas, e os Lagos Salgados (o canal de Suez) se tornarem em pântanos próximos a secar, levantar-se-á no Egito um gênio gigante que marcará rumos novos para a humanidade deste planeta com a lei dos mundos sábios. É o retorno de Antúlio de Manha-Ethel.

"A única coisa que me interessou saber na minha clausura, é se o Mar Vermelho continua recolhendo suas águas e se os Lagos Salgados se converteram em pântanos.

"Se isto já se realizou, deduzo que o gênio gigante prometido por Hemoteph já está nas margens do Nilo. Sabeis porventura alguma coisa referente a isto, ilustre filha dos faraós do Egito?"

Thimétis guardou uns momentos de silêncio. Nos arquivos do templo de Mênfis encontrava-se essa profecia, e seus mestres haviam-lhe dito que se referia a seu filho Moisés.

Vacilava em dizê-lo ao velho Isesi de Sais. A *voz íntima*, que sempre solucionava suas perplexidades, lhe disse:

"— Revela-lhe que Isesi de Sais é o mesmo profeta, pontífice e rei Hemoteph da VIII dinastia. Ademais, foi o *Parahome* Adonai, nos esplendores de Neghadá, aos vinte anos da personalidade de Abel, filho de Adamu e Évana."

Sem saber como nem por que, a princesa regente exalou um grande suspiro, como uma queixa arrancada da alma, e caiu de joelhos perante o ancião recluso que a observava, assombrado.

— Que fazeis, princesa real do Egito? — perguntou estendendo-lhe as mãos para levantá-la.

— Vejo-vos tão grande na vossa renúncia e, mais ainda, no que fostes em idades passadas!

O ancião havia levantado Thimétis enquanto lhe dizia:

— Que sabeis, boa menina, de épocas passadas, se ao meu lado sois uma jovenzinha?

— Nasci e vivi nos claustros sagrados de Mênfis, onde recolhi os grandes arquivos dos templos de On; e a mãe Ísis me desvendou muitos segredos. Patriarca Adonai!... Sabeis que aquele meigo Abel, tão amado do vosso coração, está novamente na Terra, desterrado do Egito como vós, e tem já trinta anos de idade?

— Céus!... Trinta anos na Terra e eu o ignorava! Bendita seja a vossa boca que me anuncia o que desejei saber durante toda a minha vida. Tão indigno serei das coisas divinas que assim o céu as ocultou de mim?

— Tudo chega a seu tempo, mestre Isesi... Adonai da pré-história. Recebei, vos rogo, a liberdade, e eu posso vos apresentar ao gênio gigante, para que o tenhais como propriedade vossa... como um filho a quem amais acima de todas as coisas.

— Verdade?... Vós, princesa real!... Quem sois vós?

— Sou a mãe do gênio gigante da vossa profecia!

— Estais separada dele!... Assim o deixastes para vir aqui? Que fizestes, senhora?... Que fizestes?... Mãe de Antúlio, o gênio gigante!

— Escutai-me, por favor. É uma história de renúncia e de dor, como tudo o que acontece aos ungidos divinos para uma grande missão.

Thimétis referiu o mais brevemente que pôde a história de Moisés, seu filho, e o motivo de seu desterro.

O ancião dava a impressão de ter tomado uma injeção de vitalidade e energia. Ergueu-se com rapidez e, dando grandes passos no aposento, agitava as mãos nervosas e gesticulava murmurando frases incompreensíveis para Thimétis, até que, passados uns momentos, parou diante dela e lhe disse em forma que não admitia réplica:

— Irei até ele, ainda que esteja nos confins do mundo! Onde está, onde o deixaste, mãe venturosa do filho do céu?

— Acalmai-vos, bom ancião, que todos os vossos anelos serão abençoados se a divina bondade vos der forças para chegar até ele. Ele está em Madian, numa paupérrima aldeia denominada Poço Durba, na cabana do hierofante Jetro, meio-irmão do grande sfaz que foi meu avô materno, e que o faraó Séti, meu avô paterno, desterrou, como a vós, para salvar-lhe a vida.

— Tudo, tudo me une a ele!... Desterrado como eu, mereceu receber sob seu teto o gênio divino que a humanidade desconhece e rechaça!...

De tudo isto e de outros comentários que ali fizeram, resultou que o ancião recluso seguiu à princesa regente ao palácio real de sua residência, onde permaneceu até dez dias depois quando, acompanhado de homens práticos para longas viagens, encaminhou-se ao grande golfo onde embarcou para o porto de Pelúsio, na costa oriental dos Lagos Salgados, já *próximos a secar* segundo a profecia do profeta-rei Hemoteph da VIII Dinastia.

Este era o caminho mais curto para encontrar-se com o gênio gigante do velhíssimo anúncio.

Mas, antes, teve o príncipe Fredek de Port-Ofir uma longa confidência com ele. De joelhos diante do venerável ancião, o príncipe pediu perdão por haver menosprezado sua amizade e seu amor até o ponto de não se haver feito conhecer por ele, porque seu amor-próprio lhe impedia confessar:

"— Eu sou o filho bastardo do grande sfaz e de sua cunhada Adhari, que morreu reclusa neste mesmo torreão." — O príncipe temia comentar o terrível segredo até com a única pessoa que o conhecia. Como resposta, o nobre ancião o estreitou entre seus braços e, com grande emoção, disse:

— Eu seguia teus passos, meu filho, desde o berço até hoje, e destes terraços da reclusa, eu te abençoava em nome de Adhari, filha de minha alma. Eu te via crescer, correr, brincar em criança, triunfar nos torneios e exercícios militares e nos desportos costumeiros que conheces melhor do que eu. Compreendi a causa do teu afastamento e jamais quis causar-te a violência da minha presença e da minha recordação. Preferi ser ignorado e manter-me no esquecimento. Se te houvesse visto desgarrado no caminho, houvera feito sentir a minha presença para chamar-te à reflexão e ao bem mas, graças ao Eterno invisível, eu sabia que estavas no caminho da retidão e mantive absoluto silêncio. Guardarei o teu segredo comigo, meu filho, porque destes lábios que te falam não saiu jamais. És o único dono dele. — Emocionado em extremo, o jovem príncipe abraçou-o novamente e, em silêncio, prendeu sobre o seu peito a estrela de ouro com sete rubis que era o distintivo destinado ao *regente supremo dos iberianos*.

— Nós o havíamos destinado para colocá-lo sobre o peito daquele que escolhêssemos no dia em que a regente e seu conselho nos reconhecessem como instituição legal do país. Ninguém o merece mais que vós e, com a conformidade dela, resolvemos assim.

— Mas, meu filho, eu vou para Madian, e não creio que meus anos me permitam voltar — replicou o ancião.

— Não importa, mestre Isesi. Como me seguistes desde criança e homem sem me falar jamais, seguir-me-eis a distância e, além do mais, irei para junto do gênio gigante da vossa profecia ainda que seja somente para beber dessa fonte divina de luz e sabedoria.

"A correspondência será freqüente entre a Mauritânia e Madian, entre a grande Fazsol e a humilde aldeia de Poço Durba. Há pelo meio uma mãe amorosíssima: a princesa real do Egito e dois filhos que não sabem esquecer: Moisés, ungido de Deus, e este ignóbil vosso filho que jamais teve o valor de se aproximar do vosso coração.

— Mas o tiveste hoje, e o presente iluminado apaga para sempre o ontem da obscuridade.

Fredek e muitos de seus companheiros acompanharam o ancião até o grande golfo e quiseram vê-lo coberto com a grande capa azul usada pelos iberianos.

A emocionante despedida ao fazer-se à vela o navio que o levava pôde parecer uma reprodução daquela passagem pré-histórica do *Parahome* Adonai despedindo-se de Abel no velho cais de pedra do santuário de Neghadá. Desta vez, o viajante que partia era o ancião, e ficava o jovem sobre o cais de pedra, agitando o lenço como asas de pássaro ansioso de voar em seguimento do que partia.

As duas cenas estavam deslocadas por alguns milhares de anos, e os personagens estavam de lugar trocado: Adonai ia em busca de Abel, enquanto Iber ficava só com o seu segredo e seus pensamentos no país do Sol.

Grandeza divina da alma branca, eterna como Deus!

Os séculos se sucedem e correm como folhas levadas pelo vento, e ela continua vivendo como uma estrela cuja luz jamais se apagará.

O Problema de Thimétis

Dois dias antes de o ancião Isesi de Sais empreender viagem a Madian, a regente da Mauritânia, em seu oratório particular e a portas fechadas, meditava e chorava.

Reprovava em si um grande pecado de omissão. E sua dolorosa meditação era esta:

"— Tive coragem para atravessar o deserto do Sahara e chegar até aqui, compadecida de duas crianças órfãs de meu tio, o grande sfaz da Mauritânia, e não tive coragem para chegar a Madian a fim de acompanhar meu único filho na imensa solidão do seu desterro. Que força me deteve? Que pensamento ofuscou a minha mente naqueles momentos? Foi acaso o temor do desconhecido? Que laço, que vínculo, que cadeia me atava a Mênfis, que me fez agir de tão inusitada maneira para com esse grande filho, que é tudo quanto tenho na minha vida?..."

Esses pensamentos cravaram-se na alma de Thimétis como dardos de fogo queimando seu coração.

Sua meditação, como um gemido da alma, continuou:

" 'Até este velho octogenário lança-se sem temor para lá, e eu, sua mãe, estou aqui sentada no trono da Mauritânia, pátria de minha mãe que não necessita de mim, e consinto que ele sofra, lute e careça de tudo no desterro como um pária sem pátria, sem família, sem lar!... Céus!... Que fiz?"

"Mãe Ísis!... Se és a mãe de todas as mães dos ungidos divinos, como deixastes que eu cometesse tamanha iniquidade?..." E uma dolorosa série de soluços abriu parênteses na meditação da regente da Mauritânia.

Quando a dor da mãe atingia o limite de um profundo desfalecimento ela sentiu o alento de uma presença intangível que, envolvendo-a em ternura e consolação, disse:

— *Mãe! A renúncia absoluta aos laços da carne e do sangue é o preço que às vezes a lei impõe às grandes conquistas do espírito.* — O duplo astral de Moisés, seu grande filho, estava visível diante dela.

"Realizas uma grande obra neste país — continuou a visão — *e as inteligências tutelares desta raça, descendente dos tolstekas atlantes, estão contigo para que, no breve término de dez luas, fique terminada tua tarefa e possas retornar a Mênfis, onde nos encontraremos, tu e eu, para juntos empreendermos a grande obra que a eterna lei pede a teu filho na época atual."*

Envolveu-a novamente em seus braços intangíveis e se diluiu como um perfume que se espargia pelo ambiente.

Se no início de sua meditação Thimétis chorava de angústia, ao terminá-la chorava de felicidade.

O amor de seu filho a havia inundado de paz e de consolo.

Toda uma roseira de esperança e de suprema felicidade floresceu novamente em seu coração.

Como se realizaria tudo o que ele lhe anunciou? Que prodígio, que forças, que acontecimentos deviam ocorrer para que tudo aquilo fosse possível e em tão breve tempo?

— Mãe Ísis!... — exclamou por fim a princesa real do Egito para terminar sua meditação —, nos eternos laboratórios, são formados tão estupendos prodígios para os filhos fiéis que se entregam sem reservas às vontades supremas. Entrega-me, mãe Ísis, os desígnios dessa eterna potência de que és mensageira e converte-me numa fibra de luz que delineie no infinito estas únicas palavras:

"Seja feita em mim a Vontade de Deus."

A partir desse momento, a atividade da regente foi o assombro de todos. Ela deixava o leito ao amanhecer e não descansava até bem entrada a noite, e a essa hora pedia para reunir-se com o conselho, e a sós com o ancião Isesi, antes deste empreender sua viagem.

Por seu intermédio, enviou uma longa epístola para o pontífice Membra, e para o governador do castelo do lago Merik, aos quais anunciava seu regresso dentro de dez luas, conforme fora anunciado pelo seu filho através de uma aparição. Mas do regresso dele ao Nilo nada lhes dizia, obedecendo a uma interna intuição de que ele desejaria que sua presença fosse ignorada.

Na minuciosa visita ao torreão dos moradores da Reclusa, a regente fez descobertas muito importantes e inesperadas.

O profeta Isesi era um deles. O segundo foi um homem ao qual todos os servidores do torreão denominavam o *surdo-mudo*, porque jamais falava nem a ninguém dava ouvidos. Se necessitava de alguma coisa, escrevia um bilhete, e também deviam escrever-lhe se queriam indicar-lhe algo.

Seu aspecto físico era de um homem forte, de galharda presença, extremamente atraente e que aparentava uma idade de mais ou menos sessenta anos. Na idade juvenil, devia ter sido esplendidamente bonito e gentil.

Era como um privilegiado na Reclusa, pois tinha um pequeno aposento à parte, com uma sala de vestuário e banho e uma sala de refeições.

Um único criado, de mais idade que ele, estava encarregado de servi-lo e de cuidar de seus aposentos e de suas roupas, como também de levar-lhe o alimento nas horas do costume.

Quando Thimétis se apresentou para visitá-lo, o criado lhe fez chegar um bilhete dizendo:

"Sua Alteza Real, regente do país, vem visitá-lo em cumprimento ao seu dever." E o recluso escreveu ao pé dessas linhas: "*Estou às suas ordens*."

A princesa entrou.

Fredek e o conselheiro ficavam sempre, como acompanhantes, no pórtico da entrada.

O recluso ignorava se sua alteza real e regente anunciado era um homem ou uma mulher, e assim, esperou sentado em sua poltrona diante da mesa-escrivaninha.

Thimétis fora prevenida pelo velho criado de que esse recluso devia ser um personagem de elevada aristocracia, a julgar pelos privilégios que lhe eram concedidos, e pelo seu aspecto, tipo e modos de grande senhor. Quem era, e por que estava ali ninguém podia dizer-lhe, porque o grande sfaz levou esse segredo para o túmulo. O leitor poderá imaginar que estes informes não eram nada tranqüilizadores para a princesa real.

"Mãe Ísis!... Recorda-te de tuas palavras: '*Sou a Mãe de todas as mães dos ungidos divinos que vêm a este mundo*' " — pensou em silêncio, e como se esta muda prece lhe houvesse infundido valor e confiança, com seu véu cor de ouro deitado sobre o rosto, chegou à porta do aposento.

Dispunha-se a bater palmas chamando, quando viu que o recluso se pôs de pé apressadamente e, calado, fez uma profunda reverência diante dela.

Esta atitude a fez levantar seu véu e deixar a descoberto seu rosto bondoso e belo, iluminado por aqueles olhos cheios de luz e inteligência.

— Céus!... que é o que vejo? — exclamou espantado o homem chamado o *surdo-mudo*. — Epúvia Ahisa!... — e novamente caiu em sua poltrona e afundou a cabeça entre os papiros e livros que tinha sobre a mesa.

Thimétis ficou quieta a dois passos dele. Que significava aquilo? A intuição, muito desenvolvida nela, começou seu trabalho imediatamente.

Epúvia Ahisa era o nome de sua falecida mãe. Aquele homem havia-a mencionado com tal expressão de assombro, êxtase e loucura que ela adivinhou tratar-se de um enamorado de sua mãe e que nem sequer morta podia esquecê-la. Encheu-se de compaixão e de amor por aquele ser que havia amado de tal modo à sua mãe e perdeu todo o medo que sentira antes de chegar a visitá-lo.

— Epúvia Ahisa era o nome de minha mãe — disse. — Por que a mencionais se ela já não está neste mundo? Eu sou sua filha, sua única filha, e creio que posso fazer esta pergunta.

O angustiado cavalheiro levantou a cabeça e Thimétis viu em seu rosto lágrimas que brilhavam como diamantes.

— Senhora!... Devíeis ter sido minha filha... minha única filha. O coração e a alma de Epúvia foram meus, só meus! Mas os homens preferem um trono para suas filhas antes que sua felicidade. A pessoa adorável de Epúvia Ahisa foi entregue, como uma jóia, ao faraó do Egito, rei dos reis de muitos países dominados por ele.

— Estais aqui recluso somente por ter amado minha mãe? — perguntou ingenuamente Thimétis.

— Somente por isto!... mas com o agravante de que eu, príncipe soberano da Bética,* seguia a escolta que a conduzia e, com minha grande escolta de lanceiros, queria apoderar-me dela antes de sua chegada a Mênfis. Vossa mãe não quis amor manchado de sangue e, na última entrevista, pediu-me para renunciar à sua pessoa em troca de seu amor, que seria sempre meu... sempre meu!...

"Anunciou-me que deixaria logo seu corpo físico para estar sempre a meu lado. Entreguei-me voluntariamente ao grande sfaz, apesar de lhe fazerem crer que me haviam capturado quando me dispunha a raptá-la. Epúvia Ahisa, para renunciar a mim, exigiu de seu pai a promessa jurada de não causar dano algum à minha pessoa, embora tivesse que me reter cativo todo o tempo que quisesse.

— Eu vos interrompo, príncipe, porque me assombra extremamente este relato. Se o grande sfaz morreu quando eu tinha apenas um ano, e pouco depois morreu minha mãe, como é que não recobrastes a liberdade?

— Já vos direi, princesa real do Egito. Minha mãe foi uma druidesa da

---

* A parte sul da Espanha chamava-se Bética.

Gália, e dela bebi o secreto mistério da imortalidade da alma, filha do grande Hesus, que a dotou de todas as forças e poderes que Ele tem. Os druidas dizem que *as almas que se amam não sofrem a ausência, não sabem o que é esquecimento e nem têm adeus.* Eu tenho a alma e o sangue dos druidas, e aqui, onde conheci e amei Epúvia Ahisa, recebo suas visitas, suas inspirações, suas promessas e o imperecedouro amor de sua gloriosa imortalidade. Hoje me cabe a glória inesperada de receber também a visita da filha que devia ser minha!...

— Se eu quiser a vossa liberdade, a aceitais, príncipe da Bética?

— Se vós o quiserdes, seja! Mas, se me permitis, eu imporia uma condição...

— Qual?

— Que em memória do recíproco amor que existiu e que ainda existe entre vossa mãe e eu, me considereis como vosso pai, ainda quando não possais conceder-me o amor de filha que seria a minha glória e a minha felicidade.

Thimétis teve que fazer um grande esforço para não abrir seus braços e estreitar entre eles aquele homem no qual resplandecia, como uma estrela imóvel, aquele amor da juventude. A amada era a sua falecida mãe!

E limitou-se a estender-lhe as duas mãos, que ele recebeu entre as suas e as levou aos lábios, enquanto ouvia que ela dizia a meia voz e quase como um gemido:

— Se tanto amais minha mãe que para vós é somente uma recordação, príncipe da Bética, como poderia eu negar meu amor de filha que tanto desejais?

— Se tão generosa sois para mim, acedereis em não chamar-me de príncipe, mas apenas de Arfasol, que é o meu nome.

— Concedido, se me chamardes também pelo meu nome, Thimétis, quando não houvesse testemunhas. O segredo que me confiaste deve ficar entre nós. Não julgais também assim?

— Completamente de acordo, Thimétis, minha estrela da tarde. E agora?...

— Sois o segundo que eu tiro da Reclusa.

E tomando-o confiadamente pela mão, dirigiu-se com ele para a porta.

— Mais outro em liberdade, senhora regente? — perguntou alegremente o conselheiro.

— Sim, outro mais, e espero que me seja possível libertar a todos.

— Bendita seja a hora em que chegaste à Mauritânia! — exclamou Fredek, saudando com uma ligeira inclinação de cabeça aquele cavalheiro que lhe era desconhecido.

A regente fez as apresentações habituais e acrescentou, referindo-se a Fredek:

— Este jovem é quase meu irmão, pela dedicação e cuidado com que me trouxe desde Mênfis até aqui. Uma grande semelhança encontro entre vós dois; motivo por que espero que vos unirá logo uma leal amizade. Príncipe Fredek, peço que vos encarregueis de alojar o príncipe da Bética num aposento do nosso pavilhão no palácio, e por minha parte digo a ambos que tendes livre entrada em meu salãozinho de leitura quando quiserdes palestrar comigo.

Ambos apresentaram seus agradecimentos e a acompanharam até seus aposentos.

Quando ela se viu sozinha na salinha de leitura que foi de sua mãe, entregou-se completamente a esse complexo mundo dos pensamentos que surgem aos borbotões como ondas redemoinhadas em torno de uma hélice em movimento.

As grandes revelações do homem que acabava de pôr em liberdade agitavam extremamente seu mundo interior, e ela lutava para voltar à sua quietude habitual.

A princesa sabia que Fredek estava enamorado dela, e sua discreta prudência tratava de transformar esse amor numa grande e leal amizade. Ela compreendia que ele lhe era necessário como um bom companheiro de ideais. Que baluarte seria para ela e para seu filho no incerto futuro que previa!

O príncipe Arfasol era um fervoroso enamorado de sua falecida mãe, e se prendia a ela como a uma recordação viva da amada ausente.

Que faria ela com estes dois nobres e excelentes homens que, sem buscá-los, a lei pôs em seu caminho?

Mergulhada nessa meditação, nas quais as perguntas se sucediam com rapidez, sentiu a conhecida voz interior que todas as almas de meditação sentem nos momentos de incerteza e obscuridade:

"— *Ambos significam diante de ti uma valiosa conquista*" — disse a voz íntima que falava sem som de palavras, mas que resplandecia como se no seu interior estivessem gravadas com luz de estrelas.

— Mãe Ísis! — exclamou a meia voz, cobrindo o rosto com ambas as mãos para isolar-se mais de quanto a rodeava. — Só Tu podes guiar-me no escabroso caminho da minha vida.

Uma suave serenidade inundou seu espírito fazendo-a compreender que a proteção divina estava nela. Todo um mundo de presenças invisíveis se fizeram sentir na solitária mulher que se via tão carregada de responsabilidades que não podia nem devia evitar.

* * *

A alma humana, a divina Psique, tem à sua disposição uma luz potente, uma misteriosa tocha que inteligências superiores acendem para ela quando ela pede e, na verdade, a busca e a quer.

Isso é o que chamamos *meditação*.

A misteriosa tocha acesa para Thimétis fazia-lhe ver que, ao chegar às dez luas anunciadas, ela, acompanhada daqueles dois homens, se encontraria com seu filho em seu castelo do lago Merik, convertido em residência de verão da Embaixada da Mauritânia.

Esta mudança de nome fora feita pelo pontífice Membra avisado por Moisés que nesse prazo chegaria a Mênfis e sabendo que Thimétis voltaria também.

Embora o faraó não houvesse demonstrado, em todos os anos transcorridos, aversão nem ressentimento contra Moisés e sua mãe, quis o pontífice assegurar a tranqüilidade deles e da grande missão salvadora que a eterna potência lhes havia designado para esse momento da humanidade terrestre.

A tocha continuava iluminando a meditação de Thimétis.

"Voluntariamente aceitei a regência da Mauritânia. Como poderei afastar-me daqui por tempo indeterminado?" Essa era a pergunta que constituía um problema de muito difícil solução para a princesa real do Egito, que sempre teve por norma em sua vida o cumprimento da palavra dada.

A voz interior e íntima que sempre a aconselhava, fez-se sentir nas profundezas do seu mundo interior:

"— Eu te darei a solução se continuares tuas visitas à Reclusa, onde te esperam outros segredos que serão de grande utilidade descobrir."

Na manhã seguinte, e à primeira hora, mandou mensagem ao conselheiro, anunciando que naquela tarde a aguardasse à porta do mencionado estabelecimento.

Sem mesmo saber por que, não chamou Fredek para acompanhá-la, mas apenas os dois hierofantes que o pontífice Membra lhe enviara como auxiliares em sua difícil e complicada tarefa: Artafet e Amontiph.

A solução que a voz íntima lhe havia prometido na meditação devia ser algo muito grande e transcendente.

Assim o pressentia e assim preparava-se para recebê-la.

* * *

Do grande pórtico de entrada ao torreão denominado *A Reclusa* partiam dois corredores exatamente iguais em sua construção. Grossas colunas de pedras onde se enredava a hera e se aninhavam as andorinhas, e todo povoado de silêncios e sombras, onde só o eco dos passos e o tilintar das chaves do conselheiro podia ser ouvido uma ou duas vezes a cada dia.

— O corredor da direita já visitei e soltei as aves ali cativas para voarem livremente — disse Thimétis a seus acompanhantes. — Conselheiro — acrescentou, elevando a voz — disseste-me que nessa galeria há mulheres reclusas.

— Sim, alteza real, porém com elas somente o grande sfaz se entendeu e isso, no máximo, uma ou duas vezes por ano. Ninguém as vê nem lhes fala, e tudo quanto pedem e necessitam é mandado pelo torno giratório, e elas o pedem através de um bilhetinho escrito. Assim procedia o velho sfaz pai e assim continuou fazendo seu filho... Oh! há penas graves para quem se atrever a...

— Não importa — interrompeu a regente. — Eu estou aqui investida da autoridade do grande sfaz, que era irmão de minha mãe e é de minha vontade falar com elas. Abre as portas.

— Vós determinais e eu obedeço.

O conselheiro chamou com a sineta na janela do torno giratório que, passados alguns momentos, começou a girar. Então o conselheiro entregou a Thimétis uma grossa chave e, em silêncio, apontou para a grande porta de entrada que desde a morte do sfaz ninguém havia aberto.

Com grande serenidade, ela entrou em primeiro lugar e, atrás dela, os dois hierofantes que a acompanhavam.

Uma anciã de belo aspecto, toda branca desde os cabelos que coroavam sua testa até os chinelos de seus pés, apresentou-se à vista dos visitantes. Seus olhos negros cravaram-se fixos na princesa real aproximando-se lentamente em direção a ela, como querendo evitar-lhe uma surpresa desagradável.

— Sonho, sonho!... — murmurou a meia voz a reclusa, deixando cair a seus pés o fuso, a roca e o tosão de lã que fiava.

— Senhora — exclamou a princesa —, não quisera que minha visita fosse inoportuna, mas, pelo contrário, quero trazer-vos todo o bem que guarda o meu coração para os mauritanos compatriotas de minha mãe.

— Oh!... Não me havia equivocado. Sois vós a filha da rainha Epúvia Ahisa, que deixou seu país para desposar o faraó Ramsés I do Egito!

— Justamente, acertastes. A epidemia que acabou com a vida de meu tio, o grande sfaz, obrigou-me a aceitar a regência que o conselho quis dar-me até que se possa regularizar esta situação. O herdeiro é ainda tão pequeno que, em vez de governar, deve ser governado.

— Se não desdenhais tomar assento na cela de uma reclusa, sentai-vos, eu vos peço, princesa real.

— Com muito prazer, senhora, pois sinto muito agrado na vossa companhia.

Thimétis sentou-se no canapé mais próximo da anciã, que demonstrava uma profunda melancolia. Seus dois acompanhantes permaneciam na passagem da entrada na prudente espera de um sinal.

— Desejais sair desta reclusão? — perguntou amavelmente a regente.

— Nada espero do mundo a esta hora de minha vida. Nada há além dessa porta que esteja ligado a mim por amizade ou afetos dos quais me privou um destino aziago. Para que poderia eu desejar minha saída daqui?

— Sois tão sozinha neste mundo que não tendes um único vínculo familiar? Estais como uma prisioneira sem delito algum, porque vós não sois..., não podeis ser nem haver sido uma delinqüente. Eu o sinto e o creio assim. Se pudésseis confiar em mim e dizer, com toda a franqueza, qual é a causa ou o motivo que vos retém na Reclusa. Acaso um segredo de Estado vos deixou incomunicável... mas sem culpa de vossa parte?

— Eu não quisera magoar vosso coração, nobre filha de Epúvia Ahisa, revelando o meu segredo...

— Falai sem temor. A verdade não me magoará tanto como me causa mágoa ver um ser em eterno cativeiro.

— Está bem. Vós o quereis. Relevai-me do juramento de silêncio feito à luz do Pai Sol e ante o grande sfaz, que a esse preço me deixou com vida.

Conhecendo Thimétis a reverente devoção ao Sol naquele país, abriu a janela por onde entrava o sol da tarde e, com a solenidade de uma sacerdotisa, disse:

— À luz do radiante sol da tarde e evocando o espírito do grande sfaz, vos digo que anulo o vosso juramento e ficais livre para falar perante mim que represento o sfaz desaparecido.

A reclusa pôs-se também de pé e, com uma voz que tremia com um soluço contido, disse:

— Sou Adhari, a caçula dos irmãos da rainha Etelva, vossa avó, e me encontro na Reclusa para esconder o delito do grande sfaz, seu marido que, valendo-se de um mago hipnotizador, me fez mãe sem eu saber. Mãe sem esposo, sem o filho, sem a honra que é o tesouro de toda mulher bem-nascida, convinha-me ser encerrada na Reclusa. Eu já disse, princesa real do Egito, filha de Epúvia Ahisa!... Se ao menos me fosse dado recobrar o filho daquele delito de infidelidade de um marido-rei contra uma esposa como a minha pranteada irmã Etelva, eu teria talvez algo de amor à vida e resignação em vivê-la... Porém...

A desolada anciã cobriu o rosto com ambas as mãos e uma tempestade de soluços a agitaram convulsivamente.

Os acompanhantes da regente se aproximaram da porta, mas ela lhes fez sinal para esperar sem se tornarem visíveis à Reclusa.

Na mente de Thimétis apareceu um raio de luz. Ela se lembrou daquela voz íntima que a fazia ouvir sua própria mãe, que sem ruído de palavras disse:

"— Minha filha, não estás só. Tens a fiel companhia de meu irmão que salvei de ser afogado pela sua desesperada mãe apenas nasceu."

Nesse mesmo instante apareceu à porta Fredek de Port-Ofir. Não seria ele o filho que a cativa chorava como estando perdido para sempre?

Nem bem Thimétis tinha feito esta pergunta a si mesma, novamente sentiu a resposta íntima, sem ruído de palavras, de sua mãe morta para o plano físico, mas eternamente viva no reino de Deus:

"— Sim, minha filha, é ele, e unir essa mãe ao seu filho é um dos motivos por que vieste ao país onde eu nasci. Pela minha lei, teria sido eu quem devia realizar esta obra, mas fui fraca e covarde para enfrentar a inflexível vontade paterna e jamais disse uma palavra para desvendar o segredo ignorado até por minha mãe. Ela vive novamente, aqui mesmo, na pequena Elda, que acarícias com tanto amor. Faze, minha filha, o que tua mãe não fez, e me darás com isto uma eternidade de consolo e de paz."

O leitor imaginará o que foi para Thimétis esta revelação.

A princesa deu um passo na direção daquela anciã angustiada e, abraçando-a ternamente, disse a meia voz ao seu ouvido:

— Pela querida memória de minha falecida mãe, juro que vos unirei a esse filho que julgais perdido e que foi o fiel guardião da minha pessoa desde Mênfis até aqui.

A reclusa exalou um queixume como se houvesse penetrado um punhal em seu coração e ficou desfalecida entre os braços da regente que a deixou cair na poltrona, pensando que suas palavras a houvessem ferido de morte.

Poucos momentos depois a anciã Adhari foi transladada numa padiola para o pavilhão onde morava Thimétis, no grande palácio real, que era na verdade uma fortaleza inexpugnável, toda de pedra, como eram as construções daquela época e naquele país.

A princesa real viu-se presa a um novo problema no seu incansável afã de ajeitar tudo o que no seu entender estava errado e fora de ordem no país que era a terra natal de toda a sua parentela materna.

Chamou em seguida Fredek e anunciou-lhe que devia comunicar-lhe algo de grande importância.

— Está bem, senhora. Eu vos escuto — respondeu ele.

— Tanto a dor como a felicidade provocam emoções profundas. A lei me faz portadora de uma felicidade que jamais teríeis esperado.

O príncipe refletiu no olhar com que envolveu Thimétis este pensamento que vivia no seu eu mais íntimo como uma chama que nunca se apaga: "A única felicidade que meu coração deseja eu sei bem que não poderei tê-la jamais" — mas limitou-se a dizer com grande tranqüilidade:

— De vós, senhora, só podem vir belezas e verdades. Falai.

— Em alguma de nossas conversas creio ter ouvido que vossa mãe morreu quando ainda estáveis no berço.

— É uma verdade que aprendi desde que fui capaz de compreender. Eu soube que era órfão e sozinho, desde meus primeiros anos, que somente a vossa mãe se encarregou de tornar menos amargo. Mais tarde, vosso irmão, o grande sfaz, recentemente desaparecido, me elevou à dignidade de príncipe de Port-Ofir, quando ela foi coroada como esposa e rainha do Egito e me enviou como embaixador extraordinário quando fostes apresentada ao povo do Egito e a todas as nações amigas como a única herdeira do trono do vosso país. O segredo de minha origem e nascimento eu jamais pude descobrir, porque vossa mãe me fez jurar diante do Sol nascente que eu jamais trataria de averiguá-lo. Recebi do sfaz o benévolo tratamento de um irmão mais velho, e nunca me queixei. Que há, pois, de novo para mim?

— Que vossa mãe vive e é uma venerável anciã que acolhi aqui, nos meus aposentos, como uma jóia encontrada inesperadamente no meu caminho. Se não a quiserdes, eu a quero para mim, porque é irmã da mãe de minha mãe.

— Que seja para nós dois, princesa, e assim terei mais direito à vossa amizade e ao vosso afeto.

— Antes já o tínheis, príncipe Fredek, mas agora muito mais, pois somos quase irmãos. — E Thimétis estendeu suas mãos que ele estreitou efusivamente ao mesmo tempo que dizia:

— Apresentai-me à minha desconhecida mãe, se é que ela quer ver-me.

— Vinde comigo — disse, e passaram para o interior do aposento.

Na sala de vestir da regente encontrava-se a anciã Adhari recostada num divã, num estado visível de extrema lassidão depois da forte emoção que sofrera ao saber que vivia aquele filho perdido para sempre.

Ela parecia adormecida ou morta pela branca palidez de sua face. Thimétis ajoelhou-se junto ao divã para ficar mais perto da enferma e disse a meia voz:

— Adhari... tendes dois filhos em vez de um que julgáveis perdido. Não recebeis os dois em vosso coração? Agora sou eu quem não tem mãe.

Thimétis inclinou a cabeça sobre o peito da anciã.

Fredek ajoelhou-se também nesse instante e a anciã olhou para ambos através do pranto cristalizado em seus olhos.

— Somente Epúvia, tua mãe, conheceu o meu segredo, e ela te mandou buscar para curar a ferida do meu coração.

Aqueles olhos cansados e lacrimosos fixaram-se em Fredek e fecharam-se de novo. Um tremor convulsivo sacudia a pobre enferma diante daquele gentil cavalheiro que diziam ser seu filho, e que ela não vira nunca, pois o retiraram de seu lado apenas nascido. Seus lábios tremeram como os de uma criança que contém o pranto, até que Fredek, também emocionado, inclinou sua cabeça sobre aquela outra cabeça de brancos cabelos, ao mesmo tempo que falava a meia voz:

— Mãe!... Nunca é tarde para amar o filho cuja existência ignoravas...

※ ※ ※

Passaram-se os dias, e Thimétis soube, através das revelações de Adhari, que o grande sfaz, pai de seu filho, viveu atormentado pelo medo de que seu segredo fosse descoberto, porque na Mauritânia era um delito que merecia a morte na forca todo homem que fizesse o que ele fez com a irmã mais moça de sua esposa, aos doze anos de idade.

E soube, também, que Fredek nasceu na *Reclusa*, onde a mãe fora enclausurada nem bem sentiu que seria mãe, e mais tarde, quando deu à luz, o médico e a enfermeira que a atenderam sofreram igual destino e morreram na prisão sem que lhes fosse permitido falar uma única palavra com pessoa alguma de fora.

— A única que soube do caso foi Epúvia, tua mãe — acrescentou a anciã — mas fizeram-na acreditar que eu havia morrido quando nasceu o meu filho.

— Não consigo explicar a mim mesma como a minha mãe pôde saber disto e, menos ainda, que, sabendo, não desse um passo para chegar a uma solução — disse Thimétis.

— Que solução poderia dar com uma falecida? Adolescente como era, limitar-se-ia a dar ao infeliz órfão o carinho que lhe faltava, segundo a voz íntima que me referes ter ouvido em teus momentos de meditação.

— Paz aos mortos, tia Adhari, quer vivam nos planos de luz ou em abismos de trevas — exclamou Thimétis, cobrindo o rosto com as duas mãos como se quisesse isolar-se totalmente do cenário das recordações aonde chegara, levada por acontecimentos passados e dolorosos.

Enquanto ela se entregava com toda a sua vontade à missão de pôr em ordem e renovar quanto encontrava fora de ordem ou da lei, voltemos, leitor amigo, para as solidões de Madian, para a humilde aldeia de Poço Durba, onde voa em rondas cada vez mais amplas a águia branca com sonhos de cumes distantes e altos, pressentidos em seus momentos de meditação, mas não buscadas quando caminhava como homem pelos areais terrestres.

Voltemos a Moisés, o grande sacerdote do deserto.

TRINTA ANOS

Moisés chegou a Madian com apenas vinte anos e haviam transcorrido dez mais.

Quantas circunstâncias e acontecimentos presenciara nesses dez anos que o faziam um homem com trinta anos de vida física!

Nos quatro últimos anos tinham tomado esposo seis das filhas de Jetro, ficando somente *Cravina,* a que dez anos antes era surda-muda, e que fora curada por forças mentais postas em atividade pelos hierofantes, quando, entregues ao Infinito na meditação, se convertiam em transmissores de tudo o que de grande e bom emana a eterna potência invisível.

As colinas que rodeavam a cabana do patriarca Jetro se haviam povoado de brancas casinhas de pedra, os ninhos de suas rolinhas amorosas, que nem desposadas queriam afastar-se da velha árvore que lhes deu sombra no desamparo da orfandade.

Cravina, como ama da casa, Numbik e Azeviche como seus auxiliares, mantinham o fogo e a luz do lar, onde reinava em todo o momento a serena paz que florescia entre a ordem e a harmonia perfeita.

Ocorreram acontecimentos inesperados no trigésimo ano da vida de Moisés.

Na última caravana recentemente chegada, apareceu-lhes como um mensageiro celestial o ancião patriarca Isesi, que o leitor viu a regente da Mauritânia tirar da *Reclusa.*

Chegava acompanhado de um prático do deserto e de um dos guardas do castelo do lago Merik.

Com ele chegava também todo o amor da mãe para com o excelso filho.

A escola iniciática de Poço Durba estava, pois, em festa com a chegada de tão ilustre personagem, que era todo um arquivo dos conhecimentos da mais antiga ciência oculta dos templos de On e de Sais. Moisés não o havia conhecido pessoalmente mas somente de nome, e Jetro fora seu companheiro de estudos e iniciação.

Na mesma data, realizaram as provas e, na mesma noite, ocorreu para ambos a *"morte e ressurreição de Osíris",* como a linguagem dos templos chamava o desdobramento consciente provocado pelos hierofantes mestres, aos que saíam triunfantes de todas as provas e penitências a que eram submetidos os que pediam a iniciação nos grandes mistérios de Deus, dos mundos e da alma humana.

Pelas escarpas do Mar Vermelho chegava, um mês depois, uma desconsolada jovenzinha com as vestimentas rasgadas e com a alma oprimida pela angústia.

Por sua notável beleza física, tinha sido raptada do lar pelos piratas do Mar Vermelho para celebrar os cultos nefastos que realizavam num plenilúnio de outono em homenagem a seus heróis mortos. Era Séfora, nome que passou para a história como pertencente à jovem que foi a esposa de Moisés.

E o foi efetivamente. O fato ocorreu como vou referi-lo.

Aproximando-se o primeiro plenilúnio de outono, os piratas do Mar Vermelho raptaram um jovem, neto do rei dos árabes, para oferecê-lo em sacrifício a seus deuses. Escolhiam sempre um belo jovem de nobre estirpe, que fosse, segundo seu fanático pensar, digna oferenda para Moloch, seu deus supremo, sangüinário e feroz, que exigia deles sacrifícios humanos uma vez por ano. A vida de um belo mancebo de nobre estirpe e a virgindade de uma formosa donzela adolescente eram a oferenda dos piratas a seu deus. No bárbaro ritual, entrava o costume feito lei de não tirar a vida da donzela, mas deixá-la na margem deserta do mar para que, ao subir a maré, fosse engolida pelas ondas sem deixar vestígio do ocorrido.

Mas Séfora era filha de um marujo dos que faziam contínuas viagens pelo Mar Vermelho levando mercadorias às povoações costeiras, e a nado livrou-se das águas e vagou vários dias pelo deserto até chegar a Poço Durba, onde sabia que o patriarca Jetro a ampararia em sua desgraça.

O ancião meditava num sereno anoitecer à porta de sua cabana quando chegou até ele a adolescente que se deixou cair a seus pés como uma gazela ferida de morte.

— Tende piedade de mim — disse entre soluços —, porque os piratas assaltaram minha casa, mataram minha mãe e eu fiquei sozinha no mundo.

— Sim, minha filha, eu tenho piedade de ti e todos os que sofrem têm lugar em minha morada — disse o ancião, que chamou Cravina para que alimentasse e vestisse convenientemente a infeliz jovem que apenas podia andar, tal era o cansaço e a debilidade que todo seu aspecto demonstrava.

Cumpridos estes primeiros deveres da hospitalidade, Cravina fez recostar a hóspede em sua alcova.

— Convém agora que descanses — disse, e sentou-se a seu lado, procurando romper seu retraimento e obstinado silêncio. — Agora nos faremos muito amigas e começarás por dizer-me como te chamas.

— Meu pai, que é marujo, chamava-me de Estrela... — E a jovem começou a chorar desconsoladamente. Cravina abraçou-se a ela prodigando-lhe ternuras e carinhos.

Quando a viu mais calma, iniciou novamente a confidência.

— É um belo nome. Aqui, meu pai tem um gosto muito grande em nos chamar com os nomes das belezas que Deus pôs neste mundo. Ele gostará muito desse teu nome: Estrela.

— Já não sou mais Estrela... — murmurou a jovem com amargura.

— Por quê? És tão jovem e tão bela! Podes bem chamar-te Estrela.

— Em minha casa há uma escrava que se chama Séfora do país de Kush, onde significa algo desprezível... sem nenhum valor. Eu quero ter esse nome de hoje em diante.

— Como queiras, mas aqui não serás desprezível nem te faltará valor. Aqui todos nos consideramos como irmãos e formamos uma família.

— Sei perfeitamente disto, e por este motivo, em minha desgraça, corri enlouquecida até aqui.

* * *

Passaram-se semanas e pôde-se ver que a jovem recém-chegada se havia recuperado em seu físico, embora ainda não curada de sua amarga tristeza.

Era em tudo uma dócil auxiliar de Cravina na faina doméstica, hábil no fiar e no tear, tarefa na qual a viam passar as horas no mais profundo silêncio.

— Minha filha — disse um dia o ancião Jetro —, se não estás contente aqui e queres ser conduzida a outra parte, fala com toda a franqueza e te farei levar aonde julgas estar melhor.

— Não, patriarca, de modo algum. Vim à vossa morada sabendo que somente aqui posso estar. Contudo, se vos molesto, irei...

— Não, minha filha!... É que eu quisera ver-te contente na nossa companhia e te vejo triste e desconsolada...

— Perdoai-me... Sofri muito e as recordações me fazem padecer. Logo esquecerei tudo...

Moisés ouviu este breve diálogo quando, naquele instante, podava uma nogueira nova, à qual consagrava seus momentos livres porque percebia que a planta estava doente e prestes a secar.

— É outra plantinha enferma a tua nova filha, tio Jetro — disse-lhe quando a jovem se havia retirado e não podia ouvi-lo. — Quando vai ser realizada a boda de Cravina? — perguntou em seguida.

— Quando Caleb terminar a cabana que está construindo ao pé daquela colina — respondeu. — Por que perguntas isto?

— Porque me veio repentinamente a idéia de eu tomar Séfora como esposa e que ela substitua Cravina em suas tarefas de ama da casa. Encontras algum mal nisto?

— Não, filho, de forma alguma. Vejo que até nisso tua vida se assemelha à minha. Nessa mesma idade, tomei como esposa a primeira refugiada que chegou aqui, quando eu estava só com os pastores. A pobrezinha estava enferma dos pulmões e viveu apenas três anos. Não ficou curada de seu mal físico, mas viveu alegre e morreu feliz. Era a mãe de Azeviche.

— Mas Azeviche é teu filho?...

— Não. Sua mãe chegou aqui carregando o menino recém-nascido. Ela era filha de um scheif berbere, uma bela jovem de quatorze anos e, como ocorreu a esta que hoje chegou aqui, os piratas do Mar Vermelho a entregaram a um cativo árabe que ia ser sacrificado a seu deus, segundo o costume em seus ritos religiosos bárbaros. Azeviche é, pois, todo um árabe, como vês, neto nada menos do rei do país da Arábia, onde todos têm a pele morena. Sua mãe era branca e dela tem seus belos olhos e a nobreza de seu coração. Ela era do país de Moab.

— Então, tio Jetro, já estás ciente do meu segredo... A recém-chegada será mãe, e tal é a causa de sua amarga tristeza.

— Eu o havia suspeitado. E tu, como descobriste?

— Uma vós íntima me disse quando falavas com ela há alguns momentos. "Daí veio-me a idéia de pedi-la para minha esposa sem saber que havias feito o mesmo lá em tua distante juventude. É uma grande honra para mim, tio Jetro, que minha vida se assemelhe à tua. Eu te rogo, pois, que prepares minha união com tua pupila, que se ela estiver de acordo pode realizar-se ao mesmo tempo que Cravina se une a Caleb. Assim Séfora não terá a amargura de que seu filho ou filha venha para a vida sem um pai que lhe dê o seu nome.

— Moisés!..., filho da princesa real do Egito..., unido a uma pobrezinha ultrajada pela barbárie humana.

— Jetro da Mauritânia!... Filho do grande sfaz e irmão da rainha Epúvia do Egito, unido a uma pobrezinha ultrajada pela barbárie humana! — repetiu Moisés com solene acentuação. — Não é igual o que faz Moisés com o que foi feito pelo jovem Jetro?

— Sim, meu filho, sim!... Nossas vidas se assemelham como dois pequenos arroios nascidos de uma mesma vertente... A lei divina se faz ver em toda a sua grandeza no encontro de nossas almas.

Duas semanas depois duas bodas seriam celebradas na cabana do tio Jetro. Moisés, o grande sacerdote do deserto, tomava por esposa a Séfora de Sharma, e Caleb, filho de Jephone, a Cravina de Madian.

* * *

Uma semana antes da boda, Moisés pediu a seu tio que no pórtico do templo fosse apresentada por ele sua filha Séfora como futura esposa, se ela o aceitasse. Esta cena a luz eterna nos mostra assim:

— Séfora, minha filha, vem comigo ao pórtico do nosso templo que, segundo o costume, é o lugar onde resolvemos os assuntos de importância.

A jovem olhou para ele com assombro e com temor. Um pressentimento agudo a alarmou. Seu segredo...

— Não tenhas medo — disse o ancião —, que tudo será para o teu bem.

Ela o seguiu docilmente.

Num dos grandes bancos de pedra, viram Moisés, que se pôs de pé ao vê-los chegar.

— Séfora, minha filha, nosso grande sacerdote, meu sobrinho Moisés, quer ter aqui uma confidência contigo. Deixo-te, pois, com ele, enquanto eu entro no templo para orar, porque se cumpre em vós a vontade de Deus.

Moisés e Séfora ficaram a sós. A sofrida adolescente houvera desejado que o pavimento se abrisse e a tragasse porque a presença daquele grande homem a amedrontava.

Através de Cravina, ela sabia que personagem havia sido e o que era aquele homem na faustosa corte do Egito, o maior e mais glorioso país desse tempo. Seguramente, ele a fulminaria como a uma lagarta com um formidável anátema. Sua face tornou-se branca como um pedaço de papel e não levantava seus olhos do piso.

— Séfora, por favor, não tenhas medo de mim e vem sentar-te ao meu lado que preciso falar-te.

— Senhor!... Alteza real!... — e caiu de joelhos diante de Moisés.

— Não! Assim não, Séfora... Eu não sou diante de ti nem teu senhor nem uma alteza real. — Moisés levantou-a e a fez sentar-se ao seu lado.

"Sabes que daqui a dez dias celebraremos as bodas de Caleb com Cravina?"

— Assim ela me disse — respondeu a moça a meia voz.

— Também eu quisera celebrar as minhas contigo, Séfora, se aceitares a minha companhia para toda a tua vida.

Um grito afogado escapou dos lábios de Séfora ao mesmo tempo que se levantou do banco, disposta a fugir.

— Não fujas de mim, menina, que não quero fazer-te mal algum — disse Moisés tomando-a pela mão para retê-la. — Será que diante de ti sou tão desagradável para que te assuste o meu pedido?

Vendo-se impedida de fugir, Séfora começou a chorar em grandes soluços. Moisés esperou pacientemente que lhe voltasse a calma e, quando a viu mais serena, continuou a confidência:

— Desejaria que me respondesses à pergunta que te fiz e que te causou tão desconsolado pranto. Julgas que não chegarás jamais a amar-me ou já tens ocupado o teu coração com outro amor?

A suavidade e respeito com que se viu tratada foi aquietando-a pouco a pouco e, finalmente, respondeu:

— Eu havia dito a Cravina que não deixasse sozinho o pai Jetro, porque eu não estarei aqui muito tempo.

— Creio que és órfã, sem lar e sem família... És esperada por algum familiar? Onde?

— Ninguém me espera... Trabalharei como serva em... em alguma parte.

— De modo que preferes ser criada a ser esposa única de um homem honrado que te oferece amparo, amizade e companheirismo.

— Sois um príncipe real, senhor, e eu sou... uma infeliz!... Por favor!... — gritou num lamento —, não me forceis a dizer o que deve morrer comigo.

— Séfora, ouve-me e não queiras mais fugir de mim que pela lei divina quero ser o teu salvador. Não é para mim um segredo o que te acontece e porque o sei é que te digo isto. Antes que alguém perceba o que chamas *teu segredo*, eu te dou o nome de esposa para converter-me em pai do filho que esperas e que queres eliminar da vida, inconsciente do mal que fazes a ti mesmo e a ele... Teu filho será meu filho e ninguém saberá que foste ultrajada pelos piratas fanáticos de Moloch como o foram tantas donzelas antes de ti.

A pobre jovem dobrou sua cabecinha dolorida e outro aluvião de pranto foi sua única resposta.

"Pobre vítima da ignorância e da crueldade humana!... Podes até abençoar a Deus que no lar bendito do patriarca Jetro encontraste seu sobrinho que tem a felicidade de apagar tua desonra e evitar o crime, Séfora... Aceitas-me por teu companheiro e esposo para toda a vida?" Ao fazer tal pergunta Moisés estendeu as mãos para a jovem que continuava chorando silenciosamente.

— Bem sabeis que não o mereço, entretanto se vós, senhor, assim o quereis... assim seja.

Moisés apertou entre as suas a mão trêmula e tímida daquela nova vítima da ignorância e das crueldades humanas.

Neste momento, a recordação esboçou uma visão mental na mente de Moisés: em meio às suas grandezas passadas, a glória de seus esponsais com Merik no suntuoso palácio de sua mãe na placidez serena do lago Merik.

— Oh! a vida..., a vida — exclamou num grito que parecia um gemido.

— Que abismos e que cumes decreta a lei eterna para os que escolhe como *missionários da verdade e do amor!*

É a lei eterna quem os decreta ou é a ignorância, o egoísmo e a soberba humana quem os realiza em estupendas combinações que atrasam às vezes em séculos as obras de Deus?

Este pensamento surge de imediato na mente do observador e relator destes fatos que a luz divina conserva impressos em seus arquivos eternos.

A formidável exclamação de Moisés chegou ao patriarca Jetro que orava no santuário e saiu para compartilhar com ele a grandeza do holocausto consumado.

— Filho, novamente vejo em ti o místico Abel da pré-história na heróica renúncia e o glorioso Krisna do distante Oriente carregando culpas alheias! — exclamou o ancião. — Parece que ouço ressoar de novo o canto dos mundos de Luz: *"Agnus Dei qui tollis peccata mundi."* Com uma soberana pincelada do teu amor apagas os pecados dos homens.

— Já está acertada a minha união com esta jovem, tio Jetro — foi a resposta de Moisés.

— Está bem, meu filho. Serão dois esponsais que o Senhor abençoará no nosso humilde santuário daqui a dez dias.

— Passados outros dez dias, empreenderei a projetada viagem a Mênfis aonde minha mãe chegará, creio, daqui a três luas e espero que a esposa escolhida fará a honra de me acompanhar.

Moisés olhou sorridente para a adolescente que ainda segurava pela mão.

O indefinível olhar de angústia da jovem para aqueles dois homens que perante ela apareciam tão grandes, o leitor pode imaginar.

— Minha mãe te amará como a uma filha, sendo tu minha esposa. Teu filho, que adoto, deve nascer onde eu nasci. Não eu, tio Jetro, mas os anjos de Deus estendem véus sobre a inocência ultrajada.

— Como será grande em suas obras o filho desse ato de amor heróico!

Teve, acaso, o ancião a visão premonitória do que foi Essen, criador dos essênios, precursores, mestres e cronistas de Jhasua de Nazareth, fundador do cristianismo quinze séculos depois?

Nos infinitos laboratórios da criação universal existem tão variadas e estupendas forças, correntes e vibrações que nada resulta impossível para a eterna potência criadora quando encontra inteligências preparadas para suas grandes manifestações e realizações.

Dez dias depois, o velho patriarca Jetro, com suas brancas vestimentas sacerdotais, abençoava a união nupcial do grande sacerdote do deserto, Moisés de Mênfis, filho da princesa real do Egito, com Séfora de Sharma e de Caleb com Cravina de Madian.

Atuaram como testemunhas da solene consagração nupcial o ancião sacerdote Isesi e os mestres Ohad e Carmi, instrutores da meninice de Moisés.

O Hierofante Isesi de Sais

No grande templo de On, ele fora arquivista durante vinte e cinco anos, e sua constante laboriosidade havia-lhe dado tempo para tirar cópias do que

---

* Tem início aqui, e se estende pelas quase 100 páginas seguintes, a leitura do *Apocalipse do Profeta Antúlio de Manha-Ethel*. A narrativa da vida de Moisés só será retomada na página 199, sob o título *Estrela de Sharma*. (N.E.)

para ele era do maior interesse. Naquele enorme arquivo de épocas imensamente distantes teve acesso a belos fragmentos das existências terrestres do *gênio gigante*, como naquele arquivo se chamava ao guia instrutor do planeta Terra.

Um dos que mais o interessou foi o que relatava passagens da intensa vida espiritual vivida pelo profeta Antúlio de Manha-Ethel, patriarca da "montanha santa" na desaparecida Atlântida.

Seu inesperado encontro com Moisés, na aldeia de Poço Durba, fez reviver nele todo aquele passado radiante e glorioso do *gênio gigante* que novamente nos vales terrestres devia marcar rumos para a humanidade.

Depois de observá-lo em silêncio durante muitos dias, pediu uma confidência íntima de ordem espiritual. Esta foi toda uma revelação para o jovem grande sacerdote da escola iniciática do deserto.

Em seus breves trinta anos, não podiam caber os vastos conhecimentos de fatos ocorridos nessa brumosa distante época chamada pré-história.

Passagens breves de suas existências anteriores na Lemúria e na Atlântida, em relatos que foram sendo deixados pelos arquivistas anteriores durante séculos de pacientes recopilações, ele as havia conhecido no arquivo de Mênfis ou no que sua mãe guardava no oratório do castelo do lago Merik.

Mas, quanto às investigações espirituais suprafísicas realizadas por ele mesmo em épocas pré-históricas, eram-lhe absolutamente alheias.

Ouvindo a confidência do velho hierofante Isesi com Moisés, o jovem pontífice do deserto, poderemos aprender, leitor amigo, algo mais do que até este momento nos revelou a Luz eterna ao ir levantando pouco a pouco o véu que esconde seus estupendos segredos.

— Moisés, neto de Epúvia Ahisa, minha amada filha da alma, deves saber que ela me prometera este momento solene e bem esperado de minha longa vida.

— Segundo isso, ela em espírito tinha relações contigo, patriarca Isesi.

— Justamente. Suas manifestações foram freqüentes e só cessaram quando ela tomou novamente a matéria física. Observo bem, meu filho, que tua vida atual vai tomando a semelhança da do grande mestre Antúlio, que certamente deves conhecer.

O ancião esperou a resposta de Moisés.

— Efetivamente, conheço alguma coisa, como também a de Anfião de Orozuma. A este propósito recordo que, estando um dia em presença do pontífice Membra, eu o vi absorto na observação de um velhíssimo rolo de papiro do arquivo trazido do templo de On e cujo título era: *"Apocalipse do Profeta Antúlio de Manha-Ethel."* Posso conhecer tudo isso? — Lembro-me que lhe perguntei. Mais adiante, meu filho, respondeu-me. Tens que viver hoje —

acrescentou — com a cabeça e os pés bem fixos na terra, antes de estender o vôo às regiões onde nunca se esconde o sol. Era eu então superintendente vice-rei e, na verdade, minha vida era uma vertigem, um redemoinho de atividades em cumprimento do cargo que havia aceito.

— Bem. Esse *"mais adiante"* que te foi dito pelo pontífice Membra creio que chegou e me cabe a honra de ser eu, em meus oitenta anos, o porta-voz que te faça conhecê-los. Tenho no meu arquivo particular o *"Apocalipse do Profeta Antúlio"* e, se for do teu gosto, nós o estudaremos nas reuniões do teu conselho atual ou quando julgares mais conveniente.

Nas sete noites consecutivas, reunidos em conselho os hierofantes da escola iniciática de Poço Durba, o patriarca Isesi iniciou a leitura do papiro que relatava as explorações siderais do mestre Antúlio nos diversos planos e mundos da infinita imensidão.

Ouçamo-lo, amigo leitor, na imponente solidão do deserto:

— Cópia terceira do Apocalipse do mestre Antúlio, cujo original é conservado no arquivo secreto do templo de On e foi escrito em idioma tolsteka por seu discípulo íntimo e notário Hilkar de Talpaken:

"O Homem: Quando os fogos magnos, supremos senhores deste universo, compreenderam que avançava a primeira idade ou época glacial para este globo em formação, deram as ordens para começar os ensaios para formar os ectoplasmas que pudessem logo adaptar-se, sem novas dificuldades, ao corpo astral e etérico dos espíritos que deviam formar as primitivas raças humanas no planeta.

"As épocas aplicadas nesses ensaios não podem ser precisadas com exatidão, contudo a própria lógica permite supor que foram extremamente longas, dado o princípio fundamental de que a natureza não procede a saltos, mas com uma lenta e constante transformação para a perfeição.

"Aos milhares, os *Ioms* ou *espíritos obreiros da forma* nos campos do infinito, realizaram ensaios, tomando elementos constitutivos das espécies animais que na época habitavam este planeta.

"Os hipopótamos, mamutes, girafas, zebras, macacos gigantes, cervos, renas e javalis da segunda época glacial, lhes serviram para formar, com parte de sua matéria orgânica, os primeiros ectoplasmas que haviam de adaptar aos corpos astrais que albergariam os espíritos da primitiva humanidade terrestre. Esses espíritos foram escolhidos entre os retardados de outros globos que já haviam dado um passo mais na carreira infinita do progresso eterno.

"Essa é a causa da enorme diferença que ainda hoje em dia pode ser notada entre uma e outra das várias raças da espécie humana.

"Os seres humanos que se adaptaram ao ectoplasma formado da matéria orgânica da espécie animal, que denominaremos javali; devia diferir, naturalmente, da adaptada à matéria orgânica dos cervos, dos macacos ou de qualquer das outras espécies utilizadas como matéria-prima.

"Isto não foi jamais um obstáculo para que a espécie animal originária continuasse existindo em seus aspectos próprios; da mesma maneira como muitas espécies vegetais continuam vivendo e produzindo de acordo com sua primeira conformação, ainda quando o horticultor haja utilizado talos e raízes para enxertar nesse tronco outra espécie vegetal com flores e frutas diferentes.

"Estas diferenças de aspectos exteriores de uma raça para outras teriam desaparecido no correr dos milênios e do séculos, se a ignorância e o egoísmo humano não houvessem lutado com a feroz insistência com que o fez para impedir o cruzamento das raças humanas. O orgulho e o fanatismo faziam crer aos homens primitivos que sua raça era superior às outras, e era castigado com pena de morte o que misturava seu sangue com o de outra raça, e este espantoso erro, que até hoje perdura em muitos povos, é a causa de ainda subsistirem essas diferenças, cuja origem acabamos de mencionar.

"Para tais diferenças é necessário, da mesma forma, ter em conta os ambientes, os climas, as circunstâncias especiais onde cada raça se propaga e se desenvolve.

"Feito este preliminar, passemos a explicar o que é o Homem encarnado no planeta Terra.

"Na infinita escala dos seres orgânicos que vivem no planeta, o homem é o mais perfeito a que chegou a Natureza em suas constantes e magníficas criações. Por todas as suas condições ele está colocado imediatamente acima de todos os seres viventes no plano físico e logo abaixo dos espíritos denominados legiões do reino, ou anjos guardiães, por sua imediata atuação entre o plano físico e o plano espiritual.

"Com um pé no umbral do templo angélico, com o outro na pradaria onde pastoreiam os animais, o homem é um cântaro de barro dentro do qual existe uma complexa mistura, uma infinidade de belezas com uma infinidade de ervas ruins.

"O homem, pois, foi assim formado pela eterna lei: matéria densa ou corpo físico; corpo mental ou intermediário; princípio espiritual ou ego, que é o Eu propriamente dito.

"*A matéria densa ou corpo físico* está envolta de uma aura ou irradiação de matéria astral em cuja constituição participam os quatro primordiais elementos do globo terrestre: ar, fogo, água e terra. Possui também o fluido vital ou fogo circulatório, que percorre vertiginosamente todo o corpo físico, e que é a aura própria do sangue, de cor rosada, mais viva ou mais pálida segundo o sangue seja mais ou menos puro. O corpo físico tem ainda a irradiação ou aura particular do cérebro e da medula espinhal, prolongamento do cérebro ao qual se dá o nome de fluido etérico nervoso. Tudo isso pertence ao corpo físico do homem.

"Passo a detalhar o *corpo mental* ou *intermediário*: é uma emanação direta do Ego ou Eu Superior, como se disséssemos a sua vontade ou consciência, que desce ao plano físico para buscar a união com a matéria orgânica para realizar a vida que se propõe. Este corpo mental ou intermediário está sujeito a muitas variações segundo as atividades que desenvolve, segundo os ambientes nos quais sua matéria física atua e segundo a orientação que se lhe imprime. Se a união com a matéria, a gestação ou o nascimento ocorrem sob uma influência astral decadente ou má, esse corpo mental ou intermediário ver-se-á fortemente impulsionado a se afastar do Ego ou Eu Superior, cuja influência benéfica sobre ele se debilita paulatinamente e se identifica mais com a matéria física que chega a dominá-lo quase completamente com os instintos próprios da natureza animal, viciosamente desenvolvidos pela influência astral antes dita, e talvez em conjunção com uma tara má hereditária. Em tal caso, temos o homem vicioso, mau, o homem animal oprimido por todas as baixezas e ruindades da mais grosseira materialidade.

"A vida física do homem não começa, pois, no dia do seu nascimento, mas no dia em que se realiza a união do corpo mental intermediário com o corpo mental daquela que vai ser a sua mãe: secreto e profundo himeneu que ata a ambos para toda essa vida, e às vezes para muitas vidas, segundo as afinidades dos espíritos atores desse grandioso drama da vida física. Mais além que o momento do nascimento é o começo da gestação que marca de verdade ou esboça o caminho a cada homem que entra para a vida física (na escola do mestre Antúlio não se contavam os anos de um ser pelo dia do seu nascimento físico, mas pelo dia de sua concepção; e se preparava com secreto e profundo ensinamento aos desposados, para que sua entrada na sala nupcial fosse rodeada de todas as circunstâncias espirituais, astrais e físicas necessárias à mais formosa e feliz entrada de uma centelha divina no santuário onde havia de atuar nos planos da vida material como homem encarnado). O corpo mental ou intermediário varia e muda constantemente a cada pensamento, a cada desejo, a cada emoção. Daqui vem o fato de os videntes o verem de tão diversas maneiras, causando-lhes grandes perplexidades e, às vezes, culpando-se de haver sido vítimas de enganos e erros. O próprio corpo mental toma formas e cores diferentes segundo lhe anima uma emoção de amor puro, de esperança justa e reta, de anseios nobres e elevados, ou pelo contrário, de baixos desejos, de aversões, de ódios, de vingança ou de crimes.

"Este corpo mental ou intermediário desempenha também as funções de transmissor ao plano físico das idéias, pensamentos, projetos ou ordens que o Ego ou Eu Superior percebe das inteligências superiores, embora estas residam nos planos mais elevados do Infinito. Para que esta percepção se realize é indispensável que o corpo mental ou intermediário se mantenha alheio, o mais possível, a todas as ruindades e baixezas, às emoções passionais violentas, aos ambientes de intriga, à aversão ou ao crime.

"O Ego ou Eu Superior a cujo estudo chegamos é o mais simples dos componentes do ser humano.

"Nasce da energia eterna que arroja de si constantemente, e aos milhares, pequenos focos luminosos com inteligência própria e com parte da potencialidade criadora de quem lhe deu a vida. Algo assim como nosso sol que lança incessantemente raios luminosos sem que diminua ou esgote seu caudal. O pequeno foco luminoso destinado a ser o Ego de um ser humano, apenas surgido da eterna energia, começa a acumular em torno de si a substância cósmica sutilíssima com a qual forma a sua própria aura ou, como se disséssemos, seu envoltório. Assim que conseguiu formar essa vestimenta fluídica, deve procurar encarnações no planeta que lhe foi designado pela inteligência superior que recebe como filho cada criação múltipla da eterna energia. Como um pequeno pirilampo que se acende e se apaga, o Ego emite pequenos raios luminosos em todas as direções, mais débeis no princípio, mais fortes e rápidos depois, tal como se sondasse o infinito abismo buscando os meios conducentes ao seu engrandecimento. Esses raios luminosos, que são inteligência, vontade e amor, são canalizados por inteligências encarregadas pela eterna lei de ajuda mútua para dirigir as encarnações nos globos que estão em condição de receber humanidades em estado primitivo.

"Essa é a definição do homem encarnado sobre a Terra.

"*Legião de Guardiães*: formam a primeira plêiade gloriosa e feliz do reino da luz e do amor.

"São inteligências de uma evolução avançada e que, por sua própria natureza, podem atuar com mais facilidade no plano físico quer individualmente ou em coletividades.

"São os mais numerosos e os que mais cooperação direta prestam às inteligências encarnadas, ou seja, ao homem.

"Toda obra de bem e de justiça está auspiciada e defendida por essas entidades de grande pureza, ainda que não perfeitas, as quais encarnam com bastante freqüência na humanidade terrestre e se pode reconhecê-las em suas várias qualidades, sendo a mais notória a firmeza para rechaçar o engano e, em geral, toda baixeza e ruindade.

"Todo ser humano que encarna com missões de importância tem um ou vários desses guardiães encarregados de cooperar e induzi-lo ao cumprimento de seus compromissos como espírito.

"Às vezes tomam formas e se fazem visíveis, e vez por outra agem quase como encarnados quando causas justas assim o reclamam.

"Eles formam essa força inteligente e oculta às vezes chamada de Providência que acode, no momento preciso, para evitar um perigo quando isso é verdadeiramente imprescindível.

"Eles são os depositários do segredo que envolve o início e o fim das vidas físicas, ou seja, eles sabem quando e onde deve começar uma vida física, e onde e quando há de terminar. Mas como é lei que nem todos os seres terrestres são capazes de conhecer esses segredos, essas elevadas inteligências os guardam com rigorosa severidade. São elas as que guardam o grande livro da vida e da morte, e somente por causas graves e justas lhes é permitido revelar a determinados seres coisas que dizem respeito aos segredos que a eterna verdade lhes confia.

"A Legião de Guardiães está formada por entidades originárias de diversos mundos adiantados e cujas humanidades têm uma evolução superior à nossa Terra, por exemplo, Vênus, Júpiter, Alfa, Arco de Ouro (Saturno), Aquamundi e a maioria dos grandes planetas.

"Quando encarnam em mundos inferiores como a Terra, fazem de ordinário uma vida breve, salvo alguns casos quando uma causa poderosa os obrigue a prolongá-la. Mui poucas vezes um ser desses permanece encarnado mais de cinqüenta anos.

"Eles estão repartidos em sete grandes divisões, cada uma das quais obedece a um dentre eles de maior evolução que lhes dá as ordens que lhes são transmitidas pelos arautos da hierarquia imediatamente superior que conheceremos a seu tempo. Cada uma dessas divisões leva o nome de uma das cores de que se decompõe a luz astral: amarelo, azul, escarlate, verde, violeta, turquesa e rosado.

"Suas principais características são o amor desinteressado e puro, a suavidade e a doçura, unidas a uma grande firmeza e perseverança quando abraçam uma causa justa e boa. Toda beleza os encanta e toda baixeza os repugna e enoja porque dificulta seus trabalhos espirituais aceitos como incumbência ou missão.

"São invulneráveis às baixas paixões carnais e quase nunca podem ocupar posições elevadas de riqueza e de poder entre os homens.

"Muitos deles encarnam nos mundos inferiores quando se aproxima o advento do Instrutor do planeta para aplainar-lhe os caminhos e preparar-lhe o ambiente.

"Nas épocas em que florescem civilizações de grande avanço espiritual, eles encarnam em proporção de um para cada dois mil nas paragens da Terra onde se realizam obras de justiça e de fraternidade.

"Os excessos de sensualidade que unem a maioria dos casais formam a barreira que impede a essas entidades encarnar em maior número.

"Nas épocas de decadência das civilizações, sucede que passam até dois séculos ou mais sem que lhes seja possível tomar a matéria no plano físico. (Esta verdade foi a que o mestre Antúlio quis injetar na alma da juventude de seu tempo quando, em suas grandes palestras, falava do *manto de linho* com que os mancebos e as virgens deviam se cobrir para esperar o amor.)

"São também estas entidades as que se constituem em guias da coletividade ou agrupamentos grandes ou pequenos que são constituídos com fins de progresso espiritual; e guias também dos países, cidades ou povos onde há acentuada tendência para os estudos espirituais elevados.

"São elas as inspiradoras imediatas do homem cuja evolução permite que se estabeleça um contato mental com essas entidades que, quando conseguem afinidade com os encarnados, chegam a ter mui delicadas solicitações e ternuras, sentindo íntima complacência nas aproximações de espírito a espírito. (É por isso que se encerra uma profunda verdade na atrevida afirmação do grande mestre Antúlio: 'Homem, receptáculo de terra com alma de Deus!... Pensaste que tens o poder de atrair as grandezas do infinito sobre tua vida terrestre?')

"Essas entidades podem chegar a identificar-se e unir-se tanto às inteligências encarnadas que podem comunicar-se como amigos que se encontram num mesmo aposento. (Essas legiões estão disseminadas em sete sistemas estelares de maior ou menor dimensão que o nosso sistema solar.)

"Elas são, finalmente, como os porteiros do mundo espiritual abrindo as portas de cristal e de ouro do reino de Deus para fazer chegar, de cima para baixo e de baixo para cima, as dádivas divinas dos céus superiores, e as preces, as aspirações puras e santas esperanças dos que caminham pela Terra buscando com a mente a divindade.

"*Muralha de Diamantes:* — Arcanjos — é a hierarquia de inteligências que segue imediatamente à Legião de Guardiães.

"Sua missão e aptidões próprias estão bem sintetizadas em seu nome: Muralha de Diamantes. A justiça e o poder são neles tão inexpugnáveis, que nada nem ninguém muda sua determinação quando, com pleno convencimento, aceitaram levar a cabo a realização de uma obra.

"Essas inteligências estão subdivididas e catalogadas como segue, segundo suas faculdades e atuação: Vigias, Potenciais, Arautos, Colunas, Aquilões, Flechas, Raios de Fogo. São sete categorias dirigidas por sete hierarcas que obedecem às ordens de um deles quando sua avançada evolução o elevou à altura dos Messias.

"Os clarividentes da nossa Terra os vêem quase sempre vestidos de túnica cor prata e azul, vermelho e ouro, com asas luminosas e purpúreas e com duas longas chamas de luz amarela, semelhante a espadas, brotando de suas mãos.

"Os sensitivos percebem sua aproximação como um suave calor acompanhado de grande energia.

"Manejam correntes magnéticas e eletrorradiantes poderosíssimas. Podem desintegrar em poucos momentos corpos inanimados ou animados, e dispersar como pó suas moléculas e átomos. Podem mover e transladar seres e coisas a curtas e a longas distâncias.

"Eles formam, como seu nome indica, a muralha defensiva da humanidade em estado de progresso, para que as correntes da destruição não a invadam enquanto não chegarem à sua decadência ou decrepitude.

"Eles são os agentes poderosos da lei eterna para a formação da vestimenta etérea e astral que os egos fazem descer ao plano físico para animar cada vida ou encarnação. Sem pôr obstáculos ao livre-arbítrio das inteligências encarnadas ou por encarnar, deliberam sobre o *deve* e o *haver* de cada vida e marcam os caminhos por onde cada ego há de encaminhar suas encarnações, da mesma maneira como vigiam dentro da mais severa eqüidade e justiça as provas em que cada inteligência encarnada há de desenvolver sua personalidade. Pode-se dizer que são também os que formam, controlam e regem as atmosferas em seus múltiplos e variadíssimos modos, correntes e aspectos. Tanto podem desatar espantosas tempestades como detê-las subitamente, sendo esta a causa pela qual as escolas de conhecimento superior lhes deram o nome de Senhores dos Elementos. A residência habitual dessas elevadas inteligências estão situadas em sete universos além dos níveis do nosso sistema solar.

"Eles descem de vez em quando ao plano astral terrestre e podem tomar a forma humana à vontade quando assim o exige o melhor cumprimento de suas decisões.

"São eles os artistas escultores que forjam as auras protetoras dos grandes messias quando decidem tomar matéria nos planos físicos, e são os que protegem através de atmosferas densas, ou sutis, a subida das inteligências adiantadas quando, desprendidas pelo sono, pelo transe ou pelo êxtase, buscam o contato espiritual com algumas das grandes entidades que dirigem as evoluções humanas e às quais denominamos messias ou instrutores.

"Sua natureza não os impede de encarnar como os humanos terrestres e, se têm de permanecer durante um lapso de tempo neste plano físico, procuram e buscam matéria e meio-ambiente adequado, e a tomam à maneira de posse mediúnica consciente, de ordinário entre os sete e os doze anos de idade do menino ou da menina, e deixam o corpo ao término de sua missão acometido por um desencarne súbito, ou às vezes dando lugar a que possua novamente essa matéria a mesma inteligência que a animou nos primeiros anos.

"São os autores do afundamento de montanhas, dos continentes e de todas as grandes catástrofes e movimentos sísmicos que transformam a superfície das esferas que rodam no infinito azul.

"Junto com a Legião de Guardiães descrita anteriormente, a Muralha de Diamantes forma a imensa plêiade das inteligências que governam os milhares de planos físicos nos quais realizam sua evolução todas as humanidades encarnadas.

"As regiões de paz e felicidade habitadas por essas imensas plêiades de inteligências adiantadas, eu defino assim: Mais além da atmosfera e do éter que envolve a Terra, abrem-se os pórticos do primeiro céu como incontáveis arco-íris estampados a fogo no puríssimo azul, com a Legião de Guardiães flutuando como em sutilíssimos cortinados de gazes luminosas, que são ao mesmo tempo como matizes da aurora e nimbos prateados de lua cheia, conjeturam e pensam nos milhares de seres encarnados e obras que estão sob a sua proteção e as realizam. Uns, como incansáveis mensageiros, descem e sobem, pois tal é sua missão entre a Terra e o primeiro céu. Os outros, em compensação, atentos a todo pensamento que lhes vem do céu superior, são como poderosos refletores para fazer chegar o pensamento divino através da pesada atmosfera do nosso plano físico.

"Ao escalar altura até chegar ao segundo céu, habitação da Muralha de Diamantes, foi tal o aturdimento do meu ser que, durante dez dias, permaneceu meu organismo físico imobilizado, muda a minha língua, fechados meus ouvidos e cegos os meus olhos.

"Passado esse tempo, pude referir a magnificência estarrecedora dessa visão: sete avenidas circulares e concêntricas de imensas árvores luminosas, movendo-se como num suave vaivém gigantesco, produziam uma imensa ressonância harmoniosa e suavíssima, dando ao espectador a impressão de que cada folha, cada flor daquelas árvores de luz de múltiplas cores, emite sons musicais como de milhares de liras tocadas por mãos invisíveis, e por entre aquelas radiantes avenidas de árvores vão e vêm, sobem e descem em grupos, em pares, em trios, os formosíssimos seres que formam a Muralha de Diamantes, ou seja, a segunda plêiade de inteligências protetoras dos mundos físicos habitados por seres encarnados.

"Nesse céu é guardado e custodiado o grande 'Livro das Idades' que passaram, das civilizações mortas e de todas as vidas sucessivas dos homens.

"Às portas desse céu deve clamar o explorador espiritual que quer referir aos homens de seu mundo a verdade dos acontecimentos que passaram desde que a vida começou a palpitar nele.

"O grande 'Livro das Idades', de imensas proporções, abre-se à ordem mental de sete inteligências daquele segundo céu; cada página é como um cenário gigantesco, como uma planície luminosa onde o espectador vai vendo realizar-se os acontecimentos.

"Auxiliado em sua árdua tarefa por uma inteligência do céu anterior por onde forçosamente precisou passar, vai o explorador acumulando em seu corpo mental tudo quanto ouve e vê, até que, enchida sua ânfora, desce novamente à atmosfera de seu mundo físico, para esvaziar no corpo de um companheiro encarnado, um sensitivo que lhe foi apresentado pela eterna lei como instrumento para a difusão das verdades eternas entre as humanidades que chegaram à capacidade necessária para assimilá-las.

"Ajudado por grandes aliados invisíveis, pude escalar nas asas sutis do êxtase, até o terceiro céu, residência de duas grandes plêiades de inteligências gloriosas que nas escolas de conhecimento superior são conhecidas com os nomes de *Esplendores* e *Vitórias*. Os primeiros formam o princípio masculino e os segundos o princípio feminino.

"Deparei com sete imensos lagos de forma oval, cujas águas intensamente luminosas produziam uma suave ressonância ao agitar-se em tênues marulhadas. Essa ressonância foi subindo de tom e centuplicando a inefável beleza de suas harmonias até surgir sobre os sete lagos uma maré gigantesca, que os converteu num oceano de ondas luminosas e ressonantes. Dentre essa esplendorosa maré surgiram com natural suavidade centenas e milhares de seres belíssimos de um esplendor tal que eu não poderia precisar se eram eles que iluminavam as águas maravilhosas ou se as águas é que emprestavam a eles seus radiantes coloridos. Esses seres tinham uma luz feita forma, como se fossem estrelas e sóis com formas humanas sutilíssimas. Pude compreender que tomavam com suas mãos substâncias cósmicas da onda gigantesca nas quais flutuavam e, como por arte mágica, iam formando e desprendendo de suas mãos, que pareciam tecer uma infinidade de tipos de flores maravilhosas, de douradas libélulas, de pequeninos seres preciosíssimos em todos os quais sopravam com suave alento, pondo-os a flutuar pelo éter puríssimo que envolvia esse divino panorama ultraterrestre. (Esses seres são animados de vida temporal pelo impulso gerador do Amor eterno e se derramam pelos infinitos planos onde se elabora o progresso dos seres como protótipos, e matéria-prima para o corpo astral das flores, dos pequenos animais e dos seres humanos.)

"Como tudo ali é rápido como o relâmpago, porque é pensamento feito forma, vi chegar como num nível superior a onda na qual flutuava aquela primeira legião, outra numerosa plêiade de seres igualmente belos e radiantes, porém de dimensões menores, como se fossem adolescentes comparados com jovens em idade viril. Coroados de lauréis que brilhavam como esmeraldas à luz do sol, esses seres emitiam de si mesmos sons musicais tão divinos, tão potentes, que a imensa onda vibrava, palpitava, parecia estremecer, absorvendo aquela sinfonia colossal com a qual nenhuma harmonia da Terra pode ser comparada.

"— São os senhores do som, do calor e da forma — disse um pensamento que era como uma voz a meus ouvidos. — São os Esplendores e as Vitórias, cujas núpcias eternas são eternamente criadoras.

"Vi a imensa onda luminosa e viva recolhendo-se sobre si mesma e, com rapidez de vertigem, afastando-se entre abismos de luz e de calor, para retornar logo com os mesmos aspectos como se fosse a imensa palpitação de vida, de luz e de energia do insondável Infinito.

"Voltei ao plano físico, onde passei muitos dias completamente absorto pela recordação do que havia visto e ouvido. A obscuridade da Terra dava-me a impressão de uma sombria tumba, e seus ásperos sons como gritos de fúrias e ranger de cadeias que se rompem.

"Compreendi que o Amor eterno beijara-me no rosto; que a Divina Luz me embalara em seu regaço e que a Eterna Harmonia das Esferas arrulara meu sono durante alguns instantes.

"*Os Egos:* Quando o Grande Atman, o Supremo, o Absoluto, houve por bem mandar que me fossem abertas as portas do quarto, quinto e sexto céu, preparei-me durante sete dias com várias horas diárias de silêncio, quietude, esquecimento de todas as criaturas e de todas as coisas; e quando senti que o meu mundo interior se achava como submerso na serena calma dessa completa solidão, recolhi-me em meu recinto de oração e clamei com o meu pensamento:

"— Pai Universal! Sou centelha emanada de Ti e peço para chegar diante de Ti!

"Formidável marulhada de Amor Divino me submergiu nas luminosas águas do êxtase, e esta diminuta centelha viu algo mais da grandeza divina. Senti-me transportado a uma região sereníssima, inundada das tênues claridades do amanhecer tropical. De incomensurável altura, descia diante de mim um cortinado transparente de um azul-celeste brilhantíssimo como se fosse tecido com fibras da luz das estrelas. De suas múltiplas pregas e pregas duplas surgiram, como à voz de uma ordem silenciosa, sete adolescentes daqueles que eu vira no terceiro céu, coroados de brilhantes lauréis. Compreendi que era o elemento feminino quem guardava a entrada daquele silencioso lugar de glória e de paz. Ao suave contato de suas mãozinhas como lírios de luz, o imenso cortinado abriu-se suavemente, ao mesmo tempo que no fundo do meu eu ressoou sem som esta frase:

"— Passai sem medo e, quando houverdes transposto os sete véus que guarnecem este recinto, vereis o que vindes buscando.

"Outras mãozinhas de lírios de luz abriram com suavidade infinita outro véu cor de ouro pálido, e logo outro, tingido de brilhante ametista; outro mais, de verde-mar, e os três finais de um branco brilhantíssimo como feitos da luz de lua saturada de um suavíssimo calor, que era ao mesmo tempo energia e vitalidade. Senti-me cheio de força e de vida e avancei já sozinho e resolutamente. Meu estupor e assombro esteve a ponto de me imobilizar e de terminar com a minha vida pois, ao ser aberto o último véu me encontrei comigo mesmo. Eu era quem entrava e eu era quem saía para me receber. Sim, era Eu. Contudo, pude apreciar que o Eu que me recebia era incomparavelmente mais belo que o eu que chegava. Encontrava-me, pois, diante do meu próprio Ego, do meu Eu Superior, o pai de todas as minhas vidas numa longa cadeia de séculos. Não sei precisar o tempo que estivemos contemplando-nos um ao outro, nem sou capaz de analisar a fundo meus sentimentos.

"Apenas sei que dos olhos luminosos d'Ele corriam dois fios de lágrimas que resplandeciam como diamantes de primeira água, ao mesmo tempo que corriam também de meus olhos lágrimas sem brilho algum, mas que me enchiam de uma íntima e inefável felicidade.

"— És o meu filho por toda a eternidade, e porque, durante dois ciclos de evolução, obedeceste docilmente às minhas ordens é que a Lei permite que te confundas comigo num estreito abraço do qual já não poderás afastar-te jamais porque venceste o engano e a ilusão. — Compreendi que Ele me falava sem falar, e me envolveu em seus braços cujo contato era tão suave como o ondular de um véu de tule, ou como as brisas das tardes em nossos jardins em flor.

" 'Eu sou tu e tu és Eu mesmo', continuou dizendo, e como ele adivinhasse que eu ia arrojar-me diante d'Ele para dar-lhe as graças, tomou-me pelas mãos e disse:

" 'Tanto devo eu a ti como tu a mim. Eu me engrandeci à custa de tua obediência e de teus sacrifícios. Se não houvesses correspondido ao impulso da minha vontade, eu permaneceria ainda como esses milhares de globos luminosos que vês ali.' E, nesse mesmo instante, vi como uma selva de globos luminosos de forma oval que pareciam suspensos por fios invisíveis de uma altura que eu não podia precisar, e dos quais partiam até abaixo fitas de branca luz, mais largas umas, mais estreitas outras, e algumas como um fiozinho apenas perceptível.

"'Esses são', disse, 'os Egos dormentes dos milhares de seres humanos de milhares de mundos, cujas personalidades físicas não frutificaram como eles quiseram.' Avançando através dessa selva de globos luminosos e palpitantes de energia contida, chegamos a outros pórticos igualmente velados de cortinas maravilhosas, pois exalavam ao mesmo tempo perfume, luz e harmonia. Por si sós, se agitaram abrindo-se em duas, e pude ver outra selva de globos radiantes agitando-se como ao impulso de uma forte corrente e começavam a se delinear neles delicadas formas semelhantes à humana.

" 'Esses são os Egos dos homens que começam a redimir-se', disse o meu guia. 'Agora verás o meu palácio encantado, que será a tua herança eterna quando tiveres terminado de engrandecer-te e de me engrandecer.' E novos véus tecidos de luzes do arco-íris, de cendais de aurora, abriram-se diante de mim dando-me o divino e sublime espetáculo de uma multidão de seres transparentes e luminosos como o meu guia, que nos sorriam afavelmente.

" 'Estes são os que nasceram do mesmo alento divino de onde Eu surgi num dia que já se perde na eternidade do Absoluto. Alguns deles receberam antes de mim a visita de seu Eu, distante nos mundos de dor e da prova onde se conquista o que possuis neste momento de tuas peregrinações. Aqui podes deter-te mais tempo, porque é a morada de teu Pai, a tua própria casa. Observa tudo quanto te rodeia e meu pensamento te responderá.' Como à minha mente acudiram em inusitado tropel as perguntas umas após as outras, meu Ego continuou:

" 'Maravilha-te e assombra em grau máximo sentir-te viver e ao mesmo tempo ver-me viver, e que tu e eu somos um só numa dualidade maravilhosa. Com os poderes dados pela Energia eterna a toda centelha emanada d'Ela, eu ascendi às fontes da Vida e me refleti nelas. Tu és a imagem que aparece na linfa cristalina. Eu sou a realidade. Tu te inclinas sobre a margem de um lago, e apareces refletido nas águas; a do lago é a tua imagem, a realidade sou Eu. Este exemplo comparativo te ajuda a compreender a grande Verdade.'

"Pensei em todos aqueles radiantes seres cheios de vida irradiando uma superabundância de energia, cujas vibrações luminosas eu quase podia apalpar. Compreendi que aqueles haviam sido globos de luz como os outros e que a evolução os transformara em sóis de forte radiação e com formas humanas. Meu Ego respondeu ao meu pensar:

" 'Assombra-te ver que as vibrações de luz de todos eles são como um furacão de estrelas lançadas ao vazio num transbordamento incontável e o comparas com a minha quietude e amorosa calma destes momentos. Eles têm seus filhos, seus Eus, encarnados em globos muito distantes, escuros, penosos, atrasados como a tua Terra, onde milhares de séculos andados pacientemente te deram esta compensação. Eles vibram, pensam e amam assim porque vivem sentindo os clamores angustiosos, os desfalecimentos terríveis, os martírios, ansiedades e sacrifícios. Cada um desses filhos é um instrutor de humanidades, um Redentor, um Salvador como tu naquela estrela distante para onde foste por minha vontade. Assim pensava, amava e vibrava Eu, quando na personalidade de Juno flutuavas sobre os mares salvando as vítimas da avareza humana; quando Numu levantava da prostração e da escravidão as multidões da

Lemúria; quando Anfião se desvelava pelas almas encarnadas na Atlântida. Quando agora, que és Antúlio, tornas novamente ao plano terrestre, vibrarei como eles, amarei como eles e mais do que muitos deles porque a tua união comigo entrou hoje numa nova etapa de vida mais íntima, de absoluta consagração, visto como, vencidos os afetos das criaturas por uma absoluta e generosa renúncia, não existe já nada que te separe de Mim. Observa!' como uma luz que entra em outra luz, vi-me dentro d'Ele ou Ele dentro de mim talvez só por um instante, mas foi o bastante para que eu compreendesse como se opera o maravilhoso refundimento de cada alma com a divindade quando chega a hora de voltar como chama viva ao grande todo universal.

"A palavra humana não consegue descrever o infinito deleite daquele instante. Senti-me infinitamente amado, mas com um amor tão soberano e tão grande que toda molécula do meu ser era como um caudal de infinito amor. Devo ter caído no esquecimento de mim mesmo, num torpor, numa inconsciência e, ao voltar a ver como antes vira, meu Ego deslizou diante de mim e eu após Ele até chegarmos a uma imensa nuvem resplandecente que parecia fechar-nos a passagem. Imediatamente, vi um ponto mais luminoso que foi se ampliando como um círculo ou abertura esférica o bastante para dar passagem aos nossos olhares.

" 'Até aqui permite chegar a minha lei desta época', disse meu guia, 'mas não me impede de olhar mais além, de compreender e sentir.' Meu Ego se revestiu de um resplendor tão vivo que eu desaparecia dentro daquele flamejante luminar. Compreendi estas palavras:

" 'O sétimo céu onde moram as harpas vivas, os messias que pertenceram à falange dos amadores, lugar ao qual eu pertenço e de onde recebo a luz, o amor e a energia. Repara.' Olhei e compreendi que estava como que anulado, como que refundido entre o resplendor, a energia e a vida do meu Eu Superior, do meu Ego, cuja força radiante parecia absorver-me e dissolver-me nele mesmo. Compreendi que eu era como uma gota de água diluindo-se num oceano de águas luminosas e transparentes; que eu era como um imperceptível som num transbordamento de harmonia divina.

"Compreendi também que essa superabundância de força, de luz, de energia e de vida que de tão notável maneira aumentava a potencialidade do meu Ego, vinha até Ele por aquela janela circular através da qual chegava a ele a luz de um radiante sol rosado como que tecido de um resplendor de ametistas, que possuía uma forma humana bem definida, com uma cabeça maravilhosamente bela, com um cabelo cor de ouro pálido, olhos azuis profundos e suaves como dois luzeiros de amoroso e terníssimo olhar.

"Meu Ego, absorto por aquele olhar de supremo amor, absorto e compenetrado por aquela maravilhosa energia, pareceu suspender toda vibração e ficar como sem pensamento algum, mas minha tímida união com Ele me fez compreender que aquele grande ser que nos observava, nos amava intensamente e nos abençoava com infinita ternura era o messias sob cuja proteção e amoroso amparo o meu Ego havia realizado sua evolução desde os começos de sua tarefa de milhares de séculos. Era Sírio, que o havia acolhido desde seus primeiros ensaios de vida nas mais ínfimas espécies, quem o tinha visto como um verde musgo sobre a pedra da sepultura que guardava seus restos de homem mortal, quem o havia acolhido em sua passagem em múltiplas vidas, através dos reinos vegetal, animal e humano, até vê-lo convertido numa chama viva da eterna luz.

" 'Porque Eu já não posso ir à tua presença, o amor eterno te traz até mim', disse sem palavras aquele extraordinário sol rosado que pensava, amava e emitia de si mesmo poderosas ondas de energia viva. 'Mais uns breves passos e viverás comigo neste sétimo céu, que é a consagração definitiva para todo aquele que superou a si mesmo e foi capaz de amar acima de todas as coisas;' eu o vi mais próximo da janela circular, e já quase podíamos tocá-lo e, acedendo talvez a nosso intenso e potentíssimo anelo, pousou suas mãos de luz rosada sobre nossas cabeças e, como se todas as suas vibrações fossem uma música divina, compreendi que Ele era um hino vivo a cantar para nós: *Que o Amor Eterno seja a tua herança porque amaste acima de todas as coisas.*

"Ele afastou suas mãos de nós e as estendeu em outra direção. A esse influxo, abriu-se outro canal circular naquelas paredes formadas como por nuvens resplandecentes:

" 'O que vês ali', disse com seu poderoso pensamento que nos penetrava completamente, 'são os antepórticos do Infinito, do Absoluto, do grande todo universal até onde caminhamos sem já poder-nos deter. Esses radiantes seres que vos parecem sóis de ouro azul sustentando raios resplandecentes que são cadeias de luz cor de fogo, são as tochas eternas que marcam os caminhos aos milhares de globos siderais que formam os *Sete Universos,* a um dos quais está encadeado o vosso pequeno sistema solar, em cujas órbitas gira como diminuta avelã a vossa Terra.

" 'São eles os que determinam a evolução das humanidades que os habitam. Essas poderosas redes de fios de fogo que dirigem e sustentam, descem da parte superior deste sétimo céu, morada dos sete fogos magnos, que são a energia criadora e conservadora dos sete universos a que vós e Eu pertencemos. São eles a cúspide gloriosa e radiante da montanha eterna da evolução que todos temos de subir. Mais além d'Eles..., não há nada a não ser a Eterna Luz, a Eterna Energia, o Eterno Amor, no qual, desde toda a eternidade foram refundindo-se todas as inteligências criadas, depois de haverem percorrido iguais caminhos desde os mais tenebrosos começos, na voragem do caos, até o mais radiante e excelso da divina claridade.' As poderosas vibrações desses pensamentos daquele Soberano Ser abriram como rasgões em sutis cortinados de um branco de neve abrilhantado por imensas fogueiras, e pude perceber nitidamente através desses rasgões ou resquícios, sete imensos sóis cor de ouro vivo, ao lado dos quais o nosso pobre sol parece menos que uma lamparina de azeite. Aqueles sóis de ouro vivo tinham formas humanas de uma perfeição e beleza indescritíveis. Como estendidos em repouso sobre sete montículos formados como por milhares de estrelas ou flores de luz dourada, sustentavam os fios dos sete universos de sua atribuição, enquanto repartiam e transmitiam seus pensamentos a seus imediatos inferiores, as tochas eternas, que são os primeiros executores daqueles soberanos pensamentos.

"Talvez a nossa pequenez não tenha resistido à presença, ainda que distante e puramente visual, dessas inteligências soberanas, ou talvez a hora permitida pela eterna lei tivesse terminado, o certo é que tive a sensação de ser envolvido com o meu Ego em algo assim como uma branda e tépida nuvenzinha de luz amarelenta e suavíssima dentro da qual me pareceu descer lentamente, ao mesmo tempo que uma suavíssima melodia, que parecia surgir da própria nuvem, semelhante ao meigo arrulho de um sono num berço de plumas e bordados, brandamente embalado pela mão amorosa de uma mãe. Despertei novamente na escura vida do plano físico terrestre, entre o gemer de três de meus mais íntimos discípulos a quem o frio da minha matéria já lhes parecia o frio da morte. Suas primeiras palavras — Mestre grande e bom, não te vás e não nos deixes sós — produziram em mim um profundo sentimento de humilhação, que eles não eram capazes de avaliar.

"— Acaso há um grande mal na morte de uma formiga? — perguntei, absorto ainda na minha insignificância e nulidade comparada com o que a divina bondade me havia permitido compreender, sentir e viver no breve espaço de tempo medido entre a caída da tarde e o aparecimento de Vênus no espaço azul.

* * *

"*Chave de Ouro:* Denomino assim à *vontade* do ser inteligente que quer galgar os cumes do desenvolvimento espiritual.

"A própria natureza que impulsiona à transformação e ao progresso, leva o ser quase instintivamente e em semi-inconsciência pelas fases dos primeiros graus de seu desenvolvimento intelectual, ou seja, até o ponto de discernir o bom do mau, o melhor do pior, o conveniente para si mesmo e o que lhe é prejudicial. Até aqui é a evolução que chamo 'caminho em campo aberto', ou seja, para todo ser que já passou do reino animal ao reino humano. Esses caminhos convergem todos para um mesmo ponto, ao silencioso horto fechado, o 'Horto dos Enigmas' como o designa a ciência espiritual conhecida até hoje, em cuja porta costuma permanecer a alma humana anos e séculos se não tem a chave de ouro de uma decidida e valorosa vontade.

"Ignora a alma humana o que há por detrás do muro infranqueável que fecha a todos os olhares aquele silencioso 'Horto dos Enigmas', e muitas vezes prefere entreter-se nos panoramas externos, pradarias floridas, lagos de cristal nos quais se refletem os céus, pássaros e flores nascendo e morrendo, animais pastando na relva, feras rugindo próximo ou longe, homens disputando entre si o domínio de tudo o que existe, fazendo daquela vida uma busca inquieta de algo que lhes é necessário para sua felicidade e que não encontram em parte alguma. Eles apenas percebem que, de tanto em tanto, as portas de bronze se abrem, e uns poucos e às vezes um só penetra no fechado horto que novamente fecha suas portas atrás dele.

"Por que entram? O que buscam ali? São desequilibrados? São loucos?... São despojos humanos sepultando-se vivos? Nada disso. São inteligências chegadas a esse grau de consciência em que as coisas visíveis deixaram já de interessá-los. Os prazeres dos sentidos e todas as sensações próprias do mundo dos desejos deixaram de ter encantos para eles e, tendo forjado em duro crisol a *chave de ouro* que é ao mesmo tempo conhecimento e amor, penetram valentemente no horto fechado onde ignoram o que encontram, mas que uma voz íntima, vinda do mais profundo de seu mundo interior, lhes assegura que ali está a felicidade e a paz. Ninguém sai para recebê-lo. Silêncio e mais silêncio.

"Uma multidão de pequenos caminhos serpenteiam em todas as direções como faixas que, subindo lentamente, foram bordando hieróglifos nas verdes colinas.

"No fundo desse panorama feito todo de silêncio e quietude, a branca e austera silhueta de um santuário que, como um recorte de marfim, se destaca sobre um céu de safira e ametista. Qual desses caminhos o levará mais rapidamente ao templo de marfim?... Porque é fora de dúvida que todos eles devem conduzir para lá. O viajante raciocina, pensa, soluça e geme nessa solidão.

"Durante sua travessia pelos *caminhos em campo aberto* ele sentiu muitas vezes labaredas de amor dos grandes seres que lhe pareceram como gigantes comparados com sua pequenez. Era um filósofo, um orador, um grande músico, um poeta inspirado, um pintor famoso, um filantropo enamorado da humanidade, um apóstolo que empurrava as multidões em busca do seu progresso e do seu bem-estar.

"Ele pensa com amor em algum deles, naquele que mais profundamente vive no mundo de suas recordações. À medida que intensifica seu pensamento, de seu coração flui, como uma fibra de luz, o anelo, o rogo, o amor daquele que necessita auxílio, proteção e ajuda. Na luminosa distância plena de calma e serenidade, ele vê desenhar-se a silhueta transparente e sutil do grande ser de avançada inteligência na qual pensou tão profunda e sentidamente. Ele vê que se aproxima como um astro que segue uma órbita marcada de antemão. Aproxima-se mais, à medida que intensifica sua clamorosa aspiração. Crê sentir que lhe diz:

"— Sou aquele que amas, e porque me amas venho a ti.

"Vai prostrar-se para oferecer-lhe sua adoração. E ouve outra vez a íntima voz sem ruído:

"— Não sou Deus, mas uma emanação de Deus sobre ti. Não sou Eu mesmo em toda a realidade da minha atual existência em planos muito mais acima do éter que te envolve. Sou unicamente uma imagem astral criada pelo teu amor e vivificada pelo meu amor que responde ao teu amor. Sou, pois, uma criação tua e minha que perdurará por tanto tempo em teu mundo mental e emotivo como perdurará teu amor por mim e teu desejo de engrandecer-te e purificar-te seguindo minhas pegadas. Minha personalidade real verás algum dia, mas isso será quando tiveres corrido tanto para cima que possas ensaiar vôos até a morada que a eterna lei me deu por habitação. Agora, ouve-me e escolhe o teu caminho:

" 'A finalidade suprema de toda criatura é chegar até o Criador.

"'A ciência é um resplendor de sua infinita sabedoria e, por meio dela, podes aproximar-te d'Ele, se conseguires encontrar entre as sombras de penosas investigações as pegadas radiantes da divindade.

" 'As artes são reflexos da eterna beleza lançados na imensidão da qual podes chegar seguindo aqueles resplendores.

" 'A filantropia ou amor a teus semelhantes é o caminho mais curto, mas é também o mais doloroso.

" 'Poderás avançar por um durante um tempo. Poderás avançar por outro durante épocas mais ou menos longas. Poderás cair muitas vezes abatido pela fadiga ou acovardado pelas dificuldades. Caído e semi-sepultado no lodo do caminho, podes permanecer durante muito tempo. A única coisa que não podes fazer é voltar atrás. A *Chave de Ouro* que abriu a porta para dar-te passagem ao horto fechado, não abre mais de dentro para fora. Escolhe, pois.'

"O viajante cheio de confiança na imagem viva e radiante que leva em seu mundo interior diz:

"— Quero fazer como fizestes.

"Nesse instante a imagem se desvanece diante dele como uma tênue nuvem de ouro e rubi que o vento dissolve em diminutas partículas. Então, vê desenvolver-se nele um novo mistério: sente que foi convertido em dois homens em vez de um. Um é o que permanece dentro do horto fechado para beber a água clara das fontes divinas; e o outro é o que se debate entre as multidões para ensinar-lhes a forjar também a chave de ouro que lhes dê acesso ao horto fechado de suas delícias. Seu Ego, seu Eu Superior, despertou plenamente para a consciência do poder e da grandeza a que está destinado e estendeu para seu filho terrestre o seu Eu Inferior, não já um fio de luz que apenas mantém a união, mas um poderoso braço de fogo divino que seja capaz de mantê-lo em suspenso, com a mente submersa no éter dourado do horto dos enigmas, e com seus olhos percorrendo os caminhos do campo aberto para sentir as ansiedades, dores, extravios e desvios da inconsciente multidão em benefício de cuja redenção quis consagrar a metade de si mesmo.

"O homem começa então sua vida semelhante às estrelas que, encontrando-se em grande altura, seguindo sem desvio suas órbitas marcadas a fogo nos abismos siderais, iluminam, não obstante, a vida dos homens e imprimem suas influências astrais poderosas no desenvolvimento das humanidades em geral e dos indivíduos em particular, e isso sem que a maioria deles suspeite sequer que aqueles distantes pontos de luz são cooperadores da eterna lei na obra estupenda da evolução e da perfeita harmonia universal, tanto nas mais ínfimas como nas mais excelsas criações.

"Os astros e as almas assemelham-se, em seus começos, como as centelhas de luz emanadas da Eterna Energia em permanente atividade assemelham-se, em seu crescimento, em sua plenitude, em suas longas vidas de solidariedade aos grandes e pequenos globos de cada sistema. No entanto, assombra pensar que as almas têm uma superioridade muito mais excelsa que os astros mais radiantes. Vidas milenares de imensas épocas vivem as esferas que giram no espaço azul; entretanto, elas chegam um dia à decrepitude; sua luz se apaga como um ser que morre, desintegra-se em moléculas que voam no éter até que as grandes inteligências criadoras as arrastam numa nova voragem de correntes poderosíssimas para somá-las a uma nova nebulosa que acabam de esboçar como um bosquejo gigantesco nos abismos ainda vazios do insondável infinito.

"São, pois, as almas chegadas à sua plenitude mais perfeita, que criam as nebulosas, universos de astros. Mas os astros não criam almas, das quais são simples moradas temporárias para seu eterno caminho até se refundirem na divindade.

"Os globos são as moradas físicas das almas encarnadas. Quem é mais apreciável e amado ante o supremo Criador: a morada ou seus habitantes?

"Abisma dolorosamente pensar no infinito valor da alma do homem, emanação excelsa de Deus, e o descuido, abandono e até desprezo em que a maioria dos humanos tem relegada essa centelha divina, cujo glorioso e eterno destino bem poucos são os que chegaram a compreender.

"Chegado o espírito do homem ao horto fechado dos conhecimentos superiores começa sua vida de estrela a iluminar os caminhantes.

"No entanto, o espírito do homem é uma estrela com capacidade de pensar e amar, com capacidade de elevar-se por sua vontade a infinitas alturas, como é o Eterno, o Altíssimo, o Absoluto, seu fim supremo e único.

"Pensar e amar!

"Eis aí as duas excelsas qualidades que tornam o espírito do homem superior às estrelas. Eis aí as duas asas poderosas que lhe deu o Eterno para elevar-se até Ele.

"— Homem que podes pensar e amar, fração vivente do eterno pensamento e do amor eterno!...

" 'Como é possível, dize-me, que sejas capaz de arrastar entre o lodo do caminho a branca desposada do infinito que a espera desde toda a eternidade no palácio encantado da luz que não se apaga, do amor que jamais morre?...'

"Incentivado por essas meditações, o viajante do horto fechado busca novamente, chama, soluça e geme temeroso de cair vencido na escuridão dos caminhos tão longos!... A lei da solidariedade universal recolhe suas ânsias profundas e é então quando se fortificam, se estreitam e se engrandecem as alianças eternas entre almas que se encontram nos mesmos caminhos, unificadas pelas mesmas ansiedades, irmanadas por idênticas dores.

"Da mesma forma que as conjunções dos astros nos abismos siderais produzem acontecimentos favoráveis à evolução dos globos sobre os quais exercem influência mais ou menos poderosas, os encontros ou alianças de almas irmãs nos planos físicos ou espirituais repercutem nas almas que lhes são afins e com as quais devem reunir-se um dia para realizar obras favoráveis à redenção de humanidades.

"Para onde quer que o pesquisador dirija seus olhares, encontra-se com a eterna e indestrutível lei da solidariedade universal.

"Quanto mais subimos pela escala infinita dos seres inteligentes, mais grandiosas em sublimes manifestações encontraremos dessas alianças eternas que enlaçam as almas num consórcio divino, num desposório místico gerador de obras magníficas, que às vezes tomam os contornos do estupendo e do maravilhoso, segundo seja o grau de evolução dos espíritos que assim se tenham encontrado.

"Desde o mais alto dos planos, moradas das inteligências superiores que já se confundem com a soberana essência divina, até o mais mísero e escuro dos planos físicos, encontramos essa eterna lei da solidariedade universal, se bem que em menor grau e, às vezes, obscurecida pela trevas do egoísmo em humanidades atrasadas e primitivas.

"Cheguei pela bondade do Altíssimo a contemplar por um momento os sete fogos magnos do sétimo plano, guias supremos dos Sete Universos dos quais forma parte nossa cadeia de mundos, e eu os vi como repousando sobre montículos de estrelas douradas, sustentando sem esforço imensos laços de fogo vivo cintilante de luz e de energia.

"Compreendi que esses laços são verdadeiras torrentes de energia e vitalidade que, por intermédio deles, a essência divina derrama sobre aqueles Sete Universos. Os montículos de douradas estrelas são um enorme acúmulo de força radiante e viva, de uma sensibilidade tão sutil e delicada que muda de lugar, de forma e de cor ao mais suave pensamento daquelas inteligências soberanas, nas quais vão repercutir todas as vibrações das inteligências que habitam os planos precedentes, incluindo os egos mais avançados, cujos pensamentos têm acesso a essas radiantes inteligências próximas à divindade. O processo descendente dessas imensas ondas de energia viva desde a altura dos fogos magnos para os planos precedentes realiza-se mediante a força do pensamento que sobe essa escala infinita em... busca da luz e da energia que é vida e amor.

"Vi o panorama retrospectivo que se me apresentou na minha distante personalidade de Anfião, rei de Orozuma, num país atlante, nos trágicos e terríveis momentos, quando se desatava, como uma voragem de sangue e de ódios a guerra de morte provocada pela ambição do segundo irmão de Anfião para assenhorear-se daquele vasto país. Vi subir como uma flecha de ouro o clamor do rei diante da dura alternativa de entregar-se à morte ou salvar seu povo. Vi esse pensamento feito forma produzir grandes ondas de luz vibratórias no meu Ego, chegando então ao nível superior do quinto plano. Vi o meu Ego vivificar ainda mais esse pensamento feito forma e dar-lhe um maior impulso em direção aos planos superiores. Vi uma torrente imensa de douradas estrelas, palpitantes e vivas, transbordar-se em descida, não obstante perdendo luz e força ao chegar às tenebrosas correntes do plano físico inferior.

"A contemplação desse processo desenvolvido no mundo espiritual, partindo do clamoroso pensamento da alma de um homem encarnado, em angustiosa demanda de ajuda à Divindade, levou-me à persuasão de que o tesouro infinito da força cósmica, ou essência divina, está à disposição da inteligência humana quando esta quer obtê-la como justa compensação ao esforço realizado para pôr-se em contato com ela. Compreendi até que ponto se cumpre nos planos elevados do mundo espiritual a lei grandiosa da solidariedade universal entre as inteligências que têm alianças eternas entre si, por afinidades, por afetos profundos, que século após século se engrandecem enquanto avançam pelos caminhos eternos. Vi Odina, a alma gêmea de Anfião, dar com seu pensamento feito uma chama viva a voz de chamada aos setenta messias companheiros de evolução, e estes reclamarem de seus guias, sóis já do sétimo plano, a solução do problema que atormentava a alma de seu irmão cativo, lá na mais insondável profundidade terrestre.

"Foi claramente manifestado ao meu espírito que, se Anfião houvesse clamado pela sua salvação pessoal exclusivamente, talvez seu pensamento não houvesse passado do primeiro ou do segundo plano, onde os guardiães de sua afinidade lhe teriam enviado força conforme a sua lei dessa época. Mas, como seu clamor abraçava todo um vasto país de muitos milhares de seres que cairiam sob o chicote do opressor, e seriam arrastados para a decadência e para o vício, ele adquiriu uma força estupenda que desceu desde o mais alto até o plano físico mediante a intervenção das inteligências do terceiro plano chamado 'Muralha de Diamantes', os quais produziram o afundamento de uma cadeia de montanhas, interceptando assim a passagem das ferozes hordas de invasores a quem o irmão de Anfião havia vendido a dependência de seu país em troca de ser coroado rei. Vi como o terror operou na alma desse infeliz ambicioso, e de todos os seus adeptos, o prodígio de uma iluminação interior bastante clara em favor da qual compreenderam seu erro e, arrependidos e confusos, se apresentaram perante o angustiado rei, dizendo:

"— Grandeza, pecamos e o Altíssimo nos perdoará se nos perdoardes. — Entristecido até o fundo da alma pela inconsciência dos que tanto amava, Anfião disse a seu irmão:

"— Agora que compreendeste até que ponto a justiça divina vela sobre aquele que age de acordo com a sua lei, serás rei de Orozuma para continuar minha obra neste país que o Altíssimo nos deu em herança para conduzi-lo pelos caminhos do bem, da paz e da felicidade. — Vi como Anfião, em seus posteriores anos e depois da sua abdicação em favor de seu irmão, se consagrou à fundação de uma escola de ciência espiritual, com uns poucos adeptos, e que foi o início daquela vasta organização denominada 'Os Profetas Brancos', que na raça tolsteca chegou aos mais grandiosos desenvolvimentos que se conheceu no formoso continente atlante.

"Hoje, que piso como Antúlio esta mesma terra atlante, vejo-me eu mesmo com a coroa de mirtos e a nívea túnica dos profetas brancos dos antigos tolstecas de Orozuma.

"A luz divina transborda como um caudal sobre a alma do homem quando, percorridos pacientemente os caminhos dolorosos e pesados do horto fechado, chega a penetrar no místico Santuário de Marfim, onde todos os ruídos se apagam, senhor de todo seu mundo interior, fez já as generosas renúncias que a lei exige da alma nesse momento solene de suas núpcias eternas com a divindade. É então que a alma chega a compreender o Grande Todo Universal. Que há mais além dos sete fogos magnos, moradores do plano superior do sétimo céu?

"Há um imenso círculo de luz vivíssima, como um anel incomensurável do qual pendem, por maravilhosa atração, uma infinita cadeia de mundos distribuídos de sete em sete universos, com seus fogos magnos supremos, exatamente iguais ao que vi na minha primeira ascensão aos planos superiores. Quantas vezes 'sete universos' ao redor do imenso anel de luz, cujas proporções nenhuma mente humana pode medir ou compreender? Não o sei. Homem mortal desta pequena e mísera Terra não posso saber. Pressenti, sim, que no centro desse anel de luz, cujos vivos resplendores a alma não resiste nem sequer no êxtase mais completo, está latente e viva a energia divina como se fosse o grande coração daquela incomensurável e infinita imensidão. Ainda creio compreender algo mais: todo o infinito espaço circundado pelo grande anel de luz vivíssima que deslumbra e aturde, é na verdade o 'coração e o cérebro' (perdoai a frase, única que a linguagem humana me oferece para expressar o que desejo), ou seja, o pensamento criador e a energia que flui como transbordante torrente daquele centro único, supremo e eterno, até os mais diminutos e imperceptíveis átomos vivos, é parecido em todo os globos de todos os universos. A compreensão desta verdade, que denominei 'coração e cérebro' do infinito, faz compreender também a frase conhecida e vulgar, mas cheia de profunda sabedoria: 'Deus sabe tudo, vê tudo, ouve tudo.' Acaso não repercute no nosso cérebro, centro do nosso sistema nervoso, até o mínimo arranhão na nossa pele ou a sensação de arrancar um fio de cabelo?

"Acaso não repercute no nosso coração, centro da circulação do sangue, a mínima alteração na mais insignificante veia, no vaso mais diminuto, por onde corre o vermelho elemento a que está unida a vida do homem sobre a Terra?

"Logo, é uma grande verdade que o Infinito, o Supremo, a Alma Universal, sabe, vê e sente as vibrações de amor, de dor e de felicidade de tudo o que vive, partículas imperceptíveis, células infinitamente pequenas, que outra coisa não somos no infinito Senhor do Grande Todo Universal.

"Chegada a alma humana a essa sublime compreensão de Deus e de si mesma, não pode já caber nela o menor sentimento de egoísmo nem de desalento nem de temor, e menos ainda pensamentos que não sejam senão um reflexo da luz divina que a inunda até transbordar.

"Então é quando o Eu Superior, o Ego, chega à sua plena lucidez, e pode servir de transmissor da Sabedoria e do Amor Divino para plano no qual atua a sua matéria.

"É então quando a alma do homem abraça as grandes imolações messiânicas em benefícios da humanidade que aceitou para redimir.

"É então quando a alma se torna harpa viva que o eterno artista divino pulsa para encher de harmonia e de paz, consolo e esperança todos os seres capazes de senti-la e apreciá-la.

"É então quando a alma humana adquire a soberana faculdade de tornar suas as faculdades divinas, ou seja, despertar amor e simpatia nos seres, e irradiar de si mesma a porção maior ou menor de divindade que ela foi capaz de assimilar e refundir em si mesma, e isso em razão de uma grande purificação e a um quase infinito desejo de se aproximar e de refundir-se em Deus.

"Chega, pois, o viajante do Templo de Marfim, e seu Eu Superior, seu Ego, divinizado pela grande perfeição adquirida nas inúmeras personalidades que lançou nos planos físicos de prova e purificação, a compreender, sentir e atuar na órbita radiante da idéia-mãe que os grandes planos divinos forjam para a evolução dos mundos e das humanidades que os habitam.

"*Moradas tenebrosas — Globos em formação antes da vida orgânica — Globos com princípio de vida vegetal e animal — Pântanos dos Dragões — Globos numa idade glacial — Mundo de Monstros.*

"A felicidade suprema como o mais espantoso delito com criações da alma do homem que, no longo correr de seus caminhos eternos, vai lavrando seu próprio destino. Sua conquista são as radiantes moradas de luz, como também as moradas tenebrosas carregadas de horror e de dor.

"Meu Eu Superior me fez sentir um dia sua voz íntima e profunda para dizer-me:

"— Sentiste as vibrações dos sete planos de felicidade perdurável e eterna. Isso é o que tens daqui por diante no teu caminho eterno. Observa agora o que deixaste atrás na nebulosa distância de um passado que quase se perde já na sombra de velhas idades.

"Apenas silenciada essa voz, vi-me como envolto numa densa névoa cinzenta escura que parecia apertar-se em mim mesmo formando uma pesada vestimenta e, ao mesmo tempo, percebi a sensação de descer como suspenso por um laço invisível. Uma penosa fadiga me acometeu cada vez mais produzindo-me angústias terríveis e uma sensação de imensa solidão que me inundava de tristeza e amargura, tão sutil e profunda que parecia um dardo penetrando lentamente em meu próprio coração.

"Amor eterno!... Amor inefável, bondade suprema! — clamei do mais profundo do meu ser. — Se for possível, livra-me desta horrorosa prova à qual me submeto por amor a Vós mesmo, mas não pelo medo da vossa justiça eterna. — E meu Eu Superior fez-me sentir a vontade divina:

"— Não temas, porque a lei eterna te assiste.

"— Bondade divina, voltei a clamar, a Vós me entrego agora e para toda a eternidade. — Notei imediatamente que este completo abandono na Divindade me fortaleceu e arquitetou de tal maneira que me pareceu ficar insensibilizado para as grandes dores que eu deveria ver muito de perto.

"Eu estava completamente cercado de trevas, mas tão densas e pesadas que pareciam estar feitas de grandes nuvens de pó negro que com dificuldade se abriam à minha passagem como se fosse algo pegajoso e aderente. De tanto em tanto, uma débil fibra de luz que parecia sair da minha testa rompia apenas aquelas trevas e me permitia ver um rosto humano lívido, que um horrível esgar de dor fazia compreender sua angústia indizível. Compreendi que aquele desventurado não me via, e atrás dele, à sua direita e à sua esquerda, vi ambular, rodar ou flutuar, não sei como dizê-lo, muitos outros seres que, da mesma forma como o primeiro, demonstravam um sofrimento horrível.

"Vi o inaudito esforço feito para afastarem de si a pesada treva que parecia abatê-los até caírem desfalecidos.

"Enchi-me de tão profunda comiseração que, sem poder remediar, gritei, pensei e clamei:

"— Amor eterno. Bondade eterna, tende piedade desses desventurados!
— Esses meus profundos clamores, pelo grande amor e piedade que os animava, tiveram algum poder sobre aquelas horrorosas trevas, e se formou a meu redor uma aurora luminosa tornando-me visível para os habitantes daquela sinistra morada. Ouviu-se um vendaval de gritos:

"— Vai daqui! Não insultes a nossa desgraça!... Dá-nos luz ou vai embora!... Quero água!... Tenho fome!... Tenho sede!... Afogo-me neste mar de betume!... Tira-me daqui, se podes!... Por que vieste?... Quem és?...

"Todo esse aluvião de perguntas eu ouvi no mesmo momento em que se fez essa tênue claridade ao meu redor. Parece que essa mesma claridade me fez compreender que eram os habitantes daquela morada os que produziam as trevas como se fossem uma irradiação de si mesmos.

"Cada um deles estava completamente envolto em trevas; era um sudário de espessa e escura sombra movendo-se para onde eles se moviam. Compreendi que entre aquelas tenebrosas inteligências havia também gradações e que a maioria era de certo adiantamento intelectual, mas que haviam atuado nos planos físicos negando a existência do mundo espiritual e perseguindo de morte os enviados divinos por ensinar a verdade aos homens encarnados. Muitos deles tinham sido governantes de povos que os levaram ao mais completo embrutecimento, fechando santuários, escolas e convertendo todo o recinto de ensinamento e fraternidade em lugar de corrupção e vícios.

"A maioria deles apagara conscientemente a luz divina do conhecimento da Verdade eterna para muitas inteligências, e as trevas que criaram para os demais, nos planos físicos, asfixiavam a eles mesmos no mundo espiritual, que por egoísmo e por mesquinhos interesses haviam negado.

"Era esta morada um globo em suas primeiras idades, quando os elementos em formação se debatem furiosamente disputando o domínio daquele novo cenário físico, ainda desabitado e onde a vida animal não era ainda possível. Tão-somente aquelas inteligências sombrias, sem outro corpo além do seu tenebroso duplo etérico, giravam enlouquecidas como se fossem também marulhadas de águas lamacentas, ou penachos de negra fumaça, ou pesados vapores de uma enormidade de crateras por onde escapava em intervalos o fogo interno do globo, seguindo o milenar processo de esfriamento paulatino através de imensas épocas.

"Era aquela morada um satélite da quarta estrela da constelação da Pequena Ursa (Ursa Menor), e a voz interna que me guiava fez-me compreender que em cada sistema planetário dos que formam a cadeia de mundos, há inúmeros desses globos que, ao longo processo de preparação para chegar a albergar neles a vida física, servem de residência às inteligências que, perante a lei eterna, pecaram apagando conscientemente a luz da verdade divina para inúmeras almas.

"Pressentindo, no mais profundo de mim mesmo, que eu ia ser chamado novamente ao plano físico, onde dormia inerte a minha matéria, fiz uma profunda invocação à piedade divina da alma criadora de todos os seres e de todas as coisas em favor dos desventurados tenebrosos pelos quais senti imensa comiseração. Voltou a se irradiar um tênue raio de luz, em cuja claridade vi dois rostos inundados de pranto levantando para mim seus olhos e suas mãos em demanda de socorro.

"Senhor soberano dos mundos!... — clamei num grito de suprema angústia —, dá-me estes que clamam por ti, ou fico com eles sepultado nesta treva!... — O amor realizou o prodígio. Um forte e claro caudal de luz desceu do meu Eu Superior ao qual vi que me observava compadecido, ao mesmo tempo que, como um relâmpago suave, me trouxe suas idéias:

"— A lei os dá a ti, eles são teus. — Abracei fortemente aqueles dois seres que choravam e tive a sensação de que era ascendido com extraordinária rapidez. Perdi a consciência e me encontrei em minha alcova, estendido em meu leito, assistido por dois de meus discípulos, que aproximavam recipientes com brasas acesas para dar-me calor, pois todo o meu corpo estava gelado de frio.

"Um desses discípulos tinha grandemente desenvolvida a clarividência e me disse ao ver-me desperto e sereno:

"— Mestre, descestes sozinho aos abismos de dor e voltastes acompanhado.

"— De quem? — perguntei assombrado.

"— De dois espíritos doloridos que choram amargamente e jazem estirados como frangalhos ao pé do vosso leito.

"Então, despertou-se em mim a lembrança do quanto havia visto, e chorei também amargamente com a recordação daqueles desventurados.

"Meu discípulo clarividente, aconselhado por mim, continuou vendo-os e ordenando-lhes mentalmente o que deviam fazer para redimir-se. Até que, vinte luas depois, encarnaram juntos novamente e nasceram duas meninas gêmeas no casal que cultivava o horto da nossa escola.

"Seis dias depois, como sentisse novamente a designação do meu Eu íntimo, dispus-me a realizar outra excursão espiritual aos mundos de dor, e, depois de intensas evocações às minhas grandes alianças espirituais de vidas anteriores, entreguei-me confiadamente à vontade divina dizendo do mais íntimo de meu ser:

"— Bondade suprema, alma criadora de todos os seres, levai-me aonde quiserdes. — Com sentimento de suave abandono no eterno amor, meus sentidos físicos deixaram de perceber absolutamente tudo o que incumbe a seus domínios e, novamente suspenso sobre o abismo, senti-me como que mergulhado num vapor tépido, mas tão sólido e espesso que aderiu ao meu corpo astral, dando-me a sensação que se percebe quando pomos sobre o nosso corpo uma vestimenta aquecida no fogo. Era de uma cor de terra negra com matizes esverdeados.

"Não sei se descia, mas sei que deslizava com rapidez vertiginosa para um determinado lugar. Pude compreender que me aproximava do astro dos anéis (Saturno), e que o término da minha viagem era o sexto satélite dos que rodeiam esse planeta. Águas ferv:entes e áridas rochas sem vida, envolvido todo ele em fumaça de enxofre vomitada por inúmeras crateras de vulcões em permanente atividade, foi o primeiro panorama que percebi. Línguas de fogo azuladas pelo enxofre que ardia em grandes piras, arroios de lava fervente que corriam para precipitar-se na lama que tomava matizes avermelhados pelo resplendor das chamas, espantoso troar de pedras arrojadas com fúria pelos vulcões e que rodavam montanha abaixo quais monstros enlouquecidos, era bastante para sobressaltar o ânimo de terror e medo. Era como uma noite de cruel estio em zona tropical, mas sem luz de lua nem resplendor de estrelas. Uma sufocante atmosfera de enxofre ardente me envolvia, e eu começava já a sentir angústias terríveis e não conseguia pedir auxílio.

"De repente, essa íntima e clara voz que me guiara na vez anterior deixou-se ouvir no mais íntimo do meu ser:

"— Não temas, a Alma Universal está contigo. — Nesse preciso instante, a pesada vestimenta negra e esverdeada pareceu tornar-se num cinza amarelento a irradiar de si uma pequena claridade acompanhada de frescor.

"Percebi então uma enorme quantidade de almas cujo duplo etérico parecia estar formado de retalhos da negra lama fervente e do vermelho vivo das chamas arrojadas pelos vulcões. Compreendi que elas percebiam todo o horror daquele panorama, pois fugiam enlouquecidas à vista das enormes pedras ardentes que, como chuva de fogo, eram arrojadas em todas as direções pelas crateras abertas em cada pico daquelas áridas montanhas. Elas fugiam das pedras de fogo e caíam na lama fervente ou nas lavas avermelhadas, ou nas piras de enxofre que a intervalos explodiam numa estrondosa voragem de chamas azuladas e de negra fumarada. Minha alma estava encolhida de horror e terror, pois cheguei a compreender que aqueles seres haviam sido os executores dos sacrifícios humanos prescritos por quase todos os cultos religiosos dos tempos passados. Quase todos vestiam roupas sacerdotais e conservavam insígnias reveladoras das hierarquias a que pertenceram. Compreendi, também, que a auto-sugestão unida à recordação de todos os crimes e atrocidades que tinham cometido com suas vítimas mantinha neles a crença de que o fogo dos vulcões e a lama fervente eram as mesmas fogueiras acesas por eles para queimar os infelizes escolhidos para serem sacrificados aos deuses. Dali nascia entre eles uma luta tremenda para arrojar às chamas uns aos outros.

"Assim, vi que uns arrojavam outros nas crateras ardentes, em meio a um vozerio iracundo e maldizente. Pude notar ainda que aqueles infelizes julgavam ver nas rochas, nas chamas ou na lama o rosto de suas vítimas, pois senti que uivavam em meio a seu furor:

"— Ainda vives, maldito, depois de tantos dias que te arrojei nas chamas? — Ao mesmo tempo que arrojavam pedras para um lugar onde eu não via ninguém.

"— Bondade divina, eterno Amor, que deste vida um dia a todos estes seres!... Onde estás que não te percebo em nenhuma parte deste lugar?

" 'Podes, Amor divino, Sabedoria inefável, esquecer acaso que todas estas criaturas são centelhas emanadas do teu próprio seio?' Intensa onda de piedade e de angústia invadiu o meu espírito e, caindo de joelhos, sobre a dura rocha cobri meu rosto com as mãos e comecei a chorar amargamente. Pareceu que meus soluços profundos ressoavam como um eco numa cavidade escura aberta como uma gruta na própria montanha. Acudi para saber quem soluçava junto de mim, ou se na verdade era só o eco de meu angustiado pranto.

"— Ai de mim!... Ai de mim!... Quem nos amparará nesta desolação?...

"— Eu — disse decididamente, sem pensar que eu não era ninguém entre aqueles horrores. Nem bem dissera isso, tinha já cinco seres, dois de um lado e três do outro, fortemente presos na minha vestimenta, produzindo um peso enorme que me impedia de andar, e até entorpecia todos os meus movimentos.

"— Alma criadora, Bondade eterna, que conheces minha insignificância e miséria! Salva-me juntamente com eles porque meu coração sofre por voltar ao oásis de paz que tua bondade me deu e deixar estes teus filhos mergulhados nos horrores deste terrível lugar! Salva-os, Senhor, que eu me responsabilizo por eles até sua completa redenção!

"Presos às minhas vestes, eles continuavam clamando:

"— Tende piedade de nós, que já padecemos tanto neste horroroso abismo de lodo e fogo, que até os que foram nossas vítimas se compadeceram e nos perdoaram!...

"Vi novamente o claro resplendor de meu Ego dizendo:

"— Volta à tua morada terrestre carregado com as flores de Deus para teus sacrifícios e tua grandeza futura.

"Estendi as duas mãos para aqueles seres que imploravam e perdi a consciência de tudo quanto ocorria ao meu redor.

"Despertei mergulhado em profunda tristeza e vi quatro de meus discípulos chorando silenciosamente.

"— Não aumenteis minha dor com vossas lágrimas — disse. — Por que chorais?

"Hilkar, que era o mais idoso, respondeu:

"— Porque vós, Mestre, não queríeis voltar para vossa matéria deixando os dez da caverna, não vos lembrais?

"Fiz um esforço mental e voltei a ver a dolorosa cena. Quinze horas haviam passado em inconsciente delírio até que meus bons e valentes discípulos, com a ajuda de nossas alianças espirituais, tinham conseguido alijar o lastro (perdoai a frase) que pesava sobre aqueles desventurados, para fazê-los penetrar na corrente evolutiva onde nos encontrávamos.

"Passar de um plano a outro não é como transpor o umbral de uma habitação e entrar em outra. São necessárias correntes de amor tão fortes que façam de um ato de arrependimento uma entrega absoluta à Divindade. Sob a abóbada psíquica da nossa escola tiveram guarida também aqueles seres desnudos de merecimentos, mas decididos a conquistá-los através de sacrifícios heróicos durante séculos e séculos.

"Os dez encarnaram quase imediatamente e com pouca diferença uns dos outros, entre os escravos de guerra que foram trazidos para o país por um dos filhos do faustoso soberano do país de Manha-Ethel. Pouco a pouco, as famílias dos nossos amigos foram resgatando-os e nunca mais os perdi de vista.

"A eterna lei os havia dado a mim e eu devia ajudá-los até sua completa redenção. Muitas noites se passaram sem que eu encontrasse em meu espírito o valor necessário para realizar outra viagem às moradas de dor, mas num sereno anoitecer de outono, quando praticávamos com dois de meus mais íntimos discípulos, um deles me disse:

"— Mestre, se a lei permitisse que vos acompanhássemos, não vos sentiríeis mais fortalecido?

"— Experimenta seguir-me e que teu companheiro fique aqui de vigia — respondi.

"O sono hipnótico nos invadiu pouco a pouco e perdemos de vista este plano físico. Meus estudos de astronomia e metafísica permitiam-me discernir com regular clareza os mundos que tínhamos à vista, e talvez minhas incursões anteriores tenham facilitado a rápida compreensão dos diversos planos, atmosferas e éter por onde íamos passando.

"Parecia que um fio fluídico dourado estendido desde o infinito nos levava suspenso sobre o vazio. Telkaré, meu discípulo, achava-se grandemente amedrontado, pois era a sua primeira excursão desta índole e se havia prendido fortemente ao meu braço esquerdo. Compreendi que ainda não havíamos saído do nosso sistema solar e que nos encaminhávamos em direção ao enorme Jobe (o atual Júpiter), num de cujos satélites nos detivemos. O imenso astro vizinho parecia envolver-nos em sua morna atmosfera dourada e exercia sobre nós uma forte atração. Não obstante, o fio fluídico que nos conduzia nos fez passar perto dele e suavemente nos fez deslizar para um globo pequeno, todo feito de montanhas e vales cobertos de vegetação avermelhada e em parte verde-claro, bastante agradável se não se prestava grande atenção.

"Mas apenas estacionados ali, o agradável se tornou repugnante e até horroroso.

"A vegetação era como um cortinado estendido sobre um leito espumoso de cor verde todo salpicado como de pedrinhas fosforescentes e que a intervalos lançavam pequenos reflexos luminosos. Pudemos comprovar serem eles os olhos de horríveis seres semelhantes aos nossos crocodilos que observavam com espantosa fixidez, sem mudar de direção nem mover-se absolutamente. De repente, uma grande sacudida no leito pantanoso, de onde surgiu algo assim como um pedaço de montanha movediça e dessa montanha um enorme braço escuro e verde como se fosse parte da asquerosa lama. Havíamos tomado por um pedaço de montanha um enorme monstro e aquele braço imenso como o tronco de um pinheiro secular era o pescoço que terminava numa vermelha abertura sem dentes, mas dotada, sem dúvida, de uma força espantosa, pois com incrível rapidez devorou algumas dezenas dos feios animalejos de olhinhos fosforescentes. O monstro não tinha olhos, mas corria pela lama à força de se estirar e encolher com um impulso tão poderoso que com dificuldade o seguíamos, até que chegou ao pé de um pequeno monte onde apoiou parte de seu corpo, deixando a descoberto e fora da lama um ventre de cor cinza com manchas vermelhas que o fazia aparecer como manchado de sangue.

"Um sol dourado puxando a vermelho dava calor e luz à horripilante paisagem. De repente, surgiu uma claridade que nos possibilitou a visão de umas sombras, espécie de fantasmas de cor cinza com raios irregulares de cor vermelho-sangue vagando por entre a erva daninha que cobria aquele montículo. Não se viam rostos nem mãos nem pés; nada a não ser silhuetas humanas cobertas com o manto cinza-escuro raiado de vermelho. Nossa sensibilidade percebeu uma onda de intensa tristeza, de cruel e desesperante pessimismo.

"Essas sombras vagavam mudas, com pesado andar, como se arrastassem um peso enorme. Meu companheiro e eu fizemos uma fervorosa invocação à suprema bondade, rogando nos permitisse aliviar o horrível sofrimento que facilmente se adivinhava naqueles relegados à categoria de vultos cinzentos manchados de sangue a se moverem sem rumo fixo.

"Compreendemos que elas perceberam a presença do horrível monstro estendido ao pé do montículo, porque mudaram repentinamente de direção e com um acentuado movimento de terror ao ver aquele enorme pescoço negro e tortuoso e aquela bocarra vermelha que se abria procurando algo para devorar. Nesse momento, o pesado andar das sombras quase se transformou numa fuga para o alto do montículo onde algumas delas se deixavam cair inermes, como se abatidas por imensa fadiga. Subimos atrás delas e continuamos nossas fervorosas invocações ao Eterno Amor, Pai e Senhor daquelas sombras mudas, como o é de tudo quanto respira e vive.

"Uma suave claridade azulada nos envolveu a ambos, o que nos tornou visíveis para aqueles desventurados.

"— Afastai-vos deste lugar maldito! — gritou uma daquelas sombras —, porque cairá sobre vós o manto cinzento que nos asfixia.

"— Não, não! — gritaram outras —, que fiquem, que fiquem e que os cubra também a maldita cinza quente que nos abrasa e nos cega! Vinde, que minha capa pode abrigar todos nós. — E fez um movimento de aproximação para nos cobrir. Mas a lei, que é para as inteligências desencarnadas mais severa e rígida que para os encarnados, as impediu de avançar, pois se apagou a luz azulada que nos tornava visíveis a elas e as ouvimos vociferar:

"— Loucos, estúpidos, fizeste-os desaparecer. Maldito sejais por não haver compreendido que eles traziam algum alívio! — Pelo que cada qual dizia, pudemos compreender que o que falou primeiro, aconselhando-nos a fugir daquele lugar, era um pouco mais adiantado que os outros, entre os quais existia uma variada gradação em sua penosa inferioridade. Esse ser voltou a ver-nos e, com dolorosa voz, na qual se adivinhava o soluço contido, disse:

"— Bem compreendo que estudais a divina sabedoria e que viestes conhecer a conseqüência que traz o vício aos que a ele se entregam e mais aos que arrastam consigo muitos outros.

"— Como podeis ver-nos, se vos achais sepultados sob essa capa de espesso fluido? — perguntei.

"— Tua luz ilumina as minhas cinzas — respondeu. — Quem sois?

"— Duas almas encarnadas que, desprendidas da matéria física, viemos para vos consolar.

"A estas minhas palavras aquele vulto acinzentado exalou um profundo clamor que ressoou como um Ai!, vibrante e prolongado, e muitos ecos responderam naquele labirinto de montanhas agrestes e silenciosas.

"Atrás desses ecos que eu ouvira vieram outros tantos vultos acinzentados exalando gemidos tão lastimosos que partiam o coração.

"— Quase todos somos mulheres de lupanares que arrastaram inúmeros jovens de ambos os sexos para os antros de luxúria e de crime. Exibindo nossos corpos desnudos, excitávamos os baixos instintos dos homens que se tornavam vampiros para quanta donzela pura se colocava ao seu alcance. Envoltas agora em cinzas e sangue, vimos já centenas de vezes escurecer-se o grande sol, e não sabemos quanto tempo faz que estamos aqui, neste sepulcro ambulante de cinza.

"— Se me fosse dado voltar à Terra — disse outro daqueles seres —, vestiria o escuro hábito de ermitão e diria a todos os que quisessem e aos que não me quisessem ouvir quanto ocorre nesta tumba de cinza, e como são terríveis as conseqüências, que se arrastam por séculos e séculos, quando fomos instrumentos de provocação e de incentivo à luxúria e ao crime.

"Um imenso coro de gemidos oprimia nossa alma de angústia.

"Minha alma transbordou de piedade e comiseração e, chorando junto com eles, clamei numa suprema invocação:

"— Amor eterno, que deste vida a estes seres!... Lembra-te de que eles são teus por toda a eternidade, e que suas lágrimas de arrependimento sejam a água que os lave e os purifique. Dá-me-os, Senhor, e eu farei deles, com tua divina ajuda, uma fonte de águas claras onde se reflita a tua inefável beleza!

"Entre amargos soluços, meu companheiro repetiu como um eco distante minhas palavras e se apertou mais fortemente a meu braço esquerdo.

"Uma tênue claridade vinda do alto tornou num cinza-claro a capa acinzentada de umas três dezenas daquelas sombras, e pude ver, embora confusamente, seus rostos, como se aquela luz houvesse tido o poder de tornar mais tênue a pesada envoltura que as cobria. O mais maravilhoso foi que nesse preciso momento deixamos de perceber todos os outros vultos que, em várias centenas, povoavam aquele montículo. Foi como se a misteriosa e aprazível claridade houvesse posto uma barreira entre aquelas três dezenas que estavam, sem dúvida, numa gradação mais adiantada por terem já consciência de terem agido mal, e os outros que ainda não conseguiam a não ser blasfemar e amaldiçoar a sorte.

"Essas três dezenas de seres que haviam dado entrada em si mesmos ao arrependimento, continuavam clamando piedade à medida que iam apertando-se em círculo em torno de nós. Uma imensa claridade caiu então como um grato manto branco sobre mim, e a voz do meu Ego ressoou como uma música do mais íntimo do meu ser:

"— O Supremo Amor te dá este manto branco de sua piedade para que agasalhes debaixo dele àqueles que teu amor arranca do sepulcro de cinza.

"Vi que aqueles seres se tornavam como crianças adolescentes, quase desnudos, e envoltos apenas em seus cabelos se agasalharam sob o imenso manto branco e senti a sensação de correr novamente para a Terra.

"Quando despertei, era cerca da meia-noite, e ao meu companheiro quase lhe custou a vida essa longa excursão espiritual, cheia de tão fortes emoções que ficou num estado de profundo esgotamento.

"O alarme pela nossa demora em voltar à matéria havia atraído quase todos os meus discípulos, minha meiga mãe que formava parte da nossa escola de estudos superiores e dois dos anciãos que foram meus iniciadores nos conhecimentos suprafísicos.

"Os clarividentes viram, momentos antes do nosso despertar, que um grande manto branco parecia descer do teto sobre o nosso recinto de oração, e que dele saímos, meu acompanhante e eu, seguidos por um numeroso grupo de seres, ao que parece adolescentes, que cuidavam de cobrir sua nudez com as dobras do manto cor de neve. Meu relato coincidiu com a dita clarividência e um grandioso hino de ação de graças à divina Bondade foi o encerramento dessa excursão.

"Meus discípulos, minha mãe e os dois anciãos pediram à eterna Lei o direito de amparar aqueles seres quando chegasse a hora de tomar matéria no nosso plano físico. Entre as quinze e vinte luas subseqüentes, tivemos o aviso espiritual de que eles encarnavam novamente entre famílias de pastores e lavradores nos campos vizinhos da grande cidade. Todos em lares de ínfima posição e em circunstâncias dolorosas e terríveis que tornava ainda mais angustiosa sua entrada na vida física.

Alguns nasceram nos estábulos dos animais e, deixados ocultos entre os fardos de feno guardado para o gado porque, sendo a maioria meninas, não era agradável sua chegada aos lares carregados de miséria e onde todos desejavam homens para o rude trabalho a que estavam obrigados.

"Muitas dessas criaturas teriam perecido ao nascer se não tivesse havido

137

a oportuna intervenção de minha mãe que, junto com as mães e irmãos de meus discípulos, se tornaram providência amorosa e terna para aqueles que com tão pouco agrado eram recebidos.

* * *

"Dez dias se passaram, nos quais meu espírito buscou no silêncio e em meio das plácidas belezas da natureza a quietude e nova energia para continuar minhas viagens de investigação espiritual a que me obrigava o grau a que chegara na inclinada encosta do meu progresso eterno. Eu havia escolhido, ao iniciar meus desenvolvimentos, o caminho do amor misericordioso, e por ele devia avançar até o final de minha eterna jornada.

"Quando chegava ao final desses dez dias de espera, num sereno entardecer em que eu tinha pedido melodias de alaúde a meus discípulos encarregados da música de invocação, no nosso recinto sagrado, sentados no mais alto terraço do santuário, tive a mais meiga e inesperada visita. Minha alma gêmea, a terna Odina de Anfião, que se achava encarnada em Vênus, como eu no planeta Terra, desprendeu-se do éter rosado que nos envolvia como se houvera sido um pedaço das nuvens de opala e ametista que tingiam a atmosfera naquele magnífico pôr-do-sol.

"— Meu amor entre meus grandes amores! — disse-me com sua voz que parecia brotar da cascata de harmonias que meus companheiros arrancavam de seus alaúdes.

" 'Tu sabes', prosseguiu, 'que o meu caminho eterno é igual ao teu, e que os lírios brancos da minha ânfora transbordante de piedosa ternura são irmãos de tua roseira vermelha de amor misericordioso. A eterna lei nos permite visitar juntos os mundos de dor para formar as humanidades que hão de seguir nosso ensinamento nos séculos vindouros, com as almas que arrancamos do abismo.'

"— Faça-se como o dizes e que se cumpra em nós a vontade do Altíssimo — respondi.

"— Quando vossa lua cheia aparecer sobre aquela colina, virei buscar-te neste mesmo lugar.

"— Espero-te — respondi com meu pensamento vibrando fortemente numa poderosa corrente de amor e de compaixão.

"A visão desapareceu, deixando-me na alma como uma dor antecipada de todas as dores que ela e eu devíamos encontrar nos abismos siderais.

"Meus discípulos, que também desenvolviam suas grandes faculdades espirituais, haviam presenciado essa divina aparição e quiseram dar ao nosso místico encontro de amor misericordioso a mais comovedora solenidade. Fora feito daquele terraço silencioso e afastado algo como um jardim de lírios brancos e rosas vermelhas, e ao centro meu canapé de junco onde eu devia esperar o sono consciente que me libertasse da matéria. O perfume suavíssimo das flores, preciosas criaturas de Deus, as melodias dos alaúdes, desfolhadas como vibrações de amor de outras criaturas de Deus para o viajante que ia empreender uma nova jornada, de tal modo me arrebataram como em profundo êxtase que com incrível facilidade abandonei a matéria e me encontrei no alto da colina a que Odina fizera referência na tarde de sua aparição. Ela me esperava ali acompanhada de outros seres luminosos que cantavam um hino divino aos desposados do amor misericordioso, envolvendo-nos entre ambos o amor nas mais radiantes e sublimes de suas formas: os alaúdes de meus discípulos, vibrando impulsionados pelo amor mais desinteressado e puro, e no alto da colina outras almas cantavam ao Amor Misericordioso que redime e salva.

"— Já fiz em outra oportunidade este caminho — disse ela —, e por isso me ofereço para guia. — Tomando minha mão direita, lançamo-nos na imensidão infinita.

"Saímos do nosso sistema solar e nos internamos num apinhado agrupamento de astros pequenos que brilhavam como pedrinhas preciosas num manto de azul-turquesa.

"Era o princípio da *Grande Nebulosa* (*Via Láctea*), e minha companheira designou um pequeno globo verde-pálido e nele detivemos nosso vôo espiritual.

"— Aqui vivem cativos, desde longos séculos, uma infinidade de seres muito inteligentes cujas faculdades mentais tiveram, nos planos físicos, um bom desenvolvimento. Eles sabem dirigir seu pensamento e manipular diversas correntes de forças latentes e vivas, depositadas em diferentes globos de todos os universos. Mas de todos esses poderes se aproveitaram egoisticamente em benefício próprio, e aqui encontraram as conseqüências de seu mau pensamento. — Isto informou minha companheira deslizando a meu lado por cima de uma acinzentada montanha cortada em profundos e negros desfiladeiros. Observei que aquelas enormes rochas apareciam como bordadas profusamente de pedras preciosas: o verde vivo das esmeraldas, o azul das safiras e os sangrentos rubis, como incrustados todos eles em prolongadas veias, como cordões de ouro, ao mesmo tempo que inúmeros diamantes brilhavam como estrelinhas que se refletiam no fundo azul-escuro das águas.

"Minha companheira captou meu pensamento e disse:

"— Pela quarta parte dos tesouros dos quais vês bordada esta montanha, metade da vossa humanidade mataria a outra metade, não é verdade? Apesar disso, aqui não representam valor algum.

"A luz prateada de um astro próximo iluminou de repente a paisagem agreste e sombria. Um intrincado labirinto de rochas nuas podia ser visto por toda parte. Como se a luz daquele astro fosse um sinal combinado, ou uma ordem iniludível, começaram a cruzar em todas as direções, e como saídas dos escuros antros da montanha, uma numerosa caravana de seres recurvados e vestidos como de andrajos, ou a maioria quase desnudos. Observei que alguns tinham um aspecto sinistro e raivoso em tal extremo que dilaceravam o peito ou o ventre com as unhas de suas mãos crispadas.

"— Fica atento ao que te dirá o meu pensamento — disse minha companheira —, porque é tão pesada a corrente astral e a atmosfera deste lugar que às vezes pode nosso diálogo mental ser interrompido.

"— Como é que arrojam sangue das feridas que produzem em si mesmos, se não têm corpo físico? — perguntei, pois eu visitava aquele estranho lugar pela primeira vez.

"— A maior parte dos horrores que aqui veremos são puras criações da mente enlouquecida destes desventurados. Assim, ao dilacerar o peito e o ventre, onde reside neles os centros de percepção astral e fluídica, pensam e crêem que arrojam sangue e, junto com ele, parte das cruéis dores que sofrem, pois seus centros de percepção fluídica recebem, como através de reflexo, todas as dores que com suas artes de magia e com seus perversos pensamentos causaram às suas vítimas, que eles estão vendo permanentemente. A justiça da eterna lei faz cair sobre eles toda a dor e o mal causado.

" 'Em virtude de terem exercido as artes do mau pensar, estes seres atraíram tão poderosas correntes de forças e energias vivas que, embora no infinito, como sabes, sejam absolutamente neutras, ao contato dos perversos pensamentos se converteram em forças de igual perversidade como seus manipuladores, com o agravante de que, aqui, é contra eles mesmos que elas desencadeiam sua fúria. Este tormento constitui o maior desespero destes infelizes, pois vêem as suas vítimas de outrora felizes e até brincalhonas e sorridentes, e que as forças envenenadas se voltam para quem as mandou com raivoso furor.

" 'Que a divina Sabedoria nos permita ver todo o horror deste quadro! — exclamou minha companheira, quando a aglomeração de seres se tornou mais densa.

"— Seja como dizes, minha irmã.

"Iniciou-se algo como uma dança de feras raivosas dando uns nos outros pancadas e mordidas, procurando defender-se das malignas forças que os acometiam.

"Estas forças, criadas por seus perniciosos pensamentos, tomavam as mais horríveis formas, mas a maioria eram cobras, dragões, morcegos e abutres.

Estavam animadas de tão espantoso furor contra seus próprios amos ou criadores que, se houvessem sido corpos de carne, não restaria de todos eles nada senão restos sangrentos de carne morta. Três braças acima de todo este horrível quadro, pudemos ver outra criação dos mesmos desventurados seres: as que haviam sido suas vítimas, que riam às gargalhadas com atitudes e gestos de escárnio e mofa, exasperando ainda mais os outros. Essas vítimas que eram formadas na realidade naquele lugar, talvez nem rissem nem fizessem escárnio: eram puro efeito do que pensavam aqueles pobres seres.

"— Meu coração não resiste mais a esta horrível dor — disse à minha companheira. — Peçamos juntos ao eterno Amor que, como uma brisa benéfica, leve estas correntes ou as transforme em outras. Acaso não será possível a redenção para estes desventurados?

"— Tuas rosas vermelhas e meus lírios brancos é que devem transformá-los, pois viemos para isto — respondeu-me.

"Levantando aos céus infinitos nossas quatro mãos unidas, clamamos ao Supremo, ao Inefável, ao que enche com sua grandeza todos os universos:

"— Criador eterno... Bondade infinita!... Olhai para estes dois instrumentos do vosso amor misericordioso que vos oferecem suas forças, suas vidas, suas energias e suas vontades para apagar as iras tremendas destas correntes postas em movimento pelo mal pensar dessas vossas criaturas que desviaram vossas criações e vossos desígnios! Que a paz, o consolo e a esperança permita a eles transformar as correntes de seus pensamentos!

"Ambos sentimos a poderosa vibração do nosso Ego, que nos absorveu como num êxtase sereno e radiante. Quando saímos desse sublime estado, toda a paisagem se havia aquietado. Nada de fúrias nem de horripilantes criações de pensamentos mal dirigidos. Estendidos nas rochas como extenuados pela fadiga, apareciam os infelizes esfarrapados não dando sinais de vida.

"Uma súbita claridade nos envolveu imediatamente.

"— É a hora da piedade e do amor — disse ela. — Avancemos.

"Unidos pela mão, chegamos às rochas onde jaziam estendidos, sem movimento, os desventurados que assim haviam manejado, para o seu mal, a grande força que é o pensamemto.

"— Despertai e levantai-vos, irmãos, que a bondade divina vos visita nesta hora! — dissemos, ao mesmo tempo que rompíamos com o bater de palmas de nossas mãos a corrente ainda densa que os envolvia. Sem se mexer eles abriram os olhos cheios de estupor. Não acreditavam no que viam.

"— Matastes os dragões, os escorpiões, todos os monstros malignos que nos atormentavam!... Matastes as cobras! Quem sois? — todas estas palavras, cheias de assombro, saíam daquelas mentes nas quais começava a penetrar a claridade divina.

"— Somos filhos do Altíssimo, que nos manda para vos redimir se vós o quiserdes!

"— Tirai-nos, tirai-nos deste lugar e seremos vossos fiéis escravos por toda a eternidade!

"— Escravos, não! — disse eu com energia. — Discípulos sim, e pelos séculos dos séculos!

"— Que seja como dissestes e vos abençoaremos pelos séculos dos séculos!

"Pudemos notar que apenas uma terça parte dos confinados naquela paragem podia ver-nos e perceber nossos pensamentos. Sobre os demais havia caído como uma grande nuvem escura, de uma densidade tal que não podíamos penetrar.

"— Ali devem ficar tantos! — disse eu com imensa amargura.

"— Não te queixes, companheiro da eternidade — disse Odina, com meiga voz, como para aliviar a amargura que percebera em mim. — Agora a eterna lei nos dá estes, que já entraram na corrente permitida para a sua remissão. Em outra visita, talvez, salvaremos os demais. Vamos, que já é hora.

"Unimo-nos pelas mãos e ambos pensamos em uníssono:

"— Amor Misericordioso, deixai que estes vossos filhos refaçam seu caminho ao amparo da lei eterna. Vinde!, pois vamos levar-vos para uma vida nova.

"De nossas mãos unidas pelo amor misericordioso saíram tantos laços fluídicos de viva luz quantos eram os seres que a lei nos entregava. Eram setenta laços como fitas de prata que se estenderam de nossas mãos até eles. Voltamos à colina do encontro místico do amor, onde novamente as almas companheiras de Odina cantaram o hino aos desposados do Amor Misericordioso:

"*Luz e Glória às almas que avançam*
"*Coroadas de rosas de paz.*
"*Desposadas eternas levando*
"*Pelos mundos a eterna piedade.*
"*São estrelas, irmãs gêmeas,*
"*Que, juntas, nasceram de um beijo de Deus*
"*E vão pelos mundos como mensageiros*
"*De luz e esperança, de paz e de amor.*
"*São lâmpadas vivas que o amor acende*
"*Em chamas a irradiar um tépido calor*
"*Que anima as almas geladas de frio*
"*E ilumina suas noites de séculos de horror.*
"*São harpas que vibram em idêntica harmonia*

"*E ensaiam, unidas, um mesmo cantar*
"*São luzes do íris do Amor Eterno*
"*E têm um nome: chamam-se* Piedade.
"*Lavradores Divinos que passam os séculos*
"*Semeando roseiras de Amor e de Paz.*
"*Esposos eternos: as almas dolentes*
"*São a vossa coroa, são a vossa herança.*
"*Esposos Eternos mais fortes que o tempo*
"*Que olhais os séculos qual foco veloz,*
"*As almas que se amam não têm ausência,*
"*Não sofrem esquecimento nem sabem de adeus!"*

"A lua cheia, como uma virgem silenciosa velada de branco, estendia sua luz de nácar sobre a verde colina aos pés da qual víamos, ambos, as pequenas torres de nossa escola, cujo pavimento de lousas azuis resplandecia como prata polida à claridade lunar.

"— Ali dorme em serena quietude a urna que esconde tua luz — disse-me Odina com uma voz suavíssima que parecia irradiar um cunho de tristeza infinita. — E lá — acrescentou, assinalando Vênus que resplandecia como uma bela ametista — dorme a minha urna, guardada pelos que me amam. Dentro de poucos momentos, abriremos nossos olhos de carne na vida física e recordaremos como um sonho divino, e com pinceladas de sombra e centelhas de luz, esta excursão interplanetária que nossa lei nos permitiu como uma compensação para os sacrifícios e dores que já temos quase esquecidos.

"— Odina! — disse-lhe —, quando estiveres no teu reino, onde começou a florescer o amor, lembra-te do desterrado num mundo ainda sombreado de egoísmo e miséria... Lembra-te que eu padeço a profunda dor da incompreensão humana, do desamor dos amados, do abandono dos que busco e chamo, do desprezo dos poderosos e da ingratidão dos humildes. Lembra-te que eu derramo minha ânfora de água clara, pisoteada e turvada pelos animaizinhos inconscientes; lembra-te que acendo minha lâmpada de viajante eterno, e a fúria dos vendavais terrestres a apaga, deixando-me muitas vezes às escuras. Lembra-te que meu coração é um beijo cheio de amor, que as misérias das criaturas fazem sempre transbordar de fel. Lembra-te que sou ave de um bando de setenta irmãos, e que no meu calabouço terrestre estou sozinho entre um punhado de discípulos, crianças ainda, que tudo esperam de mim.

"'Minha irmã!..., minha esposa... meu amor de todos os séculos!... Vivo morrendo às vezes de imensa solidão!... Ajuda-me a viver de amor, de esperança e de fé!'

"— A alma criadora quer que seja como tu o queres — respondeu ela com seus olhos de topázio, brilhando de emoção.

"— Eu sou diante de ti a ternura da Alma divina simbolizada em meus lírios eternos.

"— Antúlio! Nunca mais estaremos unidos no plano terrestre porque este amor só pode viver nestes horizontes; contudo, viverá eternamente como uma lâmpada eterna nos céus infinitos e sobre os mundos que nos foram concedidos em tutela e herança. Diante de ti, e perante mim, não existe mais o tempo nem a distância nem a gratidão ou o esquecimento, porque somos o beijo de Deus.

"Seus braços fluídicos, de luz branca e rosada, envolveram-me como numa onda de suave ternura, ao mesmo tempo que voltavam a ressoar as palavras finais do hino aos desposados do amor misericordioso:

'As almas que se amam não têm ausência
Não sofrem esquecimento nem sabem de adeus!'

"Despertei entre os lírios brancos e as rosas vermelhas, estendido em meu canapé de junco naquele terraço afastado e silencioso, iluminado pela branca claridade da lua.

"Minha mãe, os discípulos e os dois anciãos haviam vigiado minha matéria. Os clarividentes tinham visto minha descida, ao lado de Odina, sobre a colina do encontro e haviam percebido minhas queixas amargas de solidão, incompreensão e abandono. Achei-os profundamente entristecidos por não se verem capazes de me consolar. Eu, que sentia o vazio profundo do que tivera e do que deixara de ter, quem sabe por quanto tempo, vi-me forçado a consolá-los e a reconhecer que me havia queixado injustamente. Acaso não me rodeavam eles do mais terno amor? Não eram meus companheiros inseparáveis?... Oh, sim!... Eles eram tudo isso!... Mas Odina era a ternura de Deus, a paz de Deus, o beijo de Deus sobre a minha alma de desterrado!

"Eu havia sido injusto! Sim, injusto! Se as criaturas que me amavam na Terra houvessem sido como a minha alma gêmea, para que teria eu vindo à Terra, se já possuía luz e água em abundância?

"Quanto às almas que nos seguiram desde o profundo abismo de suas dores, eu as havia perdido de vista ao descer na colina do místico encontro de amor. Mas os sensitivos de nossa escola tinham recebido mensagens de que elas haviam sido introduzidas no plano astral terrestre, onde nossos amigos invisíveis iriam despojando-as pouco a pouco do pesado lastro que ainda traziam, a fim de predispô-las para uma nova encarnação no plano físico.

"Quarenta luas tardaram em encarnar os primeiros em famílias que já seguiam nossa doutrina espiritual, nas fileiras onde se assimilavam os fundamentos principais: a sobrevivência da alma humana, a idéia do bem e do mal, o amor fraterno, a adoração à Alma Divina ou Criador Eterno de tudo quanto vive.

"Setenta luas depois, encarnaram os outros com a diferença de apenas poucos dias. Somente seis deles nasceram em famílias hostis ao nosso ideal, impelidos, sem dúvida, por forças contrárias que se empenhavam novamente em torcer seus caminhos, mas a piedade eterna, que começara para eles, fê-los desencarnar com poucas luas de idade, e voltaram a tomar matéria entre os crentes do Deus único e das verdades eternas.

"Assim terminou essa laboriosa excursão interplanetária, uma das mais inesquecíveis de minha carreira espiritual na época.

"À custa de grandes esforços, consegui consolar-me e revigorar-me da sensação de gelado vazio que ficara em mim, por causa da terna e dulcíssima presença de minha alma gêmea, de quem me via separado novamente. Já sereno e dando graças ao Altíssimo pelo bem que me concedera em meio ao meu desterro, preparei-me para uma nova excursão espiritual; mas, tendo comprovado que causava sofrimento a meus discípulos, com as conseqüentes inquietações de uma longa espera junto de meu leito, tomei a decisão de tentar bastar a mim mesmo. Pedi ajuda a todas minhas alianças espirituais desencarnadas e entreguei-me ao eterno amor ou à divina sabedoria, que mais e melhor que eu conhecia os caminhos que me correspondia seguir.

"— Leva-me, alma criadora, com teu sopro divino para onde queres que eu vá!

"Um branco raio de luz penetrava às furtadelas através das trepadeiras que sombreavam minhas janelas abertas e uma brisa suavíssima, perfumada de flores, acariciava-me com uma suavidade inigualável. Um rouxinol, que aninhava ali perto, como um trovador noturno começou a cantar à sua companheira cativa no ninho, onde brancos ovinhos esperavam o dia em que o calor materno os tornasse em passarinhos. A oportunidade dessa deliciosa melodia, oferecida por um pequeno ser inferior, encheu-me de ternas recordações. Absorvi-me em tão sutis belezas que, sem dar-me conta, fui entrando no sono extático e me vi repentinamente sobre a mesma colina do encontro do amor misericordioso.

"A colina estava solitária e seus formosos pinheiros, interceptando a claridade da lua, parecia povoá-la de fantasmas sombrios e silenciosos.

"— Ela não está... — pensei com um cunho de tristeza examinando o preciso lugar onde a encontrei na vez anterior e onde teve lugar nossa terníssima despedida. Ela devia sentir meu pensamento porque uma onda de imenso amor me invadiu de repente, fazendo-me derramar lágrimas de infinita doçura. Abandonei-me à inefável bondade divina e uma poderosa rajada de energia me impulsionou para a imensidão dos espaços.

"Não pude apreciar o tempo que durou esse imenso vôo solitário, mas deve ter sido longo e penoso, de acordo com o cansaço que eu começava a sentir. Por fim, uma secreta intuição me anunciou que chegava, e logo vi, diante de mim, como um ramalhete, sete globos pequenos, comparados com os grandes planetas que eu havia deixado atrás em meu vôo. Compreendi que tinha diante de mim o grupo de estrelas conhecido na nossa escola como os *Sete Cordeirinhos*, e me detive na que estava mais perto de mim.

"Um sol próximo enchia de luz e de calor a paisagem de montanhas e de exuberante vegetação. O reino vegetal estava representado por imensas árvores semelhantes aos nossos carvalhos e coqueiros. O reino animal, com mui poucas variedades, deixando notar à primeira vista uns macacos gigantes de cor escura que se divertiam pescando num grande remanso que dormia na serena quietude dum pequeno vale entre imensas colinas. Outros arrancavam os frutos daquelas grandes árvores e outros davam caça a uns pequenos animaizinhos que andavam aos saltos entre o matagal.

"Vi, pois, de relance toda a sua vida: eles comiam, viviam, dormiam, armavam entre si grandes lutas a pedradas e mordidas, da qual resultavam mortos e feridos, ou seja, verdugos e vítimas.

"— Tal como sucede na minha Terra — pensei. — Julgo que ali há seres humanos, pois, do contrário, para que teria eu vindo a este lugar se aqui não há seres inteligentes desencarnados a quem salvar?

"Como se a eterna lei quisesse responder à minha pergunta, levantou-se imediatamente o duplo astral de um grande macaco adormecido perto de mim. Minha personalidade, que emanava uma claridade tênue por causa da forte luz solar, chamou desde logo a sua atenção. Aquele duplo astral parecia mais um homem que um mono.

"Era gigantesco e escuro como um humano da raça negra, vinda da antiga Lemúria nas migrações promovidas pelo afundamento daquele continente no mar Sereno. Compreendi que ele tinha uma inteligência bastante desenvolvida, embora seu aspecto, em geral, denotasse lentidão e embrutecimento. Com seus olhares de assombro, ele perguntava quem era eu e que fazia naquele lugar. Tive a intuição de apontar com a minha direita para o sol que nos iluminava, dando-lhe a entender que eu era um mensageiro do Alto.

"Do fundo da alma, clamei à sabedoria divina que me fizesse compreender algo mais sobre aquele estranho ser, que tanto se assemelhava a um humano, e que eu havia visto sair do enorme corpo negro de um mono. Que enigma encerrava essa visão?

"— Alma criadora, tende piedade da minha ignorância e da minha infantilidade! — pensei intensamente. — Dai-me a vossa luz divina para compreender o mistério do que vejo! — A luz divina não se fez esperar por muito tempo.

"Notei que o olhar daquele ser tornou-se mais suave e mais expressivo.

Eu o vi olhar com repugnância e desprezo para aquele negro e grande corpo adormecido a seus pés. Vi-o levantar as mãos crispadas e adivinhei a intenção que tinha de estrangular seu próprio corpo adormecido.

"Com um rápido pensamento de energia, mandei-o deter-se e vi que suas mãos caíam, lânguidas, ao longo do seu corpo, o que me fez compreender que me obedecia.

"Logo vi que perdia forças e caiu semi-estendido ao solo, quase a meus pés. Ajoelhei-me junto a ele, tomei suas grandes mãos e notei o peso da substância que constituía seu corpo astral. Acariciei sua cabeça até que se aproximou tanto de mim que quase o tinha sobre o meu peito. Ele começou a soluçar como um ser humano, e seu grande corpo negro, adormecido, agitava-se também com igual ritmo.

"De repente, vi que seu pensamento adquiria clareza e nitidez e, não obstante, com cautela e trabalho pude compreender o que aquele ser queria dizer.

"Não sou um mono, nem estes que estão aqui comigo tampouco o são. Éramos negros selvagens da terra que foi tragada pelo mar. Havíamos matado para comer todas as crianças das aldeias e povoados próximos da nossa selva. Éramos os *Takis* (entendi algo assim como caudilhos) das tribos, e mandamos matar os brancos da lua que nos davam seu pão, suas frutas, seu gado e suas vestimentas. Todos estes que aqui vês são Takis daquelas grandes tribos que foram junto com os brancos da lua, aos quais continuamos perseguindo porque seus cachorros eram saborosos e tenros. O mar nos tragou junto com a nossa terra e despertamos aqui, em corpos asquerosos de outra raça que não a nossa.

"Notei que no meu cérebro parecia formar-se um eco espantoso e tremendo. Parecia que aquele pavoroso enigma me era conhecido, que eu tinha esse segredo, mas esta era uma vaga idéia que, para meu pesar, escapava da minha mente antes que tomasse contornos definidos. Com um enérgico pensamento, ordenei ao pesado duplo astral daquele ser tão inferior que voltasse para o seu corpo, e ele rapidamente voltou à sua matéria e despertou. Compreendi que havia deixado de me ver porque procurava, afanoso, por todos os lados.

"— Lembra-te do teu sonho — pensei eu; e me concentrei numa profunda e forte invocação a meus companheiros Aheloin, Hokmaía e Órion, três grandes inteligências que, dentre os Setenta, estavam unidos a mim por laços de uma forte afinidade. Durante longo tempo havíamos realizado investigações interplanetárias, os quatro unidos numa época em que nos encontrávamos livres da matéria. Compareceu somente Aheloin, um dos três que eu havia chamado.

"— Alcemos vôo desta atmosfera tão pesada — disse — e falaremos. Em razão do peso da atmosfera e do éter deste globo, a mente de um encarnado sente as anormalidades que sentes. O pavoroso enigma que te preocupa, nós o estudamos e apareceu muitas vezes em nossas incursões interplanetárias. Pensa por um momento no processo evolutivo ordinário seguido pela eterna lei, quando é chegada a hora de introduzir o reino humano num novo globo, cujas condições estão aptas para isto. Tu e eu encaminhamos este processo em vários satélites do grande sistema de Sírio.

"A essas palavras do meu companheiro, uma grande claridade se fez na minha mente e me assombrei com o fato de estar encarnado num planeta inferior e com a agravante de ser visitante de outro globo mais inferior ainda, tivesse entorpecido de tal modo a minha saúde mental.

"— De que te maravilhas? — interrogou Aheloin. — Estando duplamente coberto por pesados mantos fluídicos, queres ver a luz com nítida clareza?

"Jamais compreendi, como agora, o imenso sacrifício que significa para o espírito, desperto na Luz e no Amor, aceitar a redenção de humanidades atrasadas. Meu companheiro compreendeu esse momento de minha debilidade e, abraçando-me como o faria um irmão forte a um debilitado por longa enfermidade, disse:

"— Valor e fortaleza, meu irmão, que muito cedo chegarás ao cume do aclive que vais galgando com um mundo sobre teus ombros. Faltam-te somente seis anos de desterro e novamente terás feito jus a um descanso por longo tempo.

"— Julgas que, neste globo onde me encontraste em visita, posso salvar alguns desses infelizes relegados a tão espantosa condição? — perguntei.

"— No momento, não — respondeu. — Se a tua lei te trouxe a este lugar é para avivar a tua recordação dessa Verdade, e que possas levá-la à Terra que é tua herança desta época. Tua missão te obriga a dar ao teu planeta, que escolheste para teu sacrifício, o máximo de conhecimentos referentes aos grandes enigmas do Infinito. Por isso mesmo, te sentes forçado interiormente a realizar estas incursões. Já compreendeste bem, ao esclarecer-se a tua mente, que esses seres relegados a esse pequeno globo que acabas de visitar eram espíritos vampiros, prestes a serem abandonados por seus Egos, em virtude de estarem mais de um ciclo de vida planetária sem dar um passo no seu progresso eterno.

" 'Essas sete estrelinhas que chamais, na Terra, de *Cordeirinhos* e que são um desprendimento de uma grande nebulosa em formação, formam por si sós um pequeno sistema que está todo ele habitado por seres como os que acabas de ver. Essa nebulosa foi criação do nosso Pai Sírio, com seus cento e dez espíritos companheiros, e como esses sete globos chegaram primeiro a se consolidar e tomar condições de vida em épocas de longos séculos, seus criadores os separaram do resto da nebulosa, para acelerar sua evolução.

" 'É justiça e é bondade divina que a esses seres entregues ao mais horrendo vampirismo se lhes permita uma nova tentativa de evolução, antes de serem afastados de seus Egos e reduzidos à desintegração. Procedem eles, não da Lemúria, como julgas, mas do outro continente desaparecido no ciclo anterior à Lemúria, tragado também pelo mar Sereno do Sul. São de Pasquant-Chialdis, e foram os feiticeiros, sacerdotes e magos dos primitivos cultos daquele continente. Bem sabes que a feitiçaria e a magia negra é o caminho por onde mais facilmente se chega ao vampirismo. Os seres habituam-se a viver dominando e escravizando as inteligências e as vontades, com fins de engrandecimento próprio e, em geral, para passar suas vidas gozando do esforço e das faculdades de suas vítimas. Sabes muito bem que, num ciclo, cabem muito bem uma centena de existências consecutivas. Cem vidas planetárias, tiranizando consciências, inteligências e vidas, vivendo nada mais que da dor e da vida dos demais, bem merecem uma vida obscura e disciplinar, como a que agora levam, e felizes deles se corresponderem a essa justiça e bondade divina, que lhes permita reconciliar-se com seus Egos, se cooperarem por esse meio até que o reino animal desses globos faça sua passagem ao reino humano, que é o que eles realizam nesse globo, onde, durante outro ciclo mais, o reino humano já estaria na fase de evolução em que estava o continente submerso quando eles os habitavam.

"— Justiça de Deus, bondade de Deus, como és grande em teus arcanos infinitos!... Antúlio!... — disse Aheloin, abraçando-me com imensa ternura para despedir-se. — Volta ao teu ninho terrestre e deixa tal como estão os infelizes moradores dos *Sete Cordeirinhos*, porque lá ainda não pode operar prodígios o amor misericordioso que escolheste como um caminho glorioso. Passo para a Justiça da eterna lei!

"Ambos unimos nossos rostos inclinados em reverente atitude e, entristecido até o âmago, mas reconfortado com a radiante confidência, separei-me de Aheloin e despertei na Terra.

"Ainda que eu nada tivesse anunciado, alguns de meus discípulos que, antes de entregar-se ao sono, costumavam enviar-me um pensamento de adesão e de amor, a fim de manter o estreito vínculo com seu mestre, observaram que eu não respondia ao seu pensamento, e os clarividentes viram minha matéria abandonada. Estes, que eram seis, sem me avisar previamente, se encontraram na escura colunata que, de seus aposentos, conduzia ao recinto de oração, do qual podia-se passar livremente ao meu quarto de repouso com o simples levantar de uma ligeira cortina. Como a temperatura fosse amena, foi necessário um calor artificial para provocar em mim alguma reação. Meus discípulos criaram uma forte corrente magnética, elevada ao ponto mais sutil e puro de que era capaz seu amor pelo mestre e pela filosofia ensinada por ele, e meu despertar no plano físico encontrou-os assim: com as mãos unidas e os pensamentos mergulhados em caudais da divindade. Em todos aqueles semblantes jovens e belos havia um sereno correr de pranto silencioso, e o mais velho deles, Hilkar, que por esse motivo tinha alguma ascendência sobre os demais, foi o primeiro a transmitir a queixa que estava à flor dos lábios de todos:

"Mestre... fostes sozinho e sem nos avisar! Será que já não quereis que vos acompanhemos em vossos grandes trabalhos espirituais?

"— Meus amigos! — disse, levantando-me. — Pensei que alguma vez era justo levar sozinho a carga, porque sempre tendo auxiliares, como poderei medir minhas próprias forças? Contudo, se o meu silêncio, desta forma, dilacera o vosso coração, prometo que não ocorrerá novamente. Isto me serviu para comprovar que ainda sou fraco e que me cansa muito realizar estas excursões sozinho, e necessitando, além do mais, de cuidar da minha matéria.

"Mencionei para eles tudo quanto havia visto na minha viagem espiritual.

"Nos vários dias subseqüentes de meditação solitária acabei por consolar-me por não ter podido salvar nenhum dos confinados nos *Sete Cordeirinhos*.

"Que enorme mal era escravizar as vontades, manietar o pensamento e tiranizar as consciências dotadas pela eterna lei da dádiva divina do *Livre-Arbítrio*, do livre raciocínio e da livre vontade de seguir e amar o bem, uma vez conhecido! Que enorme mal era aquele tríplice domínio, para que essa lei exigisse um longo ciclo de vidas físicas em organismos de uma raça preparatória da humana, da qual haviam sido vampiros e não companheiros.

"Com inauditos esforços e dores de todo um ciclo de vidas, irão reconciliar-se aqueles desventurados com a eterna justiça que exigia deles introduzir o reino humano em toda a plenitude de suas faculdades naqueles novos globos.

"Eles foram submetidos a essa severa disciplina em compensação pelas porções da humanidade consciente que haviam retardado em seu progresso e atrofiado em suas faculdades mentais.

"Meus discípulos compreenderam a magnitude daquela explosão digna da soberana majestade do Altíssimo, a quem haviam ultrajado em suas criaturas e nas mais nobres e sagradas de suas faculdades superiores. Assim, me pediram que, uma vez a cada lua, fizéssemos uma excursão àqueles sete pequenos mundos, a fim de apressar o despertar daqueles seres para o arrependimento e a compreensão.

"Meus discípulos íntimos eram quarenta, mas apenas seis deles haviam desenvolvido bem suas faculdades. Os outros estavam em várias gradações em suas tentativas.

"Tomei, pois, a resolução de que esses seis, minha mãe e eu formaríamos um núcleo secreto dedicado a colaborar comigo nas excursões de ajuda aos confinados nos Sete Cordeirinhos.

"Essa medida, tomada tão oportunamente, teve o poder de me consolar por não haver salvo nenhum dos cativos do globo que eu acabava de visitar.

"Quero deixar gravados neste papiro os nomes desses discípulos tão valentes e decididos a cooperar pela redenção daqueles espíritos, para que, no correr dos séculos, possam reconhecer-se quando a lei os faça encontrar-se no infinito do espaço e do tempo: *Hilkar, Kelianto, Tilkaré, Banadio* e *Manadin*. Minha mãe e eu completamos o pequeno núcleo dos viajantes interplanetários.

"Sei que muitos daqueles seres serão atraídos para encarnar na Terra, quando tenham terminado a expiação que devem cumprir, porque ver-se-ão ligados fortemente a nós.

"Oxalá tenhamos a clara consciência de não atraí-los movidos por uma piedade prematura porque, não estando perfeitamente curados do mal que os levou para lá, reincidiriam seguramente, vendo-se novamente em contato com uma humanidade ainda débil e sem os conhecimentos e a consciência necessária para não aceitar novamente suas imposições tirânicas e destruidoras.

"Que tenham isto muito em conta os continuadores da nossa escola quando eu tiver partido para a imensidão infinita.

"Desde esse momento pareceu robustecer-se a grande *Aliança dos Setenta,* como chamávamos em nossa escola à falange de inteligências afins em evolução e conhecimento, à qual eu pertencia desde três etapas anteriores. A quarta estava terminando e os Setenta disseminados, como Guias ou instrutores de duzentos planetas principais com seus respectivos cortejos de satélites e asteróides, nessa imensa cadeia de mundos na qual nosso Pai Sírio havia realizado seu glorioso caminho junto conosco, seus auxiliares, e de onde ele, na plenitude de seu progresso eterno, havia chegado a ser uma daquelas tochas vivas, transmissoras da idéia eterna emitida por sete fogos magnos, cúspide gloriosa de luz na infinita escala dos seres pensantes. Encarnados, uns, com missões de elevação moral de humanidades; outros, com missões de apostolado científico ou de difusão de princípios básicos da verdade eterna; e outros, encarnados também para produzir a transformação continental em certos globos cujo progresso estava retardado pelas forças contrárias ao desenvolvimento natural e justo das humanidades que os habitavam; somente dez deles estavam livres das pesadas ataduras que a matéria põe até nas grandes almas.

"Entre os dez estavam Aheloin, Okmaía e Órion, os três irmãos da Aliança, que depois de Venusina ou Vésper (Odina), tinham mais completa afinidade comigo.

"Com eles três à frente como condutores-guia, imprimimos à nossa escola de Divina Sabedoria a paz radiante e sublime que lhe faltava para realizar praticamente a grande lei da solidariedade universal: a proteção e ajuda interplanetária para com porções de almas encarnadas em mundos expiatórios ou desencarnadas habitando moradas de trevas, onde era necessário também levar, como tocha de três chamas, a Fé, a Esperança e o Amor.

"O afundamento das duas terças partes do continente atlante, sepultando sob as águas os países dominados pelas grandes escolas de magia negra, que chegaram, para seu mal, aos mais tremendos poderes ocultos a que se pode chegar neste planeta, cooperava com a nossa aspiração facilitando o ressurgimento de correntes puras e sutis nas diversas camadas atmosféricas e etéricas com as quais devíamos contar para nossas incursões de missionários interplanetários do amor misericordioso.

"Três vezes a cada dez dias, meus três irmãos da Aliança compareciam ao nosso recinto de invocação à divindade, para dar-nos os mais amplos detalhes do quanto nos era necessário saber para realizar em conjunto as explorações que desejávamos.

"Nove luas durou este delicado ensinamento preparatório, até que uma noite, presentes meus três irmãos da Aliança, através do transe de minha mãe, de Hilkar e de Tilkaré, nos deram, em meio de comovedoras dissertações, o título e o nome, mil vezes glorioso, de *Missionários do Amor Misericordioso* nos mundos que haviam sido confiados aos Setenta.

"Mas, para chegar a isso, que austera disciplina mental, emocional e física foi necessário impor a nós mesmos que, embora animados dos mais santos anelos, estávamos revestidos de matéria densa que devíamos submeter a uma escrupulosa depuração.

"Foi nesse momento que a nossa escola, que mais adiante se chamou antuliana, adquiriu os aspectos luminosos de templo de sabedoria, onde os estudos de Filosofia, Astronomia, Astrologia, Ciências Naturais e Medicina deram o mais alto vôo a que podiam chegar na época os conhecimentos superiores do homem.

"Foi então que me foi dado o poder de dar entrada a meus companheiros no templo secreto dos Sete Portais, que é quando a alma conquista sua emancipação de toda atadura que possa entorpecer sua ampla liberdade, como inteligência filiada a uma falange redentora de humanidade.

"O outono e o começo do inverno é a época mais propícia para efetuar esta classe de excursões espirituais. A natureza física adormece numa relativa quietude e, principalmente, os seres conscientes cooperam com método, que o bom sentido e a lógica aconselham.

"Fixamos, pois, nossa primeira excursão para o quarto dia de outono, que coincidia com o primeiro da lua minguante. Durante os três dias anteriores de preparação, depuramos nossas urnas materiais, mediante uma alimentação exclusiva de frutas, hortaliças frescas, azeite, pão e água na qual vertíamos essências de flores de laranjeira.

"Um grande silêncio, interrompido apenas pelas melodias dos alaúdes místicos, próprias da invocação; uma absoluta consagração ao bom, belo e puro, que a mãe natureza nos brinda se sabemos pôr-nos em harmonia com ela, uma união permanente com as grandes inteligências-guia dos buscadores da verdade e da luz, e com um sereno e confiado abandono no seio do amor eterno, eis aí a depuração espiritual realizada naqueles três dias solenes antes de empreender o vôo.

"Na noite do terceiro dia, estendidos em oito canapés de junco, abertos sobre o mais afastado terraço da nossa escola, protegidos por um cortinado transparente, tecido de fio branco, evocamos a alma criadora de tudo quanto palpita na vida, e a alma criadora nos absorveu como num sopro suave de seu alento soberano, e caímos no sono consciente sem dificuldade alguma.

"Encontramo-nos, minha mãe, Hilkar e eu, sobre a colina do encontro místico com Odina, minha alma-esposa de séculos. Faltavam cinco dos companheiros. Compreendemos suas dificuldades de noviços e os invocamos fortemente com o nosso pensamento de amor. Chegaram juntos Tilkaré e Alúdio, e nos deram a notícia de que os três restantes, ou seja: Kelianto, Banadio e Manadin, viam-se impedidos por uma nuvenzinha de espíritos ligeiros, espécie de pequenos duendes repugnantes que lhes saíram ao encalço apenas se desprenderam de suas urnas materiais. Os três sofriam de debilidade na vigilância de seus sentidos da vista e do ouvido e, através da vista e do ouvido, haviam penetrado em suas mentes imagens perturbadoras que às vezes levantavam neles borrascas internas difíceis de apaziguar. Não eram senão entidades elementais, ondinas da água ou sílfides do ar, a quem seus próprios pensamentos deram consistência, por haver cedido à curiosidade de observar de nossos terraços as danças dos coros de libélulas que, nos grandes lagos iluminados da cidade, eram realizados nas primeiras horas da noite, durante o banho das princesas reais.

"O retiro e a quietude de três dias não tinham sido suficientes para apagar de suas mentes essas visões perturbadoras. Compreendi, ante a Luz Divina que os ajudaria a se corrigir dessa fraqueza através de uma lição prática, e cortei o fio de nosso pensamento de ajuda a eles, ao mesmo tempo que os mandei despertar.

"Nós cinco, que estávamos livres, fizemos uma fervorosa invocação à Divindade. Imediatamente, fomos envolvidos por um suave resplendor, do meio do qual saiu esta voz:

"— Eu abro os caminhos de Deus.

"— É Órion — disse eu, pois reconheci sua frase — lema de milhares de séculos. — Apenas pensei isso, sua figura, como uma estátua de ouro polido, se destacou sobre o azul dos céus.

"— Meu irmão! — disse —, vieste a tempo, pois eu estava desorientado pela imperfeição dos outros.

"— Não falharam — respondeu-me. — É apenas uma fraqueza própria de espíritos que não se submetem com coragem à disciplina mental indispensável a esta classe de trabalhos. A experiência desta noite torná-los-á mais cautelosos. Agora, vendo-se despertos, choram os três amargamente por não haver podido seguir-te. Vamos!

"— Para onde? — perguntei.

"— Eu abro os caminhos de Deus — respondeu estendendo seus braços de luz para os quatro pontos cardeais. — O amor misericordioso abre diante de ti as portas das moradas de dor. Tu as reconhecerás na imensidão pelas vibrações pesadas de uma atmosfera cinza-escura, salpicada de luzinhas vermelhas como olhos de insetos que acendem e apagam. Penetra nelas sem medo, que teus irmãos de aliança estão contigo.

"Sua luz dourada nos envolveu como num dulcíssimo abraço e se dissolveu como um sol diluindo-se nas nuvens do entardecer. Flutuávamos ainda sobre a colina do encontro e a energia de nossos pensamentos nos levou com vertiginosa rapidez para um imenso globo dourado, cuja corte de quatro luas enormes me fez compreender que nos achávamos próximo de nosso vizinho *Jovin* (Júpiter). Passamos tão próximo a ele que percebemos a suave sutilidade de sua atmosfera, que aparece ante o investigador espiritual como uma delicadíssima rede de fios de ouro estendida em todas as direções, parecendo perder-se no infinito.

"— Esta elevada humanidade de pensadores, clarividentes e mestres da telepatia, mantém estendida em torno do seu planeta esta mística rede de ouro e seda vibrando diante de nós como uma melodia de suavidade indescritível.

"— Vós a ouvis? — perguntei a meus companheiros. Uns ouviam com mais intensidade que outros, e a lei eterna foi tão generosa conosco que nos permitiu captar as ondas de algumas mensagens telepáticas de seres encarnados naquele imenso planeta e dirigidos a um desencarnado em nossa pobre Terra:

"— Filho querido!... — dizia a mensagem como um canto de amor distante. — Toma a tua barca, segue pelo mar Atlante, vinte dias para onde sai o sol, e encontrarás uma pequena ilha que foi o cume da mais alta montanha do continente submerso. Ali vivem, ainda, dois anciãos solitários, os últimos descendentes da dinastia que foi do santo rei Anfião, guardando com suas vidas grandes tesouros, que te serão úteis para a obra que realizam no meio dessa humanidade.

"Não pudemos captar a resposta, mas tivemos a intuição de que a mensagem foi recebida, e pouco tempo depois tivemos no plano físico a mais ampla comprovação. A mensagem foi enviada por um sábio príncipe desencarnado há duzentas luas, das últimas famílias descendentes dos antigos tolstecas, que a grandeza do rei Anfião envolvera numa auréola impossível de apagar. Essa mensagem era dirigida ao mais velho de seus filhos que continuava os estudos e a obra filantrópica do pai, embora em pequena escala por escassez de recursos. Quatorze luas depois, apresentava-se na nossa escola um homem de idade madura solicitando comparecer às nossas aulas, para as quais fora impulsionado, também, por outra mensagem telepática de seu pai, que lhe indicava a conveniência de se juntar a nós, tanto para chegar a um bom desenvolvimento espiritual, como para dar forma prática à obra de benefício público que realizava em particular. Não obstante ter quase o dobro da minha idade, foi um discípulo dócil como uma criança deixando-se guiar sem pôr dificuldades. Chamava-se Sisardo de Ophekuan, e gravo aqui seu nome com terno carinho.

"A sutil e pura atmosfera que envolve nosso grande vizinho Jovin ou Júpiter nos retinha como se houvéssemos caído numa delicada rede de fios de seda, de uma suavidade indescritível. Aproximamo-nos tanto de seu plano físico que pudemos ver suas montanhas de rochas rosadas como tingidas de ametista e âmbar; seus lagos e rios com aspectos de igual cor e, às vezes, com reflexos azulados e esverdeados causados, certamente, pelos variados matizes irradiados por suas quatro enormes luas, que aparecem por turnos e em diferentes horas.

"As cidades flutuantes, sobre a água, cuja corrente os leva a diferentes países, de acordo com os trabalhos a que se dedicam os indivíduos daquela humanidade, entregues, em sua grande maioria, às pesquisas científicas de toda ordem, com o que conseguiram eliminar quase por completo as causas das dores humanas. Claramente se compreende que a grande evolução dos seres pensantes afastou do éter e das atmosferas jovinianas todos os elementos prejudiciais às suas vidas orgânicas e às vidas inorgânicas, de tal forma que ali não existem pragas destruidoras de plantações nem de gado, pois todos os que são do reino animal, cuja vida prejudica a humanidade, foram eliminados. O ser pensante é, ali, um verdadeiro rei em seus domínios, pois seu grau de evolução lhe deu o poder sobre os seres e as coisas que os rodeiam. Absortos estávamos na suave placidez daquela atmosfera, como brisa perfumada de flores, quando nos vimos repentinamente envoltos numa nuvem azulada e brilhante que quase nos deslumbrou. Mas, ao se aproximar de nós, tomou formas bem definidas e eu reconheci meu irmão da Aliança, Okmaía, que parecia sair ao meu encontro.

"— Tu aqui?... — dissemo-nos mutuamente com o pensamento.

"— Continuo minhas viagens interplanetárias para cumprir a ordem do Amor Misericordioso — disse eu em primeiro lugar.

"— E eu — disse ele —, obedeço à ordem de minha lei, que me deu a missão de terminar a depuração desta humanidade já tão adiantada.

"— Estes são os meus aliados da Terra — disse, assinalando meus companheiros de viagem.

"— Bem o compreendi — respondeu. — Temo que o que ides observar desta vez seja demasiado forte para eles.

"— São valorosos e decididos.

"— Então procurai seguir-me.

"Tomou-me pela mão direita e, como uma flecha, descemos mais na atmosfera do grande planeta.

"Já quase tocávamos o plano físico, que chegamos a perceber claramente, ainda que já fosse noite. Flutuávamos sobre uma cordilheira de cinzentas rochas nuas, nas quais se viam enormes cavernas, cujas bocas negras davam a impressão de enormes monstros com as fauces abertas.

"Nosso guia deteve-se por um momento, e vi seu pensamento dizendo:

"— Já estou aqui. Vinde. — Imediatamente, saíram não sei de onde sete seres de forte irradiação azul e de cujas mãos partiam algo como dardos de um vermelho vivo e formoso, lançando pequenas centelhas de luz.

"— Estes são os meus obreiros mais fortes — disse o meu guia. — Porque é chegada a hora em que age a justiça divina para a depuração final deste planeta, que entrará em breve a ser uma das moradas do reino de Deus. Ficai quietos sobre este montículo e observai serenos quanto aparecer diante de vossa mente.

"— É a hora! — disse com solene gravidade, dirigindo-se aos que havia chamado seus obreiros. — Tomai de mim quanto necessitais e fora com eles! — Os sete espíritos de brilhante azul o rodearam, e com aqueles dardos vermelhos de suas mãos, como se fossem canos absorventes, receberam em torrentes um fluido que parecia fogo vivo irradiado pelos braços abertos e pelo corpo de Okmaía, que tomara o aspecto de uma fogueira de vivíssimo resplendor. Durou isto somente alguns segundos, e os sete seres dos dardos desceram para as cavernas. Pouco depois, vimos começar a sair uma cadeia de seres manietados, tão negros em sua asquerosa nudez e com um aspecto tão horrivelmente feio que não encontro nada apropriado para fazer uma comparação.

"Pudemos contar vinte vezes cem desses monstruosos espectros, que devem ter sido humanos em algum tempo.

"Okmaía viu a pergunta em meu olhar e disse:

"— Este é o juízo final dos eternos rebeldes à bondade divina. É a última depuração deste planeta, e serão conduzidos à lua mais distante das quatro que vedes.

"Os sete espíritos dos dardos vermelhos conduziam-nos como a prisioneiros raivosos, lutando por libertar-se, embora sem consegui-lo.

"— Vinde e vereis o juízo final dos rebeldes à grandeza de Deus.

"Perdemos de vista os prisioneiros e chegamos, muito antes deles, ao satélite que nos fora indicado. Lá nada havia a não ser rochas nuas cheias de crateras de vulcões ardentes. Não existia vida em parte alguma, nem uma fibra de erva nem um inseto ou uma larva... Nada, nada.

"Aquilo era de uma aridez horrorosa. Como uma catarata de negro fumo e lodo fervente chegaram os negros espectros, cuja negrura e fealdade formavam contraste com o brilho azul de seus condutores e os dardos vermelhos que pareciam servir de barreiras de fogo em suas mãos.

"— Aqui será realizado o mais formidável processo de justiça divina que se pode imaginar. Firmes! — disse Okmaía a seus companheiros. Estes uniram a ponta de seus dardos vermelhos à maneira de cúpula sobre o negro e informe montão, formado pelos espectros.

"— Grande Atman! Supremo Senhor de quanto vive e palpita, que se cumpra a tua justiça soberana nestes seres, tal e como eles mesmos o quiseram!
— O forte espírito de Okmaía estendeu seus braços de luz, como abarcando o horizonte. Então minha inteligência presenciou algo tão horroroso que se torna quase impossível definir.

"Cada um daqueles espectros apareceu como suspenso sobre o vácuo por um delgado fio branco que se perdia no infinito. Os sete espíritos azuis cortaram com seus dardos de fogo aqueles débeis fiozinhos brancos. Os espectros, em meio a horríveis contorções, caíram sobre as áridas rochas, debatendo-se com fúria uns contra os outros. Mas os dardos de fogo das mãos estendidas dos obreiros de Okmaía foram alcançando-os um a um, e ficaram convertidos em nuvenzinhas de cinzas negras.

"— Ventos do infinito! — disse Okmaía. — Dispersai neste globo sem vida estas escuras cinzas, para que voltem ao reino mineral de onde saíram um dia! Somente aqui, onde ainda não há sinais de vidas orgânicas, podem recomeçar sua carreira eterna os que desprezaram tua majestade soberana.

"Um vendaval de fogo e de lava ardente arrojadas do profundo dos vulcões em perpétua ebulição passou como onda fatídica, levando em suas correntes ígneas aquelas pobres e negras cinzas do que haviam sido corpos astrais de seres com inteligência, vida, vontade e livre-arbítrio.

"Quando desapareceu de nossa vista a espantosa cena, procurei meus companheiros e os encontrei atrás de mim, sentados com languidez sobre as rochas, seguindo com os olhos assustados as correntes de lava ardente nas quais se haviam diluído aquelas cinzas. Minha mãe chorava com suprema angústia.

"— Não posso mais, meu filho!... Não posso mais!

"— Voltemos! — disse Okmaía, reunindo a seu redor seus sete obreiros, cujo aspecto impassível, sereno, rígido assemelhava-os a belas estátuas de safira, com seus dardos de vermelho fogo e seus olhos como diamantes que arrojavam luz.

"— Tua mãe é um espírito demasiado sutil para presenciar esta tremenda justiça do grande Atman. Tu mesmo estás esgotado, e teus discípulos mais que tu.

"Passei meu braço ao redor dos ombros de minha mãe para animá-la e empreendemos o regresso seguindo Okmaía e seus sete companheiros. Eles penetraram na atmosfera do planeta Jovin, e meu irmão da Aliança continuou acompanhando-nos até a colina do místico encontro do amor misericordioso. Ao sentir-nos novamente na atmosfera terrestre, onde jaziam em quietude nossas matérias, tivemos a sensação daquele que retorna à sua casa, seja esta pobre, ruinosa ou triste.

"— Aqui, neste sereno oásis da vossa Terra — disse o nosso guia —, teremos uma breve confidência que não era possível em outros ambientes e entre as rudes vibrações do que devíamos realizar.

"Todos nos sentamos sobre aquela formosa colina tapetada de verde relva e iluminada pela luz pálida da lua minguante.

"— Meu irmão! — disse eu a Okmaía. — Admiro tua fortaleza, da qual eu não sou capaz. Como é tremenda a justiça divina quando cai sobre seres que pisotearam sua infinita bondade!

"— Efetivamente — respondeu ele. — Sabes o que são cinqüenta mil anos pisoteando, sem interrupção, a majestade divina? Tens idéia dos milhares de horrorosos crimes e de vítimas que esses seres foram fazendo uns após outros no longo correr de todos esses séculos? Sabes que, durante um longo ciclo, foram obrigados a encarnar em corpos de monos gigantes, como último meio de redenção, e ainda ali encontraram o modo de exercer sua sede de crime e de maldade, matando milhares de seus companheiros de raça, para beber o sangue de suas entranhas quentes e ainda vivas?

"— Isto é horrível... entre o mais horrível que conheci — exclamei cheio de horror e pavor. — E seus Egos?

"— Sentem a dor de uma mãe que perde um filho; mas, como não chegaram a um desenvolvimento nem sequer mediano de sua consciência íntima, não podem avaliar nem apreciar cabalmente o fracasso das personalidades que lançaram nos planos físicos. Além do mais, este corte supremo dado pela eterna lei faz com que sintam dor e descanso ao mesmo tempo, como, por exemplo, uma mãe que vê morrer um filho louco de nascença, cuja vida foi uma série de desastres para todos. Ao recolher em si mesmos o fio fluídico, por onde desce a corrente da inteligência para o ser que está encarnado, os

Egos se concentram por um tempo mais ou menos longo, como uma crisálida dentro de seu casulo de luz, até que o forte instinto que os leva a se manifestar novamente em vidas físicas os obrigue a desprender e estender suas asas buscando o meio ambiente para novos ensaios que, com as experiências adquiridas, têm mais probabilidade de êxito.

"O livre-arbítrio começa na centelha divina ou Ego, ou Eu Superior, no momento em que se despertou nele essa potente força que o obriga a manifestar-se na vida física, e sucede que, animados do desejo de um progresso mais rápido, ao chegar em suas vidas no reino vegetal, escolhem com preferência as grandes e fortes espécies de vida longa, e em paragens e resguardo da destruição que pode vir dos reinos mais elevados. Repugna-lhes grandemente ver-se submersos com demasiada freqüência nas chamadas almas múltiplas que, como sabem, existem nos começos dos reinos inferiores ao humano; sentem o prazer de adquirir uma individualização mais rápida na longa vida de um carvalho que na vida efêmera de uma pequena plantinha, que nasce e morre em cada primavera. À vezes pode ser e às vezes não, porque até no reino vegetal há tipos que vivem às custas dos demais, destruindo com suas raízes estendidas sob a terra, a longas distâncias, a vida vegetal de toda a sua vizinhança. Essas grandes e fortes trepadeiras que matam árvores estrangulando seus ramos, são outros tipos de vidas físicas daninhas, e são um mau começo nos primeiros ensaios que os Egos realizam. O mesmo sucede ao entrar no reino animal, com a preferência pelas fortes espécies que vivem devorando as pequenas.

"É por isso muito sábio o velho adágio que afirma: 'Não chega mais cedo aquele que mais corre, mas aquele que mais prudentemente caminha.'

"Antúlio! Meu irmão de tantos séculos!... Quanto ganharam os setenta sendo, por longas épocas, pequenas relvas, margaridas e violetas sobre a lousa sepulcral do nosso Pai Sírio que se houvéssemos começado sendo altos pinheiros ou cedros parasitários! Depois, dourado bando de coelhinhos abrigados na ruína de seu sepulcro feito escombros; depois, andorinhas agasalhadas entre os velhos torreões dos edifícios que foram os santuários do seu sábio ensinamento; e, finalmente, ovelhinhas que, no monte o seguíamos a pastar pelas pradarias quando em uma sua nova vida nos apascentava...

"De todos os seus filhos da eternidade, somente setenta foram salvos!... Só setenta!... Em tua vida física de Anfião, deixaste na pedra tudo isto, mas nem sequer as pedras resistem à formidável ação dos séculos. Por isso, eu o recordo neste suave momento de lembranças do passado.

"— Acaso — perguntei, movido por uma secreta intuição — não haverá entre esses terríveis espectros, que a justiça divina reduziu a moléculas de cinzas, alguns dos que foram nossos irmãos de nascimento, nas distantes épocas de nossos começos de vida?

"Okmaía inclinou-se para mim e me apertou sobre seu coração, do qual partia uma forte vibração de dor.

"Meus discípulos e eu começamos a soluçar silenciosamente, embargados por um profundo pesar. Okmaía, mais forte, por pertencer à falange da justiça, afogou no mais profundo de si mesmo sua angústia e, dando um grande suspiro, pôs-se de pé ao mesmo tempo que me dizia:

"— Meu pensamento chegou a ti, Antúlio, meu irmão de séculos? Mais da metade desses seres levados à desagregação foram nossos irmãos, dependentes como nós do nosso Pai Sírio, que pela eterna lei do livre-arbítrio não pôde impedi-los de rodar até o abismo. Agora, volta a teu ninho terrestre e ensina à humanidade, que é teu campo de trabalho, o que é a justiça divina para os que pisoteiam e desprezam sua bondade infinita e seu inefável amor.

"Okmaía irradiou novamente um grande nimbo de luz azulada que nos envolveu a todos como um suave beijo de despedida e se diluiu entre as suaves claridades daquela lua minguante sobre a mística colina do amor misericordioso.

"Meus companheiros e eu ficamos como absortos por uma onda poderosa de silêncio e quietude. Compreendi que essa sensação ajudava a pôr-nos em harmonia para poder tomar novamente nossas urnas materiais, sem choques e sem violência. Nossas mentes percebiam, dali, as pequenas torres do nosso santuário a emergirem como brancos guardiães por cima do espesso arvoredo que o rodeava. Percebê-las e estar ali foi tudo uma coisa só. Hilkar e eu despertamos primeiro, e uns depois dos outros foram despertando os demais. Encontramos os três que não puderam seguir-nos velando nossos corpos.

"— Não fiqueis assim desconsolados — disse — que para uma próxima vez estareis mais fortes e mais bem preparados. O desalento não é próprio dos buscadores da verdade. Não existe fracasso para os que caminham com sinceridade e firmeza para um grande ideal.

"Preparai vossos papiros, para que, depois de tomarmos juntos a refeição matutina, possais assumir a função de notários de tudo quanto temos para ditar. — Minha pobre mãe viu-se obrigada a guardar repouso no leito por três dias consecutivos, pois sua matéria viu-se afetada pelas tremendas impressões sofridas pelo seu espírito. Nós todos também tivemos que tomar descanso nos estudos até poder voltar à serenidade mental que nos era necessária. Demos uma trégua às nossas incursões interplanetárias até a segunda lua minguante daquele outono inesquecível, cujo triste cair de folhas e os amortecidos resplendores do sol parecia formar contraste com a magnífica floração de nossos conhecimentos superiores, que progrediam paulatinamente.

"Em nossas assembléias espirituais íntimas, foi introduzido Sisardo de Ophekuan, cuja faculdade telepática chegou a um alto grau de desenvolvimento.

"Meus três irmãos da Aliança, Órion, Okmaía e Aheloin, se manifestaram com freqüência para fazer as indicações oportunas à nossa preparação para novas excursões.

"Entretanto, eu continuava atendendo aos numerosos ouvintes da aula pública, para quem o ensinamento era muito limitado, adaptando-o à capacidade espiritual da maioria.

"Foi por este tempo que o poder do Estado, arvorando-se direitos que não lhe correspondiam, ditou uma ordem rigorosa de que todo homem chegado à idade viril estava obrigado a tomar esposa, como um meio de sanear os costumes e propender ao aumento dos nascimentos, que haviam diminuído uns quarenta por cento diante da corrupção reinante.

"Eu, por descender de família sacerdotal das mais antigas e veneradas daqueles tempos, ficava fora dessa obrigação se assim fosse da minha vontade. Hilkar, descendente de príncipes reais, tampouco seria obrigado se não o quisesse, mas os demais caíam sob a prescrição que não admitia nenhuma escusa. Dava-se um prazo de vinte e cinco luas para o cumprimento de tal edito.

"Meus discípulos atormentaram-se grandemente com a decisão governamental, mas a divina sabedoria sugeriu a idéia que poderia remediar em parte a dificuldade.

"Nessa época de tão espantosa corrupção de costumes, onde encontrar donzelas puras, a quem meus companheiros de escola deveriam unir suas vidas?

"Então tive a idéia feliz de fundar, com os tesouros trazidos por Sisardo de Ophekuan e com minha mãe à frente, uma escola feminina para adolescentes e meninas trazidas das pradarias da distante Orozuma e Otlana, que por estarem encerradas numa muralha natural de imensas montanhas, sabia-se que podiam ser encontradas nas famílias de lavradores e pastores donzelas que ainda desconheciam a corrupção e os vícios das grandes cidades pertencentes a Manha-Ethel.

"Minha mãe, acompanhada de dois anciãos servidores, foi em busca dessas pérolas escondidas entre os restolhos e os rebanhos; e voltou com vinte e sete adolescentes e quatorze meninas como fundadoras da escola-pensionato, onde lhes seria dada a mais elevada educação e cultivo intelectual, que na época era costumeira para as filhas de famílias aristocráticas e ricas.

"Entre essas adolescentes chegou Íris, cujos pais, cardadores de lã, vieram com ela para continuar seu ofício na grande capital.

"Desta maneira, foi salva a dificuldade para meus discípulos, que ao finalizar os dois anos de prazo dados pela lei, escolheram esposas entre as vinte e sete adolescentes educadas no pensionato dirigido por minha mãe.

"Antes de chegar a segunda lua minguante desse outono, começou uma horrorosa guerra entre Manha-Ethel e os países limítrofes: Monte Negro, Vale de Ouro e Maiolândia. Fazia já anos que os quatro países vinham disputando entre si uma enorme montanha de ferro, de cobre e de outros metais e pedras preciosas, que na realidade não pertencia a nenhum dos quatro, pois aquilo que aparecia como montanha, os mais velhos do país recordavam ter ouvido de seus avós que ali existiu uma populosa cidade, completamente sepultada no fundo da terra por um enorme aerólito que caíra do espaço azul.

"Os sacerdotes de Zeus, por seus áugures em transe, haviam recebido escritura de inteligências amigas, anunciando a obstrução daquela grande cidade por um misterioso fogo do céu. Poucos anos depois havia ocorrido o fato, que antecipadamente ficava explicado assim: de um sistema solar vizinho ao nosso, e de um sol chegado à decrepitude há inúmeros séculos, havia explodido em pedaços como uma enorme granada, e um deles, que pesava muitos milhões de cubas (medida comparável ao metro cúbico do nosso tempo), caiu sobre a grande cidade sem deixar dela nem o mais ligeiro vestígio sobre a terra.

"Esse enorme meteoro era, na verdade, um tesouro fabuloso que permaneceu ignorado por muito tempo, em razão, sem dúvida, do pânico que sua queda causou, pois toda essa bela região, que abrigara outrora campos férteis em torno da grande capital, foi abandonada pelos seus habitantes.

"O segredo científico chegou ao conhecimento dos soberanos desses países, por causa da avareza de um sacerdote do templo de Zeus, que prometeu a um dos reis torná-lo senhor de um grande tesouro se o elevasse à categoria de grande sacerdote, posto tão honorífico que quase ultrapassava o dos reis.

"O tesouro era aquele meteoro, que parecia com uma montanha comum pois, ao afundar-se na terra, tinha levantado a seu redor grandes nuvens de terra sobre as quais continuara crescendo a vegetação. A ambição desse homem pôs a descoberto a escritura que fora conservada entre os papiros sagrados do templo, a qual dizia assim: 'A vasta cidade Oromaía será sepultada daqui a trinta luas por um monte de ferro, cobre e pedras preciosas, mandado por Zeus do céu azul. Como essa cidade tinha sido a capital dos quatro países que até então formavam um só, daí nasceu a contenda armada, pois cada qual queria para si a montanha mágica.

"Precisei falar deste assunto, ao que parece tão alheio aos temas que vinha desenvolvendo, porque essa guerra, que chegou aos maiores acessos de furor e de cruéis matanças, prejudicou nossos trabalhos espirituais de tal maneira que fomos aconselhados por nossos aliados espirituais a suspender as viagens interplanetárias que, como é natural, são realizadas contando com a maior quietude e sossego para as urnas materiais deixadas em repouso.

"Os exércitos em luta invadiam, uns aos outros, as cidades e praças do adversário, arrojavam catapultas destruidoras, fachos alcatroados ardendo em labaredas, milhares de dardos e flechas envenenadas dos falcões da morte que soltavam em vôo, como aves sinistras semeadoras de terror e de morte sobre as populações enlouquecidas de ódio e de furor.

"Algumas das torres do nosso santuário foram derrubadas pelas catapultas, e vimo-nos obrigados a habitar as cavernas de granito sobre as quais havia sido edificada há séculos a nossa escola, que anteriormente fora templo de Diaus. Durante dezoito luas, vivemos nas tenebrosas cavernas apenas iluminadas por círios e tochas, de noite e de dia. Mas, como nossas alianças espirituais sentiam como suas próprias a nossa angústia, jamais nos vimos abandonados. Aquelas negras cavernas, as que consagramos ao recinto de invocação, viram-se muitas vezes iluminadas pelas radiantes aparições daqueles amigos eternos para quem não existe a distância nem o tempo e que não conhecem o esquecimento nem nunca dizem adeus.

"Ali tivemos, quase diariamente, as radiantes visitas de meus companheiros da Aliança: Aheloin, Okmaía e Órion; tivemos Odina e vários outros, que realizavam encarnações messiânicas em Vegha, Arco de Ouro, Aquamundis, Marte e no Sol verde do Sistema Tricolor, nosso vizinho.

"Quando nossas dores e sacrifícios chegaram ao auge, por causa da espantosa contenda armada, tivemos a visita espiritual do nosso Pai Sírio, que das alturas inacessíveis a que a lei eterna o havia alçado, encontrou o meio de fazer chegar a nós a flecha de ouro do seu pensamento de amor.

"Na verdade, o amor salva de todos os abismos, e o amor imenso dos que durante longas épocas nos amaram pôde vencer as negras trevas dos ódios, dos rancores e das paixões humanas desatadas como espantoso furacão, para vir consolar e animar as almas abatidas de seus companheiros de séculos.

"Cada visita daquelas foi um admirável tratado de divina sabedoria, na forma de completar os conhecimentos que havíamos começado a adquirir em nossas viagens interplanetárias e que o furioso estrondo da guerra nos impedia de continuar. Então pudemos comprovar até a evidência que, quando um pequeno núcleo de seres busca a verdade divina e o soberano amor com verdadeiro desejo de encontrá-los, e se põe em harmonia com ele, não há força inferior e grosseira que possa prejudicá-lo.

"Aheloin iniciou esta era de gloriosas visitas no negror das cavernas. Foi uma tarde, quando estávamos reunidos ao redor de uma fonte natural, formada no centro da grande caverna, que era recinto de oração. Essa fonte havia-se formado por uma infiltração da rocha, pois estava situada justamente debaixo de uma queda de água que existia acima, na parte da montanha encostada numa das paredes do velho templo de Diaus.

"Nossas lágrimas silenciosas, nossas profundas angústias, nosso pensar contínuo, haviam sem dúvida vitalizado as águas dessa fonte, pois chegaram a se tornar saudáveis para os necessitados atacados de crise histérica, demências repentinas, febres malignas, *delirium tremens*, enlouquecedores e mortíferos. Enfermidades e males aos milhares, produzidos pelo terror e pela crueldade da luta, encontraram alívio e cura nas águas dessa fonte que desde então foram consideradas milagrosas.

"Naqueles dias de dor e de trevas, desenvolveu-se em todos — éramos dez com minha mãe — a clarividência em forma tal que foram momentos de glória, de amor e de suavidade infinitas. Foi numa tarde em que, no mais completo silêncio e numa profunda evocação, pedíamos à Luz Divina por todas aquelas mentes enlouquecidas de ódios e de furor, quando de repente a água da fonte se iluminou de um dourado resplendor, como se o sol, antes de se ocultar, houvesse arrojado sobre ela uma explosão da ruiva luz do entardecer. A luz foi se tornando cada vez mais intensa até poder comparar-se a um sol que houvesse descido sobre as águas. Minha mãe caiu em transe, e através dela, Aheloin falou:

"— Sou uma onda de energia divina que, ao tomar contato com as águas desta fonte, produzirá uma inundação de vigor e fortaleza em vossos espíritos abatidos pela tempestade do ódio e das paixões humanas. Apenas dez dos Setenta ficaram livres dos laços da matéria em planos físicos, e estes dez repartiram entre si o tempo em alentar e consolar os amados cativos. Agora mesmo venho do vosso vizinho escarlate (Marte) onde nosso irmão Ghedula padece imensamente, mais que tu nesta Terra, em razão dos habitantes daquele globo serem, em sua maioria, as raças guerreiras e sanguinárias que foram afastadas de Pólux e Régulo, quando estes planetas estiveram em condições de ser habitados por uma humanidade mais adiantada. Havia ali disseminados, mas ainda no plano astral desses planetas, uma infinidade de espíritos parasitas ou vampiros a semear a discórdia e o ódio naquelas humanidades, produzindo insuportáveis dores aos justos semeadores da paz e do amor. Honrando meu nome-símbolo — *Onda de Energia Divina* —, precisei dirigir desde o alto a transferência desses seres para os dois satélites que cortejam Marte, para cooperar assim no êxito da missão messiânica do nosso irmão.

"— E os reduzistes a cinzas para que recomecem sua carreira de séculos? — perguntei recordando o horroroso processo que vi Okmaía realizar.

"— Ainda não! Porque, para estes, a eterna lei segue um processo mais lento ainda, em virtude de seus Egos estarem mais desenvolvidos. Por si mesmos, eles cortam o fio fluídico transmissor da divina inteligência que desce até eles, e o recolhem lentamente para si mesmos.

"— É mais benigna a lei — disse eu, julgando compreendê-la dessa forma.

"— Ou talvez mais severa, dependendo do ponto de vista de quem analisa este assunto — respondeu ele.

" 'Não sei que coisa é mais terrível, se os dardos de fogo daquelas falanges justiceiras ou a desagregação daqueles horríveis cadáveres astrais, dando ao observador espiritual o quadro horripilante e terrorífico de ver braços, pernas, cabeças, vísceras de matéria astral separados do resto do fantasma, continuando ainda a agitar-se em contorções de uma vida que luta por se prolongar. Nessa espantosa luta, acabo de deixá-los para vir a este oásis de amor divino que é, Antúlio, esta caverna, que agasalha os que sofrem, esperam e amam como vós. Onde quer que vibre um amor como o nosso há claridades de aurora e água fresca de mananciais e pradarias floridas iluminando os astros do Eterno.

"— Estes povos — perguntei — que se destroem de tão horrenda forma pela posse de uma montanha de ferro, cobre e pedras preciosas, não podem ser contidos pelo poder divino que encadeia os ventos e as tempestades?

"— Oh, não, Antúlio, meu irmão! Porque entre as vidas que são cortadas pela guerra estão duas categorias de espíritos, que pela lei eterna devem mudar a rota de sua evolução: os semivampiros, que ainda podem esperar redenção, tomando corpo em espécies de monos gigantes, e outras formas parecidas em globos de preparação para introduzir o reino humano; e os vampiros, que devem ser abandonados por seus Egos nessa lua que vos ilumina e que tão brilhante e formosa aparece a distância. Bem sabes que a encarnação física de um messias produz grandes mudanças na humanidade que habita este planeta; e, não obstante apareças abatido no fundo de uma caverna, a eterna lei vela para que não seja estéril nem uma única de tuas lágrimas nem um só de teus sacrifícios. Se tantos espíritos de grande força contrária voltarem a tomar matéria nesta Terra, que será da doutrina de Antúlio dentro de poucos anos?

"— Dize-me, Aheloin. São muitos os desventurados seres que desta Terra devem ser conduzidos à nossa lua para sofrer a desagregação?

"— São em menor número em relação aos que havia em Marte procedente de Pólux e de Régulo. Bem sabes que o nosso irmão Ghedula é um espírito fortíssimo, capaz, e contudo às vezes ele se vê profundamente comovido em seu eu íntimo pelas terroríficas vinganças que, sob o aspecto de justiça, realizam os poderosos de Marte, chamado, com certa razão, pelos antigos astrólogos, o *Guerreiro Vermelho dos Céus*. Ali os seres fracos espiritual e fisicamente não permanecem muito tempo porque são eliminados em seguida, não por meio do assassinato violento, mas submetendo-os às duríssimas provas de resistência, de força e de audácia, na qual a maioria ali é de indivíduos que deixam muito atrás os mais fortes desta Terra, e naturalmente deixam a vida física nessas provas. As raças mais guerreiras que vieram a este planeta foram, em sua maioria, espíritos originários de Marte, pois lá se olha com grande simpatia para a Terra, que é para eles a estrela vespertina, como Vênus o é para a Terra. Através de avisos espirituais, sabe-se ali que a humanidade terrestre é inferior à de Marte, do ponto de vista dos marcianos, para quem não há maior grandeza além da proporcionada pela força, pela destreza, pela coragem, pela audácia e em tudo o que seja a luta de uns contra os outros. Às vezes, eles emigram em legiões para este planeta, para tomar posições vantajosas entre esta humanidade que consideram fraca e insignificante. Essas legiões guerreiras de Marte vieram pela justiça divina, quando a humanidade terrestre, mais adiantada nos conhecimentos superiores e no sentimento do amor fraterno, esqueceu os princípios de sua lei e se entregou aos vícios e corrupções que, por seu grau de evolução, já lhe estão vedados.

"— Mas nosso irmão Ghedula encarnado lá, que doutrina ensina, se não pode falar à humanidade do amor, da fraternidade, da tolerância, da suavidade dos costumes? Que Deus adoram os marcianos, se não adoram ao Deus Amor? — perguntei a meu irmão Aheloin.

"— O instrutor Messias daquela humanidade, se quer ser ouvido, deve pôr-se em harmonia com o que ela é capaz de compreender e assimilar. Dessa forma procura fazê-la progredir, baseado nos princípios do poder da justiça, da energia e da eternidade de Deus.

" 'Lá não existem as dinastias hereditárias; são soberanos e chefes de povos os que saem vencedores das terríveis provas de destreza, valor, audácia, resistência e justiça. Lá não se compreende a compaixão nem a caridade, e ninguém, tampouco, as espera, a não ser que cada qual se esforce até o indizível para bastar a si mesmo; e quando se vêem completamente esgotados, os poucos que não morrem em guerras ou lutas, tiram estoicamente suas próprias vidas, porque interpretam que é justiça terminar com uma vida inútil. Sua crença religiosa num Deus forte, poderoso e justiceiro os faz pensar que, ao morrer, entram diretamente a ser soldados ilustres nas legiões aladas e gloriosas desse Deus, que eles só compreendem como o máximo da força, do poder e da justiça.

" 'Dir-se-ia que a configuração física desse planeta coopera com as observações dessa humanidade. Marte é planeta de pouca água. Não há oceanos abertos, como neste e em outros globos do vasto universo. Seus pequenos mares mediterrâneos mantêm uma corrente de pensamentos e de ideais homogêneos, como se a proximidade em que vivem umas raças junto às outras as contagiasse do mesmo modo de sentir e pensar. Sendo seus pontos de vista todos convergentes para a grandeza que emana de poderes adquiridos pela força, pela audácia, pela coragem e pela destreza, chocam-se continuamente uma raça contra a outra, e parece-lhes tempo perdido o que passam sem lutar e sem conquistar.

"— Que mal haveria eu de me encontrar, se tivesse que ser instrutor dessa humanidade!... — exclamei aflito pelo mau estado espiritual que em meu sentir se encontravam os marcianos, e em virtude de reconhecer-me pouca coisa perante a enorme carga de levar sobre os ombros semelhante humanidade.

"— Pois, por isso não te encontras lá — respondeu Aheloin. — A humanidade terrestre segue os caminhos que seguiu a de Vênus, a de Alpha, a de Castor e Pólux, e principalmente a de Vegha, essa branca noiva do azul infinito, cujo radiante véu de desposada, bordado de brancas rosas, fica estendido após ela até incomensurável distância, nessa imensa nebulosa de dezoito milhões de sóis (alusiva à Via Láctea). No reino do Eterno há infinitas moradas, e cada um de nós ocupa aquela em que deve estar.

" 'Nesse incomensurável organismo chamado universo, assim os maiores seres como os mais insignificantes ocupam o lugar que lhes corresponde com uma precisão matemática. Somente estão, às vezes, fora do centro e da lei, os pensamentos e atos do ser inteligente, pela lei do Livre-Arbítrio.

"— Dize-me, Aheloin, já que vens de Marte, não há ali um lugar apropriado para que eu possa visitar nosso irmão Ghedula, para receber dele a força e a energia que me faltam, e dar-lhe em troca o amor e a ternura que me sobram?

"— Oh, sim, Antúlio, meu irmão! Tua matéria é muito mais sutil que a que ele precisou tomar para atuar entre aquela humanidade, toda força, severidade e rigidez. Contudo, deves usar de certas precauções. Por exemplo, antes de penetrar na atmosfera densa e vermelha de Marte, evoca fortemente a Ghedula, e ele, com seus discípulos mais íntimos, sairão a receber-te para abrir um caminho apropriado à tua irradiação e sensibilidade. Do contrário, poderia trazer-te conseqüências graves em detrimento do teu corpo mental e do teu corpo físico.

" 'No centro de um dos mares mediterrâneos de Marte existe uma grande ilha deserta e solitária, a qual está destinada para nela passar seus dias finais aqueles que por sua falta de força física e moral não podem ser úteis a ninguém e tampouco têm a coragem de abrir o próprio peito com uma punhalada. Nessa ilha, desprezível refúgio dos inúteis, segundo o sentir dos marcianos, nosso irmão Ghedula abriu sua escola mística. Havendo encarnado numa posição social mediana, ele se elevou bastante sobre essa humanidade por suas geniais obras de arquitetura, como matemático e químico admirável. Somente seus discípulos sabem que ele é o Messias instrutor dessa humanidade que aprecia nele apenas o seu grande talento, suas atrevidas construções, as soluções que dá a problemas que outras mentalidades não puderam resolver, e suas combinações químicas, com uma das quais limpou em poucas horas uma montanha de metais e pedras preciosas. Sem a sua intervenção, o trabalho de separar terras e penhascos que os cobriam houvera levado muitos anos e muitas vidas humanas.

" 'Em decorrência desse fato, reuniram-se os mais poderosos monarcas e lhe disseram que pedisse o que mais desejasse em recompensa por seus grandes serviços. Com assombro de todos, ele pediu a posse daquela ilha solitária, perdida no centro de um mar mediterrâneo e muito afastada de todas as costas. Concederam-na, supondo que algo estupendo e grandioso seu talento tiraria daquele desprezível lugar. Seus discípulos, com seus familiares, formam ali como uma colônia, onde grandes plantações proporcionam-lhes o necessário para o sustento material. Pequenos navios o põem em contato com essa humanidade a que comparece com muita freqüência para transmitir seus conhecimentos onde estes são solicitados. Ali ele tem o seu Santuário Escola de Conhecimentos Superiores e ali ele te receberá. Os infelizes refugiados na ilha te farão talvez recordar a humanidade terrestre, onde se protege parcialmente os castigados por uma natureza adversa.

" 'Antúlio, meu irmão de séculos, a suavidade de teu oásis me retém aqui mais do que o conveniente! A inefável suavidade de teu amor refrescou e dulcificou o meu ser. Meigo mago do amor misericordioso, que avanças por teu caminho eterno semeando rosas e lírios de amor e de paz!... Teu cálice está cheio de mel e amargura! De rosa e de lágrimas está tecida a tua vestimenta nupcial! Mago da compaixão e da piedade, parece-me ver em prosseguimento a ti toda uma humanidade de mártires, semeadores de rosas brancas de piedosa ternura e de rosas vermelhas de amor misericordioso!

"Minha mãe desapareceu nesse instante entre a dourada claridade emanada de Aheloin, que roçando as águas da fonte envolveu-nos em suaves eflúvios reconfortantes e vigorosos, e se diluiu na tênue claridade derramada pelos nossos círios acesos.

"Uma serena quietude, em meio do mais profundo silêncio, nos permitiu voltar do êxtase no qual havíamos estado mergulhados enquanto ouvíamos Aheloin. Minha mãe, mais sensível e mais sutil, que mais intimamente sentira a poderosa vibração do nosso irmão, retirou-se para sua câmara privada, por se sentir incapaz de suportar sem desequilíbrios nervosos as rudes vibrações das palavras humanas.

"A inundação de felicidade espiritual que vertiam sobre nós os nossos irmãos de evolução não devia fazer-nos esquecer os angustiosos momentos por que estava passando a humanidade terrestre à qual pertencíamos, e foi assim que, junto com todos os meus discípulos, que totalizavam sete vintenas, nos lançamos às ruas e praças da grande cidade onde um coro de gemidos e gritos lastimosos ia indicando-nos os lugares onde jaziam os feridos. Eles caíam aos montões, por efeito dos dardos arrojados desde longas distâncias, ou pelo desmoronamento de edifícios alcançados pela catapultas, ou abrasados pelos archotes incendiários, e pelos numerosos meios de semear a dor e a morte que os guerreiros haviam inventado pela posse exclusiva daquela montanha de metais preciosos.

"O coração parecia dilacerar-se em pedaços à vista de tantas dores. Homens, mulheres e crianças, mutilados e inutilizados e ainda com vida, nos obrigavam a procurar refúgio para eles nas grandes cavernas sob os templos existentes na capital, e ainda nos subterrâneos dos circos-anfiteatros, onde eram encerradas as feras destinadas a lutar e a morrer para divertir aquelas populações ébrias de ferocidade. Com nossas almas carregadas de dor, compaixão e horror, voltaram os íntimos para o nosso retiro e os demais para seus lares.

"Na fonte da nossa caverna, que Aheloin vitalizara com ondas de divina energia, buscávamos a depuração física e astral dos pesados eflúvios que, ao contato com a dolorosa humanidade terrestre, tornava pesado e sufocante o ar que respirávamos.

"Por mais que nos esforçássemos, não fomos todos capazes de afastar da mente os horrores que havíamos presenciado e, portanto, não foi possível formar uma abóbada psíquica adequada para que chegassem ao nosso plano físico inteligências superiores. À nossa invocação, através do transe de Tilkaré, compareceu aquele que havia sido guardião-mor do Santuário no qual eu fora consagrado mestre de ciência espiritual e que havia desencarnado há poucos anos. Por causa de um grande afeto por mim, foi designado pelo Grande Conselho para vestir-me com o manto de linho, pôr em minha direita o cajado de oliveira e cobrir-me com o pálio, as três grandes formalidades usadas para que um discípulo seja ouvido como um mestre nas escolas de divina Sabedoria.

"Eu o chamava *meu pai*, porque na verdade o foi espiritualmente, e até na ordem material posso dizer que substituiu o autor de meus dias, desencarnado durante a minha infância.

"— Porque quero continuar merecendo a glória de que me chames de *pai*, venho a ti nestes tremendos dias de angústia e perturbação — disse, apenas o sensitivo entrou em transe.

"Nossa faculdade clarividente permitiu que o víssemos com nitidez. Achamos estranho não vê-lo coberto, como de costume, com o manto de linho, e que, em vez do cajado de oliveira com que nos aparecia, estava coberto com uma túnica de um azul vivo e brilhante, segurando na mão direita uma luminosa vara de cor vermelha brilhante, como se fosse um ferro avermelhado ao fogo. A luz azul de sua túnica e a vermelha luz de seu bastão de fogo formavam um belo resplendor vermelho e azul, que iluminou com luz do arco-íris.

"— Bem-vindo, meu pai — disse eu apenas o reconheci —, mas vens com tão diferente indumentária do habitual que pressinto alguma grave alteração.

"— As circunstâncias — disse — obrigam os desencarnados a mudar de vestimentas fluídicas, como os encarnados mudam de trajes às vezes, segundo os lugares e as pessoas que vão encontrar. Não reconheces em minha indumentária algo que te recorde teu grande irmão Okmaía?

"— Certo! — exclamei, observando-o com firmeza. — É a túnica azul e o dardo de fogo vermelho dos obreiros de Okmaía.

"— Para ajudar-te neste momento difícil de tua missão divina — disse —, pedi a Okmaía um lugar entre suas legiões, e desde este momento sou o teu guardião imediato e a sombra viva que te seguirá a todas as partes. Desde que se desatou esta desastrosa guerra provocada pelos perversos seres que querem aniquilar a tua obra, és o alvo das invisíveis flechas das legiões do mal. Guardai, pois, em lugar seguro, tudo quanto escreveste para a humanidade do futuro, visto como perder os tesouros de sabedoria que recebeste é maior mal que perder a vida física.

" 'Esta bárbara contenda... Não há lembrança de outra igual no continente — continuou dizendo Felar, pois este era o seu nome —, deve-se, em suas origens... não podeis imaginar a que forças espantosas postas em ação!... Essa montanha, pela qual se dilaceram e se matam, está ali há três centúrias.'

"— Como é que antes não ocorreu aos homens encontrar nela o alto valor que agora encontram?

"— Já foi explicado que se tratava de um meteoro caído do espaço, restos de um velho sol apagado e desfeito. Quando esse astro chegou à decrepitude, toda vida orgânica se esgotou nele, mas ficaram aferrados como moluscos nas rochas um refugo de espíritos parasitas, eternos preguiçosos incapazes de algum esforço para elevar-se a melhor situação. A energia eterna, ao arrojar em pedaços esse globo, a quem já a força de atração não podia mantê-lo na órbita do seu sistema, obrigava também esses parasitas a buscar adaptação nos planetas de grande atividade. Aferrados a esse aerólito enorme como uma montanha jaziam esses desventurados seres, que em longa viagem astral atravessaram o espaço como um raio, caindo uns nesta paragem da Terra, outros em Marte, outros em Mercúrio e em Urano pois, pela situação do astro desfeito, era o nosso sistema o que devia receber seus escombros.

" 'Enquanto a montanha do aerólito esteve ignorada e desconhecida, essas adormecidas inteligências aderidas a ele não se deram a conhecer para nada, e apenas pululavam como morcegos nas ruínas, ao redor do meteoro, resto do velho planeta que foi sua última habitação estelar. Eram seus fortes eflúvios que afastavam as populações que às vezes procuravam estabelecer-se nessas imediações. Mas sucedeu que um dos monarcas dos países em questão foi aconselhado por um áugure mal-intencionado a começar as escavações, e isso foi o bastante para que essa legião de espíritos parasitas fosse tomada como elementos de discórdia pelas forças do mal, para produzir esta tremenda hecatombe. Como esses seres tomaram para seu mal o caminho que termina na desagregação, deixam-se arrastar pela corrente que os leva mais facilmente; e um assunto que podia ser solucionado pacificamente pela posse da montanha em partes iguais pelos quatro países que a disputam, travam entre si uma horrorosa contenda armada na qual todos saem igualmente prejudicados.

" 'Mas Okmaía, teu grande irmão, vela pela tua missão e por ti, e suas legiões azuis com dardos vermelhos foram estendidas em torno da montanha que acendeu os ódios e a avareza dos homens. Okmaía manda-me para avisar-te, Antúlio, meu filho, que vos afasteis desta cidade para a campina que se abre ao oriente, para vos livrar do forte tremor que um movimento sísmico vai causar na montanha da tragédia. Nessas terras, já removidas pela queda do enorme aerólito que penetrou tão profundamente na superfície do planeta, os obreiros de Okmaía cavaram uma enorme fenda com prolongação até o mar, e antes da próxima lua a montanha dos tesouros será tragada pelas águas, arrastando na catástrofe parte dos países que a rodeiam.'

"Antes da chegada do prazo fatal, avisamos secretamente todos aqueles que julgávamos capazes de compreender-nos e, sem chamar muito a atenção, nos pusemos a coberto da catástrofe anunciada, que retardou uns dias mais além da data fixada.

"Quando voltamos, parte da nossa escola estava reduzida a escombros e tivemos que nos contentar com a parte que fora propriamente o templo dos antiqüíssimos cultos de Diaus. Isto nos obrigou a realizar grandes trabalhos mentais para a depuração fluídica do ambiente, principalmente nas enormes abóbadas sepulcrais das antigas dinastias sacerdotais, onde espíritos fanáticos aderidos a seus cadáveres mumificados continuavam realizando seus ritos, com grande assombro dos que eram clarividentes. Eram muitas centenas de sacerdotes, áugures e pitonisas, que fluidicamente se haviam formado com quanto tiveram no plano físico, para realizar as cerimônias de seu culto cheio de pomposidade: as vestimentas sacerdotais, os vasos de libações, os recipientes das oferendas, as resinas das plantas sagradas que queimavam em grandes acendedores cheios de fogo, as brancas aves a quem despojavam das asas e dos rabos para tecer com elas o manto do Grande Sacerdote, e até as donzelas de cabelos de ouro que os cortavam rente, em oferenda a Diaus, cuja enorme estátua estava oculta por um cortinado transparente todo tecido com os cabelos das virgens que lhe haviam sido consagradas.

"Para quem observasse espiritualmente toda essa atividade fluídica, tão viva e tangível, ao que parece com seres e coisas formados de matéria astral pelos formidáveis pensamentos daquela casta sacerdotal que passara longos séculos cultivando a força mental levada até os maiores poderes, parecia-nos impossível dar fim a todo esse mundo de forças e atividades que com a maior naturalidade se desenvolviam, tal qual tivessem podido fazê-lo na vida física.

"Nossas concentrações viam-se diariamente interrompidas pois nem bem penetrávamos no recinto de invocação e abríamos nossa mente ao mundo espiritual, imediatamente se nos apresentava todo aquele cenário fluídico, que não conseguíamos dominar.

"Foi necessário que meu irmão Okmaía, com suas legiões azuis se apresentassem três vezes consecutivas para dominar aquele cego fanatismo religioso, que retinha essa multidão de espíritos estacionados em seus ritos e cerimônias autômatas sem buscar de forma alguma seu progresso espiritual. Pudemos compreender que não eram maus, mas apenas inconscientes do que é na verdade o adiantamento da alma e seus destinos eternos. Okmaía desbaratou e desfez com rapidez maravilhosa todas aquelas criações fluídicas de matéria astral, que víamos desembaraçar-se e desagregar-se como em delgadas fibras, em pedaços, em partículas que no final formavam como pequenos redemoinhos de névoas acinzentadas. Finalmente ficaram os espíritos desnudos, assustados como trêmulos de frio, despossuídos de todo aquele fantástico esplendor. Os obreiros de Okmaía foram tirando-os em pequenos grupos e levando-os, dentro do plano físico, para os lares que estavam em condições de receber espíritos em novas encarnações. Foram deixados aos cuidados das inteligências que em cada lar preparam e protegem a encarnação das almas numa nova forma material.

"Mas havia muitos dentre eles que não estavam preparados para uma nova encarnação, por causa do excessivo fanatismo religioso, de puras fórmulas, que haviam retardado enormemente o momento de dar contas a seus Egos ou Eu Superior de suas atuações na última existência, que é o que chamamos o despertar da consciência para a verdadeira vida do espírito desencarnado, e todos estes foram levados ao plano que, em nossas escolas de conhecimentos superiores, chamamos de *Os Espelhos*, que é onde a alma vê claramente refletidos seus atos, um por um, desde que começou até que terminou sua última vida.

"Ali é onde o ser cai na realidade de si mesmo; ali é onde avalia suas obras boas e más, depois do que vem a predisposição para uma nova encarnação física.

"Nestas grandes obras de redenção das almas e de ajuda recíproca aos Guias das Humanidades, gastam seus séculos de vida no mundo espiritual as grandes inteligências, as quais são auxiliadas por legiões de discípulos que nos planos astrais ou etéricos de cada planeta continuam à disposição dos que foram seus mestres ou guias, enquanto formaram parte de humanidades encarnadas.

"Assim ficou despejado nosso santuário espiritual, em cujas grossas muralhas de pedra dormiam em quietude uma infinidade de múmias, cuja existência só era percebida no exterior pelas gravações executadas nas lousas sepulcrais, que cobrimos com amplos cortinados de seda azul, a fim de que nem a recordação delas pudesse perturbar nossa quietude mental.

"Nossa abóbada psíquica foi sendo formada lentamente e no sexto dia tivemos a visita espiritual de Vegha, um dos Setenta Messias do mundo de seu nome e que naquele tempo se achava livre no mundo espiritual. Seu formoso nome-símbolo: *Luz de Vida*, era uma magnífica promessa feita realidade para o irmão prisioneiro na matéria, e numa época tão desventurada como a que eu estava passando em minha quarta vida messiânica.

"É Vegha ou Belia, sinônimo de formosa, que fez sua evolução quase sempre em encarnações femininas, e pelos caminhos das abnegações e de sacrifícios de amores supremos de maternidades heróicas. Ao chegar ao Reino Messiânico ou Mundo dos Messias formou entre as gloriosas falanges denominadas: *Desposados Eternos*, aqueles espíritos femininos que aparecem como formosos adolescentes que vão e vêm sobre a incomensurável onda de energia divina, da qual já fiz menção ao descrever os habitantes dos mundos superiores. Aqueles que tomavam substância viva da onda na qual eternamente flutuam, e davam formas belíssimas de flores, aves, libélulas e preciosos pequeninos seres, lançando-os para os mundos físicos como protótipos de seres que formarão entre os encarnados nos mundos, reinos e espécies que lhes correspondem. São ainda os que guardam as moradas destinadas aos Egos, como bem recordará quem haja meditado minhas anteriores descrições e relatos.

"Conhecido quem é Vegha, pode-se apreciar melhor a esplendorosa radiação de sua visita em nosso recinto espiritual. O suave perfume das flores do outono, as melodias terníssimas dos alaúdes e a tênue claridade de um dourado entardecer, se uniam ao nosso intenso anelo de escalar os mundos espirituais para beber luz, caudais de vida divina e de infinito amor. Tão suavemente caímos no êxtase mais puro e excelso que as mãos dos executantes ficaram quietas como rolinhas adormecidas sobre as cordas, e até o respirar se apagou na onda profunda e sutil do grande silêncio de espera..., algo semelhante a uma imensa lâmpada branca como formada de copos de neve e raios de lua se esboçou em nossas mentes. Quando a visão foi tomando formas bem definidas apresentou-se em nosso horizonte mental uma adolescente belíssima, mas de uma beleza radiante, ideal, com transparências de gazes brancas que ao ondular suavemente produziam uma brisa acariciante e melodiosa, pois parecia que toda Ela cantava..., que toda Ela era uma estrofe divina, ou a nota mais delicada do mais delicado canto de amor.

"Uma espécie de deslumbramento nos absorveu a todos, como se até o pulsar do coração houvesse sido suspenso para dar lugar em nós à união íntima com aquele pedaço de divindade que nos envolvia em seus esplendores indescritíveis. Envolvendo completamente nas brancuras de suas gazes nevadas, o corpo de minha mãe já em transe falou assim:

"— Antúlio, alma esposa de Odina, a chorar e gemer na Terra, longe dos grandes amores que foram tua luz e tua glória!... Uma irmã gêmea de tua radiante companheira de séculos, traz a mensagem divina dos céus superiores, onde vibra teu Ego, como o imenso coração amoroso que faz girar todas as tuas vidas em torno do Sol Supremo do Eterno Amor.

" 'Peregrino de séculos pelos escuros e dolorosos caminhos do amor misericordioso!, cada alma caída é como uma dilaceração de ti mesmo, que vai deixando retalhos de tua própria vitalidade em cada ser elevado por teu esforço e por teu amor até o pórtico sagrado da inteligência humana.

" 'Nesta gloriosa etapa de tua vida eterna, a Majestade Divina deu livre curso às suas inimitáveis leis, e tiveste a teu redor quanto era necessário para que desses à humanidade, que é tua herança paterna, o máximo de Luz, conhecimentos e sabedoria, adaptáveis às mentalidades do plano terrestre. Numerosas doutrinas, religiões e filosofias surgirão na humanidade futura desta tua vida, sobre a qual se transbordou a taça da Divina Sabedoria. Felizes daqueles que beberem a água clara tal como brota de tua alma de iluminado!

" 'Felizes aqueles que a derramarem em outros corações, em igual estado de pureza que eles a beberam!

" 'Divino sonho seria este, nas almas como a tua chegadas ao messianismo, mas não deve caber em ti tal ilusão, conhecendo a escassa evolução da humanidade que aceitaste como campo de trabalho, cujas acentuadas tendências em materializar o que é imaterial, em rebaixar ao nível dos sentidos físicos o que está destinado unicamente aos elevados domínios da mente... Estende tua vista aos distantes continentes que albergarão as civilizações do futuro, quando este, que recebeu tua matéria física, haja desaparecido sob as águas do mar. Em alguns verás, que, não obstante o Princípio Eterno dos seres encarnados em suas urnas materiais guardarem vida após vida a centelha divina e imortal, será criada um dia a espantosa aberração de que o Absoluto, o Infinito, a Eterna Energia, Deus, desce à Terra ao conjuro de palavras mágicas pronunciadas por um insignificante mortal para ser encerrado num pãozinho sagrado, que em recipiente de ouro polido, é guardado em urnas de prata e pedras preciosas. Em outros continentes verás que teus princípios de abnegação, sacrifícios e renúncias, para dar paz, luz e amor à humanidade, serão interpretados no sentido material, grosseiro e até criminoso, das torturas físicas, de derramamento de sangue, como meio de aplacar o furor de um Deus iracundo e vingador, da prostração do corpo físico ao qual atormentam com toda classe de excessos, inutilizando-o para os grandes deveres da solidariedade, do trabalho e da perpetuação da espécie.

" 'Dos planos superiores que visitaste, como dos mundos inferiores que sobressaltaram tua alma de angústia, surgirão no futuro tão espantosos sofismas que, quando retornares à Terra em outra tua vida, te assombrarás grandemente de tantas aberrações e deverás ocupar-te em limpar e desbravar tuas plantas desfiguradas, teus pequeninos arroios cristalinos carregados de lodo, tuas magníficas lâmpadas escurecidas por grossas crostas de resina e fumo.

" 'Não obstante, bendize a Deus, Antúlio, meu irmão de séculos, que esta mãe, por intermédio da qual falo e estes discípulos que hoje te rodeiam, serão os guardiães da Verdade Eterna que, por determinação divina, entregas à humanidade da época presente. Através deles, ela será transmitida a outros, de ouvido a ouvido, de alma a alma, e será eternamente uma centelha viva guardada na urna eterna e imortal das poucas almas de firmeza e lealdade a ti, que preferirão morrer em muitas vidas, mártires de sua aliança contigo, para manter acesa a tua luz através de todos os séculos que hão de vir... Antúlio, irmão querido, gerado como eu para a imortalidade e para o amor por nosso Pai Sírio, apenas oitenta luas há de durar ainda teu doloroso desterro! Serás sábio com a sabedoria de Deus se a empregares em fortificar a eterna verdade nos que hão de seguir-te, e guardá-la de tal forma que quando de novo tornares a outra vida física, encontres ainda tua lâmpada acesa, e água clara em tua fonte para que teu outro novo sacrifício não se veja malogrado pelo embrutecimento absoluto das almas, por falta de Luz que as ilumine e de água clara que aplaque sua sede.

" 'Paz e Amor sobre ti e sobre os que te rodeiam, Antúlio!... Verbo de Deus feito homem, Luz de Deus feita carne!... Reflexo do esplendor divino convertido num homem que ora, pensa, sofre e ama!'

"Um profundo silêncio seguiu estas palavras, um roçar suavíssimo sobre nossas testas levantadas aos céus infinitos... Era o beijo fluídico de Vegha que deixava nele a divina vibração de sua paz, de sua meiguice e de seu amor.

"Como por secreta intuição ou pela íntima voz de meu Eu Superior, compreendi que minha meiga irmã Vegha deixara aberto o caminho para algo maior e mais sutil, do que até então eu havia recebido dos elevados mundos do Amor e da Luz. Que seria? Não sabia precisar, mas eu esperava.

"Convidei, pois, minha mãe, meus dois anciãos mestres que o haviam sido juntamente com Felar, e meus jovens discípulos, para realizar uma profunda concentração de dez dias consecutivos. A guerra terminara com o afundamento da montanha do tesouro, e não obstante os sobreviventes se vissem carregados de dor, feridos e muitos deles enfermos, para nós havia renascido a calma, a qual nos permitia continuar nossos trabalhos espirituais e materiais.

"Os tesouros trazidos por Sisardo de Ophekuan estavam destinados ao sustento das donzelas do pensionato, do qual já fiz menção, e ao socorro dos anciãos inválidos, dos órfãos e dos enfermos sem família. Nós vivíamos de nosso trabalho manual que realizávamos em conjunto ou separadamente, conforme o caso. Em nossa oficina trabalhávamos com argila, gravações finas, madeira, gravação de metais, na preparação de grandes folhas em telas enceradas e tabuinhas para toda classe de escrituras.

"As manufaturas de junco e de diversas fibras vegetais era o ramo de trabalho manual com que a maioria de meus discípulos ganhava o sustento. Era assim a nossa lei e não podíamos faltar a ela. Nossa concentração foi de tal natureza que nossa oficina parecia de surdos-mudos, pois os trabalhos eram executados em completo silêncio, e, terminado o trabalho, cada qual se retirava para seu aposento particular, buscando a serenidade e a quietude mental que nos era necessária. À saída e ao pôr-do-sol, reuníamo-nos no recinto de oração, aromatizado com a cera virgem queimada nos círios e com as resinas perfumadas que ardiam em nossos piveteiros.

"A música sagrada, que só era usada para as grandes invocações, foi criando uma onda sutil de divinas harmonias ao nosso redor.

"Nosso alimento se reduzia a hortaliças em azeite, além de pão e frutas. Banhos diários purificavam nossa urna material e contínuos atos de arrependimento de nossas imperfeições purificavam nosso espírito. Quando amanheceu o décimo dia, a nevada tinha sido mais profusa que as anteriores. Dir-se-ia que havia caído sobre o nosso horto um grande véu de jovem desposada.

"Quanto mais profundo o nosso silêncio, mais profundo era o nosso sentimento interior, a tal ponto que foi necessário deixar o trabalho manual porque era tão intensa a onda de Amor Divino que nos envolvia, que nos atrapalhava os movimentos bruscos e o seguir com a mente as diversas operações próprias de cada trabalho. Ao chegar o entardecer do décimo dia, a cítara de minha mãe foi a primeira a chamar para a invocação. Nesse dia, substituímos as túnicas cor de trigo maduro e nos cobrimos todos com o manto de linho, pois meus discípulos tinham chegado ao portal correspondente. Por que tudo isto? — pensavam os meus discípulos.

"— O mestre sabe por que o quis assim. — E eu, na verdade, nada sabia, mas minha alma esperava com uma suprema ansiedade. Algo imenso e sublime parecia transbordar-se de si mesmo, e um incontável anelo, que levava em alguns momentos a pensar que já não era eu um ser desta Terra. Bem se compreenderá, pois, que ao começar a invocação todo o mundo exterior desapareceu para nós, e nosso mundo mental e emotivo abriu-se como uma flor de fogo diante do amor eterno que nos absorvia. Foi esse um êxtase como não senti nem vi outro em minha vida. Os alaúdes haviam silenciado; entretanto, outras harmonias vinham substituindo-os: eram as níveas vestimentas flutuantes de Vegha e suas companheiras, que como um cortejo de brancas lâmpadas vivas flutuavam perante nós, tecendo com seus mantos luminosos algo assim como um radiante túnel, cujo começo víamos junto a nós, mas cujo final se perdia num distante abismo de luz multicor.

"O túnel parecia ampliar-se cada vez mais e as melodias pareciam intensificar seus sons numa suavidade incomparável. Tão intensa se fez a explosão de luz, que deixamos de ver as ternas adolescentes criadoras desse radiante caminho e, de repente, algo assim como um grande astro de cor rosa vivo esteve ante nós, e sua presença de tal maneira nos sobressaltou que caímos de joelhos e dobramos em profunda prosternação nossas cabeças.

"Senti como duas asas suaves me obrigando a levantar, e então vi que aquele astro rosado de tão soberana radiação tinha um rosto belíssimo, coroado de cabelos que eram fibras de luz dourada, uns olhos azuis profundos e meigos que me olhavam, enquanto duas mãos acariciantes pousavam sobre minha cabeça.

"— Sou Eu, filho de meu amor de séculos! — disse uma profunda e serena voz que parecia ressoar dentro de meu próprio ser. — Julgas acaso que, chegado à maturidade de tua vida espiritual, teu pai haveria de abandonar-te às tuas próprias forças, como os pais materiais abandonam os que geraram? As criações da alma absorvida pelo amor eterno são eternas como Ele. As alianças consagradas pelo amor divino são também divinas como Ele. Terno musguinho de minhas lousas sepulcrais, perfumada violeta dos hortos do meu santuário, rolinha amorosa de minhas torrezinhas, andorinha brincalhona de minhas janelas, cordeirinho de minhas pradarias, e um dia filho de meu próprio coração, quem me afastará de ti, se a eterna lei te envolveu com as pregas de meu manto, e te fez como um fio dos meus cabelos, como um resplendor do meu olhar, como uma pulsação do meu próprio coração?

" 'Realizada esta quarta encarnação messiânica, em conjunções astrais as mais favoráveis que se pode dar na história milenar das manifestações de inteligências superiores nos planos físicos, a eterna lei pôde derramar suas grandezas infinitas sobre ti, envolto na pesada matéria do teu planeta de adoção.

" 'Antúlio, meu filho, bebe com ânsia suprema, porque nem sempre em tuas vidas futuras sobre a Terra se transbordarão assim os céus infinitos, para inundar-te de luz, sabedoria e amor!

" 'Sessenta filhos, mártires como tu, estão disseminados pelos mundos deste universo, mas nem todos têm neste momento as circunstâncias favoráveis como tu, para tornar possível este abraço eterno entre o Pai glorificado pela lei e o filho cativo também pela sua lei.

" 'O momento culminante do teu sacrifício se aproxima. Teus irmãos da Aliança e eu te contemplamos a distância; os anjos de Deus preparam o teu triunfo e escrevem nos anais da luz o ensinamento com o qual marcas orientações para a humanidade futura. Coragem, Antúlio, filho amado desde longas épocas!... Haverá momentos em que verás que tudo o que foi criado por ti mergulha num abismo de ignorância, de maldade, de egoísmo e de miséria. Tu mesmo acreditarás que te submerges com as ruínas de tudo quanto criou em afetos teu coração de homem, tua alma de Messias, tua luz de Verbo de Deus... Mas nada temas, porque tudo o que dentro da lei foi criado por ti, mantido por ti e ensinado por ti, a própria lei conservará e salvará, ainda que seja abrindo as entranhas dos montes para ocultar neles o que deve viver até a consumação dos séculos! Com os soberanos poderes da energia eterna que faz girar milhares de milhões de mundos no espaço azul, digo neste momento de minha aproximação de ti:

" 'Antúlio, filho amado desde longas épocas, eu te abençôo, e minha bênção é como o selo imperecedouro posto em tuas obras de Messias que nenhuma força poderá destruir porque nelas está a eternidade de Deus.'

"Eu me havia abraçado ternamente ao corpo radiante e sutil de meu pai Sírio e, como que diluído em seu amor, em sua irradiação soberana, perdi a noção de minha própria existência e só me lembro de ter percebido o róseo resplendor de um sol que se afastava, enquanto eu, banhado por meu suavíssimo pranto, continuava ouvindo as suas palavras, como se o eco as repetisse no mais íntimo de meu ser. Aheloin, meu irmão da Aliança, apresentou-se imediatamente diante de mim com terna solicitude.

"Dir-se-ia que ele buscava encher em parte o imenso vazio deixado em torno de mim pela grande inteligência que se ia. Assim pensei e assim ele disse:

"— Para a alma extática, são por demais rígidas essas mudanças que se produzem. A presença e a ausência: eis aí duas circunstâncias tão profundamente opostas que podem produzir, tanto uma como a outra, estados de amor ou de dor de uma intensidade tão formidável que é capaz de causar desequilíbrio na psique do indivíduo. Mais ainda quando se atua, como tu, de um plano tão inferior como a Terra. Serena-te — disse, ao mesmo tempo que com seus eflúvios tratava de confortar meus companheiros, cujos duplos astrais pareciam estar em maior esgotamento que eu. Deram-me a impressão de um aturdimento profundo. Quando todos estávamos no perfeito uso do domínio de nossas faculdades, Aheloin lançou-se como num rápido vôo, atravessando o éter e a atmosfera terrestre, e todos nós nos encontramos em nossas urnas materiais, que na serena quietude de nosso sagrado recinto nos esperavam submissas e silenciosas.

"— Pobre matéria minha — pensei com lástima e com amor —, não correspondas mal, por enquanto, a todas as minhas aspirações.

"Aheloin incorporou imediatamente através do transe de Hilkar e nos enunciou em breves palavras que na próxima lua podíamos continuar nossas viagens interplanetárias, para completar os estudos sobre as inteligências desencarnadas e sobre as conseqüências de seu bom ou mau comportamento. Aconselhou-nos descanso mental durante o tempo de espera e passeios ao ar livre pelas margens dos grandes rios, pelos prados e campinas vizinhos à grande capital. Obedecendo a seu conselho, confundimo-nos por uns dias com os cortadores de junco, os hortelãos e os pastores da região. Minha mãe, com suas pupilas e as esposas de meus discípulos, compareceram algumas vezes para nos fazer companhia, preparar nossa refeição e recolher ervas medicinais. Agradecidos por meus conselhos para aliviar suas dores físicas ou transtornos familiares, esses trabalhadores nos encheram de presentes de tal forma que nos foi necessário alugar uns quantos jumentos para transportar para nossa morada os grandes fardos de junco, cestas de frutas e sacos de legumes recém-colhidos. Os pastores nos obsequiaram com gazelas e cordeirinhos que nos vimos obrigados a aceitar para não lhes causar pesar com uma recusa, e até duas mães escravas venderam à minha mãe suas filhinhas escravas, as quais, se não houvessem encontrado essa oportunidade de resgate, deviam ir formar parte de um lupanar e circo ao mesmo tempo, do qual seu amo era o proprietário. Este, grandemente satisfeito pelo preço pago pela minha mãe, tratou de vender-lhe mais, pois disse ter em seu *rebanho humano* umas quantas dezenas daquelas lagartixas, segundo as denominou.

"A indignação asfixiou a voz em minha garganta. Hilkar e Lisardo que o compreenderam e que eram os únicos possuidores de vultosos bens de fortuna, afastaram esse homem para tratar com ele.

"Nosso regresso foi, pois, acompanhado desse doloroso cortejo; mas, para não chamar a atenção à nossa entrada na cidade, cada um de meus discípulos, suas esposas e minha mãe, tomaram uma porção delas para entrar em horas diferentes e por diferentes portas. Eram trinta e seis meninas e vinte e nove varões, com os quais se formou a primeira colônia ou confraria, como se chamou mais tarde.

"Meu irmão da Aliança, Okmaía, compareceu através do transe na primeira invocação à divindade, realizada depois do descanso que nos fora aconselhado.

"— Conhecestes — disse — os caminhos das inteligências desencarnadas segundo suas obras, desde o mais baixo e terrível até o mais elevado e sublime que a mente humana terrestre pode compreender. E tudo isso em estrelas, planetas e satélites distantes.

" 'A eterna lei vos concede agora permissão para explorar espiritualmente a esfera astral da Terra, que é vossa atual morada. É uma espécie de nebulosa esférica e transparente de muitas milhas de espessura, formada de substância viva, sob os aspectos gasoso e etérico, mas muito sutil. Entre suas numerosas capas concêntricas, a primeira é a própria atmosfera terrestre, cujas propriedades e elementos constitutivos são já conhecidos; além do mais, vossa exploração será espiritual e não física. Preparai-vos, pois, para seguir-me, que eu vos esperarei no alto da maior torre deste santuário.'

"Tilkaré despertou e, em seguida, passamos para a sala contígua, onde tínhamos sempre preparados nossos canapés de junco, onde as paredes, completamente fechadas para o exterior, não tinham outra porta de acesso a não ser pelo santuário, inacessível para todos os profanos desde o pôr-do-sol.

"Não pudemos desprender-nos todos ao mesmo tempo, tendo sido necessário esperar uns aos outros até nos encontrarmos todos ao lado de Okmaía no lugar do encontro.

"— Preparai-vos para ser fortes — disse o nosso guia —, porque encontraremos terríveis manifestações da justiça divina.

"Passamos cortando em tangente a atmosfera terrestre, abundantemente povoada de inteligências recém-desencarnadas umas e de pouco tempo as demais. Quase todas ignorando haver deixado a matéria e, portanto, padecendo indizíveis angústias ao ver-se num lugar estranho, sem encontrar seus familiares e conhecidos, e sem poder dar-se conta de como nem por que se encontravam em tal estado. Essa categoria de inteligências forma a grande maioria nesta região e são as que menos sofrem, pois quase todas são mais ignorantes que perversas, saídas não há muito tempo da escala imediatamente inferior.

"Nuns grandes abismos ou poços, ou imensos túneis como que escavados na própria massa atmosférica, pudemos ver os que na verdade sofrem torturas horríveis, produzidas pela visão terrífica e pavorosa de quantos crimes e maldades cometeram em sua vida física, com a agravante de que se vêem eles mesmos submetidos às torturas a que condenaram os outros. Nessas regiões vão parar quase todos os potentados da Terra que, com os grandes meios que lhes proporcionaram o poder e as riquezas, fizeram vítimas às infelizes massas populares, que aniquilaram com a imensa máquina de ferro de seu poderio brutal. Com esses infelizes seres ocorre um fenômeno que os torna loucos de desespero e furor. E Okmaía nos fez observar um caso desses como material de estudo. Era um antigo soberano do país de Maiolândia, e que levava já duas centenas de luas desencarnado. Ele mandara arrojar às feras, em seus grandes circos, para celebrar as festas de aniversário de uma conquista guerreira, todos os doentes, os mutilados e os cativos de guerra, os escravos velhos, as crianças retardadas ou débeis e as mulheres que já não podiam ser mães, parecendo-lhe ter executado um esplêndido trabalho de depuração em seus domínios, sob a teoria muito sábia, segundo ele, de que não deviam desfrutar dos bens da vida aqueles que não serviam para nada.

"Essa foi uma feroz carnificina de seres humanos, reduzidos a frangalhos de carne entre os dentes e as garras das feras sangrentas e raivosas. O autor de tão nefanda obra se via ordenando a matança, presenciando a horrorosa tragédia sentado num trono levantado para observar melhor, e se via ao mesmo tempo cada uma de suas vítimas despedaçadas pelas feras. Todas aquelas vítimas tinham o seu próprio corpo, o seu mesmo rosto, eram ele mesmo, isto é, assim ele via. Seu eu que mandava matar, ao ver-se ele mesmo descendo à arena para ser devorado, mandava suspender a matança, mas ninguém o obedecia. O infeliz se retorcia, louco de angústia, vendo seu próprio ser em cada uma daquelas pessoas despedaçadas e mortas.

"— Quanto tempo há de padecer este infeliz tão horrorosa tortura? — perguntei a Okmaía para saber se em alguma coisa poderíamos aliviá-lo.

"— Filho do amor misericordioso — respondeu —, bem vejo tua compaixão transbordando do teu recipiente de alabastro. A lei te concede permissão para remediá-la. Pensa que ele te veja no centro do circo, e que se desagreguem as forças vivas que formaram as terríveis visões.

"Obedeci a Okmaía, e me vi eu mesmo entre as feras e as vítimas despedaçadas e ainda vivas. Mentalmente, mandei desagregar-se aquelas forças, que se foram dissolvendo lentamente como se fossem apagando-se do cenário ou tela onde estiveram plasmadas. Ficou só junto a mim o infeliz criminoso, observando-me com olhos de assombro e de dor.

"Eu também o observava em silêncio, rogando contudo ao amor misericordioso que tivesse piedade dele. Por fim ele arrojou-se a meus pés soluçando e dizendo:

"— Se és o Deus de Maiolândia que afugentou minhas malignas visões, tira-me deste lugar e não cometerei mais iniqüidades em minha vida.

"Compreendi o pensamento de Okmaía que estava perto de mim e, de acordo com ele, esta foi a minha resposta:

"— A Bondade Divina livra-te das terríveis imagens que te atormentaram, em virtude de tua mente não poder perceber a não ser o que foi criação tua durante os anos que durou tua vida física. Disseste-me 'tira-me deste lugar e não cometerei mais iniqüidades em minha vida'. Se persistires nesse pensamento, tu mesmo sairás do antro onde teus crimes te submergiram. Bem vês que não estás no circo e não vês as feras nem os seres humanos despedaçados por elas. Saíste do lugar de teus tormentos. Mas agora deves provar com atos que mereces esta bondade do Altíssimo.

"— Determina, senhor, e te obedecerei! — disse submissamente o criminoso. O pensamento de Okmaía chegou novamente a mim:

"— Olha para o plano físico; observa essa verde planície, a leste daquela que foi a tua grande cidade, teatro de todas as tuas iniqüidades. Está ali o cemitério dos humildes, dos escravos, de todas as vítimas da tua injustiça e crueldade. — O forte pensamento de Okmaía abriu, como se abre uma cortina, a atmosfera densa, e aquela inteligência perturbada por seus recentes terrores contemplou as conseqüências de seus enormes crimes: algumas jovens mães, desesperadas pelo horroroso fim dado a seus filhinhos enfermos ou aleijados haviam-se arrojado do alto de um precipício e seus espíritos jaziam presos a seus cadáveres, que as aves de rapina iam destroçando pouco a pouco. Outras tinham enlouquecido e corriam como fantasmas furiosos pelos cemitérios, onde, numa fossa comum, foram enterrados aos montões os ossos sangrentos das vítimas do circo.

"Mães anciãs, que haviam escapado à trágica morte por alguma circunstância particular, esgotavam seus últimos dias num pranto contínuo porque tinham visto dizimadas suas famílias e arrasados seus lares pela vontade de ferro do déspota soberano. Viu seu faustoso mausoléu reduzido a escombros pelas catapultas das turbas enfurecidas, e um cadáver de rei coberto de púrpura arrastado até um muladar entre as maldições da ralé, que desafogava seu furor dando-lhe pontapés e enfiando-lhe forquilhas com as quais o arrojavam de um lado para o outro. Viu seus filhos amarrados em escuros calabouços de seu próprio palácio, suas filhas ultrajadas pelas turbas de escravos raivosos e vendidas como escravas da mesma forma que suas esposas, e, finalmente, viu sua própria mãe arrojar-se da torre mais alta do castelo, para não ver o horroroso fim de sua raça e de sua dinastia.

"Aquele pobre ser estava aturdido e, quando terminou o desfile trágico, eu lhe disse unicamente estas palavras:

"— Eis aí a tua obra! Compreendes a justiça de Deus?

"Estremecido pelos soluços, ele arrojou-se diante de mim, com o rosto colado a meus pés, dizendo:

"— Se és o Deus de Maiolândia, dize-me que deverei fazer para remediar tanto mal.

"Okmaía apontou para o lugar onde se encontrava a multidão de almas que deixaram a vida física entre as fauces das feras. Todas jaziam numa profunda perturbação própria das mortes violentas, e entre o terror e o medo.

"Captando eu o pensamento de Okmaía, disse ao arrependido:

"— Tua tarefa será despertar de sua dolorosa letargia toda esta multidão, cujas vidas cortaste antes do tempo marcado pela lei. Tu te constituirás servo de tuas vítimas e, quando tiveres despertado a todas e de todas tenhas obtido o perdão, o altíssimo Senhor das almas te permitirá voltar à vida física, junto com todas essas almas às quais farás tanto bem daí em diante quanto dano lhes causaste no passado.

" 'Este é o único preço pelo qual podes comprar tua paz e felicidade futura.'

"Aquele pobre ser ficou espantado no primeiro momento ao ver a multidão de almas entorpecidas entre brumas e névoas quase impenetráveis.

"Parecia um imenso acampamento de adormecidos, cujos corpos astrais conservavam ainda vivos os vestígios e rastros da horrível carnificina causada pela morte.

"— Vai! — disse-lhe eu, apontando com meu braço estendido para os adormecidos. — Vai com eles e que Deus esteja contigo para cumprir a tua tarefa! — Ele inclinou o rosto oprimido pela dor e começou a andar para onde indicava a minha mão. Então deixou de me ver, mas eu o vi chorar amargamente, ajoelhado entre aquele labirinto de almas perturbadas em profunda letargia, nenhuma das quais dava sinais de ouvi-lo nem de vê-lo ou de senti-lo sequer.

"Okmaía e meus companheiros tinham presenciado toda a cena, embora sem se fazer visíveis ao infeliz rei de Maiolândia, cujo faustoso poderio no plano físico ficava reduzido a tão míseras condições.

"— Quanto tempo julgas que tardará esse ser a cumprir a tarefa que lhe impuseste? — perguntou-me Okmaía quando saímos dessa região.

"— Umas trinta luas, talvez! — respondi. — São tantas!

"— Trinta luas, disseste?... Estás encarnado e isso te impede de distinguir as medidas do mundo espiritual. Trinta mil luas, talvez, não bastarão a esse ser para despertar essa multidão de espíritos perturbados! Quando ele tiver conseguido despertar a todos, nem Maiolândia nem o continente atlante estarão já à vista do sol, mas debaixo das águas do mar.

"Dirigindo-se a Hilkar, meu discípulo, disse:

"Talvez corresponderá a ti, guardador do ensinamento de Antúlio, encontrar-te com essa multidão recém-desperta no distante continente, para onde irás com teu divino tesouro, quando este meu irmão tiver conquistado seu lugar na morada do amor e da luz, para onde logo há de voltar.*

---

* Este aviso foi cumprido vários séculos depois, quando esse rei da Ática se viu destronado

"Continuamos avançando por entre a névoa sutilíssima denominada *Esfera astral da Terra*, cujas vastas proporções no que se refere a longitude e profundidade eu não poderia dizer em números exatos, somente sei que ela termina onde começam as esferas astrais dos planetas vizinhos, razão essa que permite a passagem dos espíritos de uma esfera a outra, quando a Legião de Guardiães, que são os superiores imediatos, julgam conveniente pelas razões da lei, como já se verá.

"Num grande vôo, Okmaía nos conduziu a uma distância que me pareceu extremamente grande, embora sempre dentro da névoa sutil já conhecida; mas tão rápida era a nossa passagem (a velocidade do pensamento do nosso guia) que nada de concreto pudemos perceber, a não ser quando ele se deteve numa espécie de arco, de circunvalação ou fronteira demarcada como por um muro de nuvens azuladas e transparentes. Ao dizer *muro*, quero que compreendais que não se trata de matéria sólida, como um paredão do plano físico, pois nessas regiões tudo é formado de substâncias gasosas e etéreas, forças vivas também, obedientes à ordem mental das inteligências superiores.

"— Agora, observai bem — disse Okmaía — quanto aqui vai ocorrer na vossa presença.

"Compreendi que ele aguardava um aviso do outro lado da muralha de substância azulada.

"De repente, vimos formar-se nela como um vertiginoso redemoinho, passado o qual abriu-se como uma grande janela ou porta de forma oval, através da qual via-se uma névoa sutil de um rosado vivo formosíssimo. Em seguida, vimos um ser, vestido de um túnica branca segurando em sua mão direita um círio branco, cuja luz se acendia e se apagava num ritmo sempre igual, como esses pirilampos que se acendem e se apagam em nossas noites terrestres. Notava-se uma serena calma, à primeira vista, nesse ser, sem que o espectador pudesse assegurar se era serenidade de felicidade ou de resignação, porque ambos os sentimentos pareciam confundir-se nele. Ele se postou junto da grande porta de forma oval. Poucos instantes depois, apareceu uma dupla fila de seres vestidos de túnicas de um vermelho desbotado, salpicadas de manchas quase negras, tomando formas cambiantes de dragõezinhos, de grandes moscas..., de grilos ou lagartixas. Essa dupla fila de seres irradiava de si mesmos uma profunda tristeza. Mudos, silenciosos, com os olhos baixos, pareciam não

---

e levou sua filha e seus tesouros aos dáctilos do Monte das Abelhas, para fazer com eles a felicidade dos humildes operários e escravos, nos quais estavam encarnadas as almas despertadas pelo rei de Maiolândia encarnado nesse outro soberano da Ática, que desta forma expiava seus passados crimes, derramando abundância e bem-estar nos que, séculos atrás, haviam sido suas vítimas. Esta ocorrência foi relatada no último volume da obra "Origens da Civilização Adâmica", do mesmo autor.

perceber nada de quanto os rodeava. De tanto em tanto, aparecia outro dos seres da túnica e círio branco demonstrando realizar o trabalho de conduzi-los e iluminar-lhes o caminho, que talvez para eles fosse desconhecido e escuro. Quando tinham passado pela grande porta umas dez vintenas, ficaram junto ao próprio bordo da grande janela os dez dos círios brancos, ou seja, na razão de um para cada vintena. Compreendi que fortes pensamentos de chamada sacudiam intensamente a nuvem azulada, junto a cuja entrada nos encontrávamos, e nesse instante apareceram junto de nós outros dez seres de túnicas e círios brancos, de uma imperturbável serenidade, como os anteriores.

"Compelido pelo meu pensamento, Okmaía expressou-se assim:

"— São os Círios de Piedade, guardiães voluntários, que a eterna lei permite para consolar em suas longas expiações as almas que não podem encarnar em planos físicos, até que tenham apagado, com trabalhos e esforços realizados na esfera astral, as conseqüências mais graves de seus erros em prejuízo de seus semelhantes.

"Essas dez vintenas de seres são os proscritos da vossa vizinha Vênus que, providos de grande potencialidade de amor, são enviados à esfera astral da Terra, onde deverão encarnar para, no futuro, serem receptores das poderosas correntes de amor que hão de vir na tua próxima encarnação, amado irmão Antúlio. Eles ainda têm muito lastro para depurar, e já estão fora da lei em Vênus, mas para a vossa Terra significam uma falange adiantada, pois já são capazes de grandes correntes de amor.

"— Segundo isso — disse eu —, tardarão muitos séculos em tomar matéria, pois, se devem vir quando eu retornar..., e ainda não saí daqui...

"— Claro está — respondeu. — Estes são os resíduos das imensas falanges de delinqüentes passionais, que foram ficando para trás, em Vênus, de muitas remotas civilizações. São tão formidáveis ali as correntes de amor, que nos seres de pouca evolução se manifestavam nos aspectos passionais mais ardentes e impetuosos, que os levaram a uma longa cadeia dos delitos chamados de amor passional.

" 'Não tendo ali papel nenhum para desempenhar em suas condições atuais, a lei os desterra por um ciclo ou por vários ciclos, até que sua purificação permita que eles voltem à sua morada de origem, cuja humanidade atual não pode ser unificada com estes seres.'

"— Quer dizer que lhes foi designada a Terra como planeta expiatório?

"— Justamente! E também como cenário apropriado para ensaiar uma etapa de progresso entre civilizações que ainda estão muito atrás em suas faculdades emotivas, pelo que podem servir de impulsionadores poderosos para os amores passionais intensos, que são a primeira escala por onde as almas sobem ao amor divino. Destes seres surgirão, num futuro muito distante,

185

os grandes sensitivos do amor, os heróicos mártires do amor, quer sejam chamados mães, que dão a vida por seus filhos, quer sejam chamados esposas ou esposos, irmãos ou amigos, que chegam ao sacrifício por amor a seus amados. Antúlio, irmão querido... Assim como estes, vieram de Vênus num dia muito distante a maior parte dos grandes amantes que prepararam na Terra os caminhos para esta tua vinda!

"— Meus pobres mártires! — exclamei, num supremo ímpeto de angústia de amor por eles, ainda carregados com o fardo de delitos cometidos por excesso de amor. Já era muito sofrer o longo desterro para acender o fogo de amor entre as nevadas lamacentas deste planeta Terra!

"Sem poder conter-me, aproximei-me deles e falei assim:

"— Sou vosso Irmão Maior no planeta, que vos recebe como hóspedes e onde encontrareis, talvez, uma dolorosa hospitalidade pelos que daí em diante serão vossos companheiros de morada. Mas não temais nem vos considereis estrangeiros nesta Terra, porque eu tenho para vós ternuras de amigo, de irmão e de pai. E vós, *Círios de Piedade*, que os acompanhais, sede os tutores, em meu nome, de todos estes tristes delinqüentes do amor!

"Eles choravam e eu chorava com eles. Um deles, mais valente e mais angustiado que os outros, atreveu-se a dizer, apontando para trás o caminho deixado muito distante na esfera astral de rosadas neblinas transparentes:

"— Lá fica ela, por toda uma cadeia de séculos que não posso contar... — e começou a chorar amargamente. Eu o atraí para mim com indizível amor, ao mesmo tempo que lhe perguntava:

"— Quem é ela?

"— Aquela por quem esqueci tudo e tudo perdi.

"— Tranqüiliza-te — disse-lhe eu — que na eternidade de Deus nada se perde do que grandemente se ama.*

"A essa cena todos começaram a chorar. Acariciando-os com o pensamento, com o olhar, com as palavras, eu disse:

"— Compreendo perfeitamente que todos vós fostes arrancados de um grande amor, e que todos deixais seres que vos são intimamente queridos. Apesar de a lei não me permitir fazer-vos dar um passo atrás, posso dar-vos de meu amor tanto como o que lá deixastes! Bendigamos este momento em que a lei me permitiu ser eu mesmo quem vos recebe na esfera astral da Terra que é minha herança, porque assim poderei velar melhor vosso enorme sacrifício, capaz por si só de lavar todos os vossos pecados.

"Tomando seus rostos um a um com ambas as mãos, olhei profundamente em seus olhos, como para não esquecê-los jamais. Eu os vi como diluindo-se,

---

* *Este ser foi a enamorada Zurima da época de Abel.*

junto com os dez Círios de Piedade, na imensa névoa azulada que eu havia deixado para trás. Não sei o tempo que estive seguindo-os com o olhar, enquanto os consolava com meu pensamento. Quando voltei a vista para o rosado portão por onde haviam chegado, tive a mais bela das surpresas. Entre os dez Círios de Piedade venusianos estava Odina, a dulcíssima fada boa de minha vida eterna.

"— Assim te entristece o presente que te envio? — perguntou-me sorridente, apoiando suas mãozinhas como lírios de luz sobre meus ombros.

"— Não me entristece o presente — disse — mas a dor que eles padecem. Não causa dor também a ti?

"— Não, Antúlio, meu amado, porque eu, revestida e feita carne, por assim dizer, com o amor, próprio da minha morada habitual, estou mais unida e compenetrada dos que aqui ficam que dos que se vão.

" 'Os que ficam na *minha casa* são as vítimas angustiadas até o âmago dos que vão para a tua casa, e eu, por lei, sinto mais a dor destas que a daquelas. Tu, sim, sentirás muita dor e os amarás imensamente porque eles serão os teus grandes amadores na tua próxima chegada à Terra.

"— Estes seres, que chamais Círios de Piedade, estão sempre neste papel passivo e quieto de condutores de desterrados? — perguntei.

"— E me perguntas isso? Já esqueceste que desempenhamos esse mesmo papel durante muito tempo em Sírio, como ensaio para nossos grandes sacrifícios e imolações como condutores de um mundo? Pensa um pouco... — Apenas terminou de dizer, pondo sua mão em minha testa, eu já estava me vendo vestido com a túnica branca e o círio aceso na mão direita, conduzindo junto com Odina uma imensa multidão de seres entristecidos que saíam da esfera astral de Sírio e entravam na esfera astral do planeta mais próximo na mesma constelação. Vi-me com ela nos planos astrais, até nos mais inferiores e densos do planeta Sírio, com minha túnica branca e o círio aceso, tirando dos abismos de dor os que, arrependidos e conscientes de seus crimes, pediam misericórdia e a oportunidade de uma nova encarnação para reparar as conseqüências de seus extravios.

"Compreendi quão longas épocas havíamos necessitado para aprender a nos sacrificar e amar como deve amar um condutor de humanidades.

"— Quando éramos somente Círios de Piedade — disse ela —, iluminávamos juntos os pequeninos caminhos ocultos de uma porção de seres que procuravam redimir-se. Então éramos ainda crianças. Agora chegamos à maioridade, e cada um de nós leva um mundo sobre os ombros. Dia virá em que sustentaremos, com um fio dourado pendente de nossa mão direita, um universo de mundos... E ainda continuaremos amando-nos.

"— Continuaremos amando-nos!... — repeti, como se fosse o eco de seu próprio pensamento. Senti o suave roçar de seus braços de luz em torno do meu pescoço, e algo assim como uma pétala de lírio caiu sobre minha testa. Compreendi que esse era o seu beijo de despedida. Quis retê-la com minhas mãos estendidas, mas o grande portão se havia fechado e, num rápido vôo, atravessamos novamente a névoa azulada e eu despertei naquela alcova, vizinha do santuário, onde todos os meus companheiros tinham chegado antes de mim.

"Cada excursão espiritual destas era seguida durante muitos dias de intermináveis comentários, anotações, hipóteses, que às vezes chegavam aos mais fantásticos e sublimes vôos de nossa imaginação, que procurava ampliar os vastos horizontes onde a alma extática vislumbrava tanta grandeza. Nunca fazíamos uma nova excursão sem deixar perfeitamente anotada a anterior, e com o controle aprobatório das inteligências superiores que nos haviam servido de guia. Não bastava, pois, que nós tivéssemos julgado ver tal ou qual coisa, nesta ou em outra forma, mas era necessário que os guias que nos haviam acompanhado dissessem:

"— O que vistes é toda a verdade do que ocorre nas moradas visitadas.

"Okmaía, que se apresentou pelo transe de nossos sensitivos para dar seu controle às últimas anotações, antes de serem gravadas nos papiros destinados ao arquivo, deu-nos belas ampliações sobre o que tínhamos visto na última excursão pela esfera astral da Terra. Quisemos conhecer a fundo a classe de evolução dos Círios de Piedade, e meu irmão da Aliança falou assim:

"— Há seres que, por sua procedência desde os começos de sua evolução, têm o sentimento da compaixão num grau tão predominante neles que, sem violência e quase sem perceber, realizam suas primeiras etapas num encadeamento desses atos pequenos ou grandes de comiseração para com seus inferiores ou iguais. De tal modo se forma neles esse hábito que chega a ser como uma força que os vai levando em tal sentido. Esta é desde logo uma das mais belas formas de evolução, pois além do merecimento que tais almas conquistam para si mesmas, arrastam muitas almas para o caminho real do amor universal. Todos seguem com mais facilidade a quem se compadece de nós e nos ama que a quem nos demonstra severidade e nos castiga.

" 'Mas é esta uma forma de evolução voluntária, porque os Círios de Piedade pertencem a alguma das grandes falanges de inteligências avançadas que já conhecestes ao percorrer as moradas de luz e glória perdurável: são os guardiães, os esplendores, as vitórias, as harpas vivas. Eles podiam, ao desencarnar, ter ido ocupar seu lugar entre aquelas gloriosas falanges, formando parte do grandioso concerto de inteligências criadoras e governadoras de estrelas e sóis. Eles têm o direito de proceder assim, pois chegaram à evolução necessariamente exigida pela lei, mas preferem ficar nas esferas astrais dos globos onde atuaram, impulsionados somente por seu amor compassivo para com os milhares de almas em sofrimento e com o fim de abreviar o tempo de sua expiação.

" 'É por isso que, em todos os mundos habitados por humanidades, tem-se grande respeito e um grande amor aos Círios de Piedade. Eles buscam, além do mais, outra coisa ao permanecer nas esferas astrais dos mundos que habitam: é a possibilidade de tomar matéria em qualquer momento, quando julgam que sua atuação como encarnados é necessária em tal ou qual paragem do globo no qual prestam seu serviço. Isso eles não poderiam realizar com a mesma facilidade se se tivessem situado nos globos de evolução superior, nos quais reside ordinariamente a hierarquia espiritual a que pertencem.

" 'Sucede, às vezes, por exemplo, que está encarnado na Terra um ser de evolução avançada que trouxe uma missão espiritual de grande importância, e esse ser se vê no grave risco de fracassar pelo abatimento e decepção que lhe produz a incompreensão e ignorância daqueles que o rodeiam ou da humanidade em geral.

" 'Então encarna perto dele um destes Círios de Piedade, às vezes por poucos anos, às vezes por mais, até que, passado o perigo, o espírito missionário tenha tomado a força e a decisão necessária para não fracassar em sua incumbência. Quase sempre dentre os Círios de Piedade surgem os grandes Messias do amor misericordioso, e são as inteligências elevadas que com maior facilidade podem manifestar-se através dos sensitivos nos momentos de invocação à divindade: e são eles, igualmente, os que atam os fios fluídicos necessários para que os Messias possam fazer sentir aos encarnados a vibração de amor, do consolo e da esperança, às porções de humanidade que clamam por eles com amor fervoroso e desinteressado.'

"Tal foi a explicação de Okmaía sobre os Círios de Piedade. À minha pergunta sobre se eles eram numerosos em cada globo, respondeu:

"— Não, pelo contrário, são muito poucos e, embora não tendo um número fixo, não passam ordinariamente de duas a três dezenas. Eles são atraídos, como todos os demais seres, por afinidades; por isso, ao teu redor, amado irmão Antúlio, eles andam com muita freqüência, pois toda alma de tendência misericordiosa e terna é mui freqüentemente ponto de reunião dos Círios de Piedade.

"Todas essas experiências abriram às nossas inteligências tão amplos e radiantes horizontes que com infantil entusiasmo meus discípulos costumavam dizer em nossas deliciosas reuniões íntimas:

"— Somos já senhores dos grandes segredos do Infinito. Quem poderá arrancar jamais de nós o inestimável tesouro da verdade eterna que possuímos, guardado no cofre íntimo do nosso eu?

"— Ninguém pode arrancar de nós aquilo de que a Vontade Divina nos fez depositários — respondi-lhes, absorvido, como eles, nas eternas grandezas do Infinito.

" 'Mas, ai de nós, se não formos fiéis depositários e deixarmos que o egoísmo, disfarçado de conveniência, nos leve a ocultar a verdade sob nuvens de pó e de fumaça, para que a ignorância faça desta humanidade um rebanho dócil às imposições arbitrárias de diversas ideologias criadas pelos homens com fins de utilitarismo interesseiro.'

"Desde este momento, nos propusemos estabelecer contatos espirituais íntimos com os Círios de Piedade, que desenvolviam grandes atividades na esfera astral da Terra, com o fim de secundá-los a partir do plano físico, na grande tarefa de cooperar de modo eficiente na redenção das almas.

"Um deles compareceu uma tarde à nossa invocação, e nos fez belas revelações do que era a sua vida nas azuladas neblinas da esfera astral do planeta.

"— Somos — disse — os mensageiros da lei divina para fazer chegar o pensamento de amor das grandes inteligências que têm a seu cargo a redenção das humanidades.

" 'Toda obra de piedade, de misericórdia e de amor recíproco entra no raio de nossas atividades. Os grandes clarividentes do passado nos chamaram Flores de Consolo e Esperança, porque tal é a nossa verdadeira missão. Atualmente, somos só duas dezenas, mas estão para desencarnar outros dez que vivem na matéria; três entre os últimos profetas brancos da antiga escola fundada pelo rei Anfião de Orozuma; outros três vivem entre a civilização sumeriana, na região chamada dos Cinco Mares; e os outros quatro entre os flâmines, últimos restos da escola fundada por Juno, na perdida Lemúria, e que hoje residem numa ilha esquecida no Mar Sereno do Sul.

" 'Todos eles são meninos ou adolescentes entre seis e quinze anos de vida física, aos quais foi necessário tomar matéria para ajudar os espíritos missionários encarnados nessas paragens. Quando voltarem ao plano espiritual, seremos três dezenas de Círios de Piedade para consolar as almas que padecem na Terra e em sua esfera astral.'

"— Bem — disse eu —, enquanto eles não chegam a vós, meus discípulos e eu iremos substituí-los na medida do possível. Que devemos fazer?

"— Perguntas isto a mim?... tu que és um instrutor desta humanidade? Já não podes ser um Círio de Piedade porque a lei te fez lâmpada viva da eterna Luz. Tua mãe e teus discípulos, sim, podem ensaiar sê-lo a partir deste mesmo momento.

"— Está bem — disse eu —, dizei o que devemos fazer.

"— Para isto devo pô-los a par de todos os nossos trabalhos. Ouvi que vos explicarei. Como somos tão poucos na atualidade, procuramos por afinidade seres encarnados para centuplicar assim nossa capacidade de fazer o bem. Mas ainda assim tropeçamos com grandes dificuldades, em razão do peso das correntes astrais do plano físico, que quase sempre impedem a nossa aproximação para manifestações como as que realizo neste momento. Convosco posso realizá-la sem dificuldade, porque a tua presença aqui, e a pureza mental de teus companheiros tornaram tão diáfano e sutil o vosso ambiente, que aparece todo este contorno como um imenso globo etéreo e radiante, no qual não podem penetrar as correntes de pensamentos grosseiros e delituosos, que infectam o plano físico em geral.

" 'Nossa tarefa é ao mesmo tempo na esfera astral e no plano físico inferior. Nossos lugares preferidos aqui são os cemitérios, os templos, os presídios e os hospitais de enfermos em geral. Nas necrópolis, arrancamos dos cadáveres as almas em perturbação quando são seres de certo adiantamento e que estão ainda presas às suas matérias porque uma morte súbita os impede de despertar para a realidade de sua nova vida. Comparecemos aos templos para recolher as queixas de angústia que os seres levam aos altares de seus ídolos, carregados às vezes de ouro e pedras preciosas, mas desde logo incapazes de ouvir as queixas de seus devotos. Através dos pensamentos de dor, compreendemos se esses padecimentos podem e devem ser aliviados ou remediados, e em caso afirmativo, procuramos as combinações conducentes a aliviar suas dores e a pô-los em caminho de melhoramento.

" 'Se suas angústias são conseqüências de faltas ou erros graves, fazemos chegar a eles este pensamento:

" '— Se te arrependeres de tuas faltas, e com boas obras reparares o mal causado, te aliviarás.

" 'Às vezes alguns são sensitivos, vêem ou ouvem, tendo a impressão que o deus de madeira ou de pedra os escutou, e correm a executar nossas inspirações.

" 'Comparecemos aos presídios para verificar se algum inocente foi encerrado nesses antros de terror e horror. Se sua condenação é para toda a vida, e vemos que sua capacidade e progresso faria dele um grande elemento para o bem em estado livre, procuramos um ser de evolução primitiva que, desencarnado, viva em estado de perturbação buscando novamente a matéria. Durante o sono do presidiário inocente, fazemos o ser inferior tomar aquela matéria, que para ele é elemento de progresso, enquanto para o outro era causa de uma grande perda de tempo. Assim desfazemos, às vezes, com a permissão divina, os erros humanos, quando coincidem circunstâncias especiais que nos permitem realizá-la. Os encarnados que ignoram estes trabalhos realizados por nós na esfera astral, vão de erro em erro, ao fazer estudo e afirmações com base num alicerce de argila.

" 'Realizamos nestes últimos dias uma transmigração espiritual dessa ordem. O tribunal que condenou o inocente cedendo ao ouro oferecido, trata de justificar seu crime, ao ver que o presidiário é efetivamente um ser de baixos instintos, capaz de ter cometido o delito do qual fora acusado. Afundam-se num labirinto sem saída, visto como havendo tido evidência de que era um justo quem condenavam, ao cabo de muito pouco tempo comprovam efetivamente tratar-se de um ser de mentalidade embrionária e de bem baixa moral.

" 'Outros afirmam que o embruteceu a dor de se ver reduzido injustamente à condição de um vulgar presidiário por delitos comuns, sem contar com o princípio espiritual e as forças superiores que atuam quando a divina lei o permite. Uns e outros caem no erro.

" 'Ultimamente, no grande templo de Zeus, na outra margem do Avendana, uma infeliz mulher de vida honesta e laboriosa, mãe de cinco filhas jovens e três varõezinhos, foi encontrada por um Círio de Piedade chorando amargamente no templo silencioso, prostrada ante a estátua do deus. Levava entre suas roupas uma adaga para cortar a própria garganta ali mesmo, como um sacrifício voluntário de sua vida, para implorar do deus a salvação de seus filhos. Recolhendo seu pensamento, o Círio de Piedade compreendeu toda a tragédia. Fez uso de toda a força mental acumulada, ordinariamente, em torno das estátuas adoradas pelas almas crentes desse culto, com o que pôde construir uma vaga forma astral luminosa o bastante para ser vista pela desolada mulher, ao mesmo tempo que fez penetrar em seu corpo mental este pensamento:

" '— Com teu sacrifício, não conseguirás nada. Espera que hoje mesmo terás remédio para o teu mal.

" 'Julgando-se atendida pela estátua do deus da sua fé, ela corre para sua casa e encontra o marido caído por terra, com um desmaio parecido com a morte; e ela explica ao médico chamado da seguinte maneira:

" '— Meu marido não era um justo, na verdade; mas, apesar de seus defeitos, vivemos em paz até ter sido chamado a trabalhar nos túmulos do antigo cemitério dos áugures de Mabari, no Monte Negro; ao retornar dali, veio tão mudado que não parece o mesmo. Maltrata barbaramente meus três meninos e persegue com maus fins, como uma desenfreada fera, minhas cinco meninas que até já querem fugir do lar. Se faço alguma advertência de protesto, toma o chicote e me açoita como a um animal indócil. Desesperada, fui ao templo de Zeus para oferecer-lhe minha vida em sacrifício para salvar minhas filhas. Vi a claridade de Zeus que ouviu minha prece e me prometeu a solução. Chego, e encontro meu marido meio morto caído por terra.

" 'O médico, se é conhecedor das forças e meios dos quais as inteligências superiores se valem para realizar uma obra de bem e de justiça, compreenderá talvez o que ocorreu; caso contrário, interpretará somente do ponto de vista das leis fisiológicas que o levam a acumular uma série de argumentos científicos, baseados num princípio equivocado. Os Círios de Piedade, que conhecem as forças boas ou más que se debatem como marulhadas em luta na esfera astral do planeta, descobrem imediatamente os fenômenos que essas forças produzem. Ordinariamente, nos antigos cemitérios ou panteões funerários que serviram para uma longa geração e, durante séculos, de sepultura a seres que pertenceram a grupos dedicados a trabalhos mentais de ordem inferior, são muito freqüentes os casos de vampirismo mais ou menos fortes ou persistentes, segundo o grau de atraso moral dos encarnados que se ponham a seu alcance, segundo as circunstâncias especiais que se apresentem. O elemento em questão tivera uma disputa violenta com um dos membros do grupo que era dono dos túmulos e como o operário se tornara insolente, arrojou-lhe uma feroz maldição no momento em que, entre vários operários, abriam uma urna funerária por engano, julgando-a ocupada somente pelos restos muito antigos que podiam ser esvaziados no ossário comum, mas encontraram um cadáver que se mantinha intacto sem iniciar o processo de decomposição, circunstância esta motivada pelo costume do grupo de lavar os cadáveres por dentro e por fora com líquidos aromáticos e alcoolizados; e também em razão do fato de que o espírito que animou esse cadáver tinha uma vontade extraordinariamente forte de continuar existindo no plano físico.

" 'Estes são os casos de vampirismo, não muito freqüentes, mas reais, principalmente em paragens onde se praticam as artes ocultas e sinistras da magia negra. Tal era o verdadeiro fundo do drama que se desenvolvia no lar da angustiada mulher, devota de Zeus. O facultativo não compreendeu este fenômeno, e aplicou drogas que não deram nenhum resultado. Os Círios de Piedade realizaram o trabalho de arrancar o espírito vampiro do corpo que havia usurpado e usado durante duas luas consecutivas, enquanto seu verdadeiro dono jazia mergulhado em profunda letargia na esfera astral imediata às tumbas, onde ocorreu o acontecimento inicial da tragédia. Para realizar o trabalho, serviram como auxiliares na matéria duas das filhas e a mãe, que eram seres de certa evolução e unidas por uma longa aliança com aquele que foi seu pai.

" 'Nos hospitais de enfermos em geral, há quase sempre um de nós para receber os que desencarnam, cujas condições espirituais e morais nos permitam tirá-los imediatamente da pesada atmosfera de horror e de angústia que envolve esses lugares, facilitando-lhes, ao iniciar sua nova vida, um ambiente propício para facilitar sua lucidez, para que não percam anos de tempo num sofrimento desnecessário e estéril.

" 'Tal é — disse o Círio de Piedade que nos visitava — o nosso trabalho na esfera astral da Terra no que diz respeito aos ambientes sobrecarregados de angustiosa dor e, às vezes, de grandes maldades.

" 'Entre ambientes e seres mais elevados moral e espiritualmente, realizamos outra classe de trabalho, mais sutil, mais belo, se se quer, em seus aspectos profundamente emotivos e sentimentais.

" 'Procuramos e provocamos o encontro de almas que, por aliança e missão, devam aparecer juntas no cenário da vida física, e que, por inconsciência e erro dos encarnados, nasceram muito longe umas das outras, às vezes em diferentes países e até em outros continentes. Quantas combinações difíceis devemos tecer e destecer em torno deles, até conduzi-los uns para junto dos outros!...

" 'Poemas grandiosos de amor, de heroísmo e de fé realizados por essas uniões são as divinas compensações que recolhem os Círios de Piedade por seu trabalho oculto e desconhecido dos próprios que recebem, como chuva de flores, os benefícios desse trabalho.*

" 'É verdade que renunciamos espontaneamente a séculos de inefável felicidade nas esferas superiores conquistadas pelo nosso esforço, mas temos a vantagem de realizar com a rapidez de um vôo gigante a rota que de outro modo faríamos numa longa cadeia de ciclos de ascensão. Quando a eterna lei nos chama porque soou a hora de tomar outro caminho, encontramo-nos com tão assombroso caudal de merecimentos que nos maravilhamos de nós mesmos, atrevendo-nos a interrogar à lei:

" '— Mas, por que tudo isto?... Quando e como conquistamos? — E o Eterno Amor nos responde com o canto triunfal de suas Harpas Vivas do Sétimo Céu (plano dos espíritos muito evoluídos):

" '— Sois bem-aventurados porque amastes acima de todas as coisas. Os mundos vos pertencem. Sois senhores de vós mesmos. Escolhei a vossa morada, pois sois lâmpadas vivas da Eterna Sabedoria. Sois o pensamento de Deus individualizado numa personalidade. Sois o amor de Deus concentrado na ânfora do vosso Eu individual. Sois o verbo de Deus que podeis levar como essência de vossa própria escolha.

" 'Mas até nesse momento o Círio de Piedade renuncia a esses direitos conquistados e pede à eterna lei que designe o caminho a seguir. Então emerge

---

Os cantos líricos dos grandes poetas, os maravilhosos transbordamentos de harmonia dos grandes músicos, os poemas silenciosos do claro-escuro, da luz e da sombra, vestidos pelo pincel nas telas dos magos da cor e da forma, são reflexos dos Círios de Piedade que vertem, como flores de uma ânfora eterna, as belezas das quais os tornaram donos sua espontânea renúncia à radiante felicidade de seu próprio céu, em favor dos que sofrem nas esferas astrais dos planetas de pouca evolução.

dentre a apinhada multidão de nebulosas, estrelas e sóis, como uma flor de luz nos abismos siderais que há de ser a sua morada, a sua herança, o seu campo de trabalho para as idades futuras. Já é um ungido. Já está consagrado Messias de uma humanidade à qual fica ligado a partir desse momento, até chegar a se refundir no grande todo universal.

" 'Já sabeis o que são os Círios de Piedade e a forma pela qual realizam sua evolução.'

"— Obrigado! — disse eu — pelos grandes conhecimentos que tua confidência acrescenta ao tesouro de sabedoria que guardamos para a humanidade futura.

"Um momento de silêncio profundo, suavíssimo como uma melodia sem som, se estendeu em nosso recinto. Uma branca claridade inundou a penumbra, e todos pudemos ver uma vintena de Círios de Piedade que compareciam, sem dúvida, a um chamado daquele que fora o nosso confidente. Os vinte disseram com seu pensamento:

"— Estais enamorados dos Círios de Piedade porque o Messias aqui presente foi um Círio de Piedade em remotas épocas, e porque vós todos, seguindo seus caminhos, o sereis da mesma forma no distante futuro. O que fostes, o que somos, o que sereis, somos todos uma só vibração do amor misericordioso na infinita eternidade de Deus.

"A bela visão desapareceu na penumbra violeta do sagrado recinto, deixando-nos no fundo da alma a inefável doçura daquele que bebeu uma ânfora de mel, cuja divina suavidade não pode esquecer nunca, ainda que rodem por cima de nós os séculos, como poeira de átomos luminosos arrastados pelo vento.

"— É isto — disse eu a meus companheiros — que nos inunda por um instante o incomensurável mar do Amor Divino que os Círios de Piedade derramam na esfera astral da Terra. São somente vinte espíritos que transportam essa imensidão! Que fará uma legião deles?

"Apesar da nossa concentração mental ser feita todos os dias ao anoitecer, nossas alianças espirituais só compareciam para praticar conosco nos dias considerados propícios. Assim foi que, quando ainda estávamos com a alma derramando mel da última visita dos Círios de Piedade, apresentou-se-nos Aheloin, através do transe de minha mãe, e convidou-nos a nos transportarmos espiritualmente para contemplar o panorama grandioso que apresentam ao observador estudioso as esferas astrais de milhões de estrelas chamadas de primeira grandeza, que são as moradas habituais ou céus, como eu os chamei em meus relatos sobre as grandes legiões de inteligências purificadas, e que portanto já não estão sujeitas a vidas de expiação.

"Ajudou-nos a abandonar com plena segurança nosso corpo físico, e pouco depois flutuávamos pelo espaço infinito três de meus companheiros e eu, ficando os demais cuidando do recinto, visto como seus estados físicos não lhes permitiam realizar essa experiência. Alguns por excesso de trabalho material, e minha mãe por uma incômoda afecção do peito, precisaram renunciar a essa magnífica exploração sideral. Nessa noite, a bondade divina permitiu-me compreender claramente a grandeza infinita da criação universal e a eterna lei de solidariedade que reina absoluta, tanto entre os grandes globos, centros radiantes de energia e de luz, como nos seres mais insignificantes e diminutos.

"Compreendi que todo o sistema é como um feixe de círios de diferente potencialidade cada um, e que cada qual, como impulsionado por uma força oculta, procura reunir sua esfera astral com a esfera astral dos globos, mais ou menos em iguais condições, na imensa cadeia das épocas que deverão ter percorrido para chegar ao que são.

"As grandes estrelas fixas, e os imensos sóis, centros de sistemas, estendem igualmente até distâncias imensuráveis e fantásticas as névoas radiantes de suas esferas astrais, até reunir-se nos abismos siderais com os globos de igual evolução.

"Pensei então:

"— Os astros se buscam, se beijam e se amam no infinito seio do grande todo universal. Este imenso e divino consórcio de atração, unificação, marcha harmônica e caminho em conjunto permitiu-me compreender o segredo profundo da eterna harmonia como base e alicerce de toda obra, grande ou pequena. — E voltei a pensar:

" 'A solidão não existe, o vazio não existe. A grandeza infinita do absoluto enche tudo, prova tudo, anima tudo, vivifica e rejuvenesce constantemente tudo.

" 'Esse beijo eterno dos mundos uns nos outros, seguindo a lei eterna da afinidade, segundo o grau de sua evolução, não prejudica nem obstrui de forma alguma que todos os milhares de milhões de estrelas, sóis, planetas e satélites possam realizar a mesma unificação com os de sua própria idade e categoria.'

"Pela terceira vez, interrompi a magnífica contemplação para pensar:

" 'Os milhões de astros que povoam os abismos siderais são como crianças obedientes à eterna lei e, unindo no infinito azul suas névoas radiantes, se confundem num único mar infinito de luz... Apenas a formiguinha humana dos mundos atrasados sente-se capaz de rebelar-se contra a eterna harmonia das esferas, para gritar insolente: 'Isto é teu e isto é meu!... Esta é a minha fronteira... Esta é a minha casa... Este é o limite de meu domínio... Este é o meu país! O meu é meu e o teu também é meu!...'

" 'Oh! Enorme aberração da formiguinha humana que ainda se arrasta sobre a terra devorando o grão que outro produziu!... E me encho de fadiga, cansaço e de profunda pena ao compreender a infinita pequenez do homem que às vezes tem a audácia inaudita de rebelar-se ante a grandeza das leis de Deus!'

"Nesta excursão me foi dado abarcar numa visão de conjunto a imensidão sem limite da criação universal.

"Se variada até o infinito é também a escala evolutiva dos globos que lhe servem de morada habitual, as belezas que a natureza pôs na nossa modesta e pequena Terra são um reflexo mui tênue e mesquinho da magnificência dos astros de primeira magnitude, moradas das imensas legiões de inteligências adiantadas. A visão do conjunto me fez compreender com nítida clareza a ordem e a divina harmonia dos mundos avançados, muito mais do que compreendera naquela excursão à constelação de Sírio, onde fui posto ante o meu Ego e envolvido na aura suavíssima de amor do meu grande guia desde os começos de minha evolução.

"Então me foi dado vislumbrar as moradas dos grandes espíritos que governam um ramalhete de sete universos, a um dos quais pertence, como já disse, o nosso pequeno sistema solar. Mas, ao abarcar agora todo o imenso conjunto, fico como aturdido, como se minha capacidade mental se dissolvesse em pequenos átomos de pó e se tornasse *em nada*. Aheloin, meu irmão, captou a onda de aniquilamento de mim mesmo que me aturdia, e disse, sacudindo-me:

"— Somos como átomos na infinita imensidão, contudo somos átomos emanados da potencialidade divina, que nos ama como suas próprias criações. Amando-o e deixando-nos amar é como estar no nosso justo lugar.

"Estas palavras me fizeram voltar à consciência do meu eu individual, do meu eu pensante; e uma suavíssima onda de amor divino me embargou completamente. Vi-me como um átomo inteligente, capaz de pensar e de amar. Abandonei-me a esse grande pensamento, e foi então quando se derramou sobre mim a claridade divina, absorvendo-me no infinito mar da essência eterna.

"Compreendi que as inteligências de mais avançada pureza são muitíssimo mais sensíveis ao amor desinteressado e puro que chega a elas como perfume de flores distantes dos milhares de seres que os amaram e os amam através de imensas épocas. Esse amor é como um onda suavíssima de luz multicolor que vai e vem mantendo em eterna união os pequenos amadores com o grande ser amado. Isto me deu a chave profunda e secreta do valor imenso da oração de amor elevada aos grandes seres que nos precederam nos eternos caminhos de Deus. É aqui que se cumpre melhor a sugestiva e sublime frase que em nossos mesquinhos conceitos terrestres apenas podemos dar-lhe o grande significado que tem: *'O que Deus uniu, ninguém pode separar.'*

"Compreendi igualmente, nesse magnífico olhar de conjunto, o processo seguido pela lei com os globos siderais chegados ao máximo de sua evolução.

Fala-se de sóis que se apagam, que chegam à decrepitude, e se desagregam como um corpo morto; entretanto, no plano físico terrestre não havíamos compreendido o alcance dessas figuras. Os globos astrais seguem um processo parecido ao das almas pois, à medida que se purificam, vão deixando como pedaços da vestimenta de que já não necessitam, a qual, desagregada em moléculas, vai formar parte de novas nebulosas, de novos corpos siderais.

"Nem um único átomo de matéria se perde na criação universal, porque cada átomo é uma porção da energia viva. Assim como ocorre aos seres, aos quais a eterna lei vai despojando lentamente da matéria mais densa através de uma longa evolução, acontece, também, aos globos siderais: quando sua matéria se desagrega permanece sua esfera astral radiante, servindo de morada às inteligências avançadas que a escolheram por habitação. Chegado um globo a essa evolução, naturalmente já não pode ser visível, como um globo de matéria densa, mediante alguma lente ou aparelho material fabricado pelos encarnados para sondar o espaço azul.

"Os aerólitos, que se precipitam às vezes através dos abismos e caem nos globos materiais, podem ser e são freqüentemente esses pedaços de matéria densa de um globo que vai deixando sua vestimenta ao converter-se numa imensa esfera astral de puríssima luz.

"Ao contemplar essa suprema verdade, voltei a pensar:

"— As estrelas, os sóis e as almas se parecem e caminham juntos pelos eternos caminhos de Deus. Um globo evoluído corresponde à habitação da alma purificada. Um globo atrasado é necessariamente habitação de almas de pouca evolução. Somente para os sublimes e heróicos Círios de Piedade são acessíveis as mais pesadas esferas astrais, porque eles pediram para si o sobre-humano poder de amar acima de todas as coisas.

"Foi-me dada, igualmente, a clara compreensão do grande anel fulgurante que circunvala um incomensurável abismo de luz, que vibra intensamente, como se fosse um contínuo relampagueamento naquele imenso bosque de íris que se cruzavam e entrelaçavam, formando abóbadas, cúpulas, avenidas, torreões flutuantes, que tão repentinamente se assemelham a ondas intermináveis de uma maré radiante, ou torrentes de luz que transbordam, ou imponderáveis forças vivas que lutam por derramar-se, para dar-se, por difundir-se, por correr em carreira vertiginosa em direção a tudo o que palpita e vive na criação universal. Vi, pendente daquele imenso anel fulgurante, uma infinidade de grossos laços de luz, que em grupos de sete se abriam em todas as direções, para levar vida, energia e amor aos universos correspondentes.

"Aheloin recebeu o meu pensamento quando, naquele infinito mar de luz, amor e vida eu parecia submergir-me, ser eliminado e morrer.

"— Lá estão — disse Aheloin —, refundidas como numa única e infinita claridade, vida e energia, os milhares de inteligências que, à força de purificações, já não são senão uma única vibração de vida e de amor por toda a eternidade.

"Dali se alimentam e vivem todos os mundos, todos os seres, todas as coisas. Ali já não há individualidades que pensam e amam em separado. Ali, o pensamento é único, a vibração é única, é único o amor supremo, infinito e eterno. *Isso é Deus!*

"Completo aturdimento invadiu todo o meu ser. Julguei-me aniquilado e dissolvido como uma nuvenzinha de fumaça desvanecendo-se num sopro. Perdi a consciência de existir; o conceito de minha individualidade desapareceu por completo. Quando voltei a mim, estava em minha alcova, sobre o canapé de junco, onde todos os que me amavam faziam esforços para provocar uma reação em minha matéria por meio de calor artificial. Despertei sem poder dizer nem pensar outra coisa a não ser estas palavras que diziam tudo:

"— Isso é Deus!... Isso é Deus!

"Durante toda uma lua, estive como entre a vida e a morte, e foi necessário rodear-me de cuidados como a um menino que recentemente inicia a vida. Suco de uvas e pequenos sorvos de mel eram o único alimento que minha matéria pôde receber durante todo esse tempo. A dádiva divina de compreender tudo havia quase absorvido minha vida como num suspiro que se diluía no éter. Como a derradeira vibração de uma melodia que adormece entre os dedos e a corda que a produz, como a gota de água que resvala de uma rocha ao fundo do mar... Deus!... Deus!.. Deus!...

"Ainda demorará muito tempo para a minha insignificância recobrar a si mesma, porque Vós, grandeza infinita, a absorvestes completamente: *Isso é Deus, e Deus é a Vida, a Energia, a Luz e o Amor!*

Estrela de Sharma

Leitor amigo, tu e eu tratamos de conhecer Osarsip, príncipe egípcio, filho de Thimétis, herdeira do faraó Ramsés I. Observamos e estudamos também a Aton-Moses em sua vida de estudo, de meditação e de absoluta entrega ao supremo ideal que pressentiu desde a infância. Nos fortes, nos grandes seres, nos gênios, há também outra face, igualmente bela, sublime, quase divina, que ordinariamente passa despercebida da humanidade. É aquele lugarzinho da alma onde bruxuleia, como pequena lamparina escondida num sacrário, o sentimento, esse perfume suavíssimo e divino que pode ser alegria e tristeza, ansiedade e quietude, felicidade e desgraça, êxtase de glória ou desesperado pessimismo conforme sejam os variáveis movimentos lentos ou fugazes das mutáveis e movediças ondas que agitam o nosso mundo interior. Quero dizer com isso que trataremos de conhecer Moisés na intimidade.

O sol da tarde resplandecia como um enorme topázio preso no límpido azul do espaço quando o modesto banquete das bodas chegou ao final e desposados e convidados se dispersaram, levando todos a recordação terna e suave própria do acontecimento que os havia reunido.

Séfora dirigiu-se imediatamente para sua alcova, que compartilhou com Cravina desde sua chegada à cabana do patriarca Jetro e, deixando no estrado seu manto de esposada, começou a chorar desesperadamente.

Assim a encontrou Moisés quando, depois de um discreto chamado à porta, penetrou no aposento.

— Posso saber, Estrela, a causa do teu pranto? — perguntou com toda a suavidade e ternura que surgiu daquele lugarzinho e que transbordava às vezes através da dura capa de severidade criada nele pela própria aspereza da vida.

Ao ouvir chamar *Estrela*, a pobre jovem sobressaltou-se extremamente e julgou por um momento ver seu pai à sua frente como um severo juiz que lhe pedia conta de seus atos.

Olhou para Moisés com olhos espantados e, caindo ao solo em humilde prostração, sussurrou mais do que falou:

— Sou inocente. Perdão para o horror desta minha vida e, se puderdes, esquecei até que eu existo!...

— Não venho para junto de ti como juiz, querida menina, convence-te disso, mas como um amigo, como um irmão e, se quiseres, como um pai que toma sobre seus ombros todo o peso e a responsabilidade da situação que te atormenta. Acaso não haveria procedido da mesma forma o autor de teus dias se, em vez de fugir dele, o tivesses tomado como confidente? Vamos, levanta esse rosto do solo, pois uma esposa leal olha de frente ao companheiro que a escolheu.

O grande Moisés, com força e gênio para governar e conduzir povos, levantou suavemente a jovem como se houvesse levantado uma pequena gazela ferida e moribunda.

— Temos muito que falar e preparar — continuou — visto como daqui à seis dias passará a caravana que nos levará ao Nilo, isto é, ao amado lar onde minha mãe me espera. Não te causa alegria pensar em tudo isto?

— Sim, senhor, sim... Como quiserdes.

— Diante de ti não sou senhor, Estrela... Sou teu companheiro, teu esposo... Não podes confiar em mim? Não podes querer-me um pouquinho, o suficiente para não ter esse terror pavoroso que estou vendo em teus olhos?

Moiséis tomou uma daquelas mãozinhas pálidas que ainda estavam molhadas de lágrimas, como para encurtar um pouco a enorme distância que separava dele aquele tímido coraçãozinho incuravelmente enfermo.

— Alteza real! — murmurou a jovem. — Vossa mãe amaldiçoará o momento em que unistes vossa nobre vida à minha.

— Ou a abençoará mil vezes. Que sabes tu, minha rolinha assustada, do que guarda minha mãe no cofre de ouro do seu coração? Ouve-me bem: esta tarde, à luz radiante deste sol de ouro que nos ilumina, faremos um pacto, uma aliança, tu e eu. Sabes o que é um pacto, um compromisso eterno, que dure mais que nossas vidas?

A jovem olhou-o assustada e respondeu:

— Sim, alteza real!... Sim, senhor, eu o compreendo bem e o sei, mas não sei se posso fazê-lo... Não me obrigues, pois, senhor! Sou uma infeliz e desprezível criatura!

— Cala e escuta-me. Este pacto é inquebrantável; este compromisso eterno consistirá, ouve-me bem, em que nunca, em tempo algum, mencionaremos o que chamas *tua desgraça, teu segredo*. Isso é um passado morto que hoje tu e eu sepultamos sob uma tumba de pedra. Promete-me que farás quanto possas para esquecê-lo completamente? Tua vida começa hoje. *Eu o quero assim*, e se sou alteza real como te empenhas em me chamar, e se sou diante de ti *um senhor*, e se te dobro em idade e posso ser teu pai, *eu ordeno* que assim seja. Este é o nosso pacto. Aceitas? És capaz de prometê-lo perante este sol de ouro que nos envolve em sua luz através desta janela?

A pobre jovem tremeu como um raminho agitado pelo vento diante do olhar fixo de Moisés que a envolvia mais que a luz solar, sacudindo-a fortemente.

— Alteza real! Sim, senhor!... Vós o ordenais e o quereis assim!... Sois meu senhor e eu vossa escrava para toda a vida! Assim será... Eu o quero como vós o quereis.

A dolorida criatura desfaleceu numa crise de nervos bem própria da situação. Quando despertou, viu-se recostada num belo leito encortinado de azul na mesma alcova que compartilhou com Cravina, e estava sentada a seu lado uma jovem fiando um novelo de lã branca. Sorriu e se apressou em dizer:

— Sou a filha do mordomo da granja de nosso pai, o patriarca Jetro, e o grande sacerdote, vosso esposo, me escolheu para vossa criada. Aceitais-me?...

Contendo um soluço, Estrela estendeu sua mão em silêncio e a criada a estreitou entre as suas também em silêncio. A esposa do grande sacerdote da escola iniciática do deserto aceitava a criada que ele escolhera para seu serviço íntimo.

Essa pequena jovem, filha de um pastor, chamava-se Jasmim e estava prometida como esposa a Numbik, que somente então quis aceitar companheira porque, segundo ele dizia: "Seremos dois para servir em perpetuidade ao amo que o inesquecível sacerdote Neferkeré me deu."

— Faz dez anos que cheguei a este mesmo oásis e me sentei sobre este mesmo parapeito do poço, e no fundo das águas vi refletida a face rosada e fresca de um jovem de vinte anos — disse Moisés, que com um brilhante cortejo de mestres, discípulos e amigos, aguardava no oásis do Poço Durba, que o kabir da caravana terminasse de preparar o camelo no qual viajariam Estrela e Jasmim, sua criada. Numbik já segurava pelo bridão aqueles que estavam destinados a eles dois.

O patriarca Isesi, com Jetro, Ohad e Carmi, Hur e Laio, ficavam constituídos em conselho de governo para todo assunto relativo à escola iniciática do deserto.

Recebereis notícias minhas em toda caravana que vier do Egito e esperarei as vossas quando elas regressarem — expressou o viajante tratando de injetar nos que deixava a confiança e o otimismo que pareciam muito apagados pela prolongada ausência que pressentiam.

Às filhas de Jetro já casadas, recomendava insistentemente o necessário cuidado para com os dois anciãos que eram dois *livros vivos* do grande arquivo que pensava construir em seu regresso: Elas, com profunda emoção, prometiam constituir-se amas da casa por turno de semana em semana até vê-lo regressar para ocupar novamente seu posto de grande sacerdote do deserto.

Como tudo chega e passa neste mundo, chegou o momento da partida na qual não houve adeuses entristecidos nem gemidos angustiosos, porque na escola de Moisés tudo era abstenção, renúncia, altruísmo, domínio do eu íntimo e, acima de tudo, uma florida esperança, como uma primavera eterna.

"Até breve!" "Até sempre!" "Até logo!...", foram as frases finais ouvidas entre o numeroso grupo que formava Moisés com todos aqueles que o amavam. Em Estrela ou Séfora ia se operando uma mudança que era notória para todos, não obstante somente Moisés e Jetro conhecessem a fundo o que ocorria.

O que era bem claro para todos é que aquele matrimônio não era senão um cactus vermelho como os que floresciam entre os penhascos de Madian. Era uma divina flor do sacrifício espontâneo de Moisés em benefício da desamparada jovem cuja angustiosa orfandade não era um segredo para ninguém. Além de todas as protegidas do patriarca Jetro, ela era a única que chegara adolescente, pois as outras vieram trazidas como um pequeno fardo de carne por algum agente seu servidor em diversas cidades. Chegaram pequeninas de poucos meses, nada recordavam de seu passado e menos ainda de sua origem.

Em compensação, Estrela guardava muitos segredos, conhecia a dor angustiosa de ter perdido tudo o que se ama na vida: família, posição, pátria, honra e quase a própria vida.

Todos quantos rodeavam Moisés quase poderiam escrever a história íntima da pobre jovem que, em seu absoluto silêncio, nada deixava transparecer ao exterior. Teria talvez sido salva prodigiosamente da morte dentre as ondas do mar Vermelho, que era o já conhecido epílogo de todas as donzelas sacrificadas a Molock por seus fanáticos adoradores? Esta pergunta era feita pelos que habitavam próximo ao patriarca Jetro. A severa disciplina que o amor ao próximo inspirara a esse grande servidor de Deus e da humanidade impedia qualquer comentário sobre esse particular. Se o ancião se calava, todos deviam silenciar. *Ele era a lei.* E todos obedeciam à lei. Como é imensa e poderosa a força que irradia toda alma revestida dessa invulnerável couraça ou vestimenta tecida com inauditos esforços que chamamos *Evolução!*

Por isso Jetro havia imposto a sua lei. Sua vida, refletida em todos os atos e em todos os momentos, fizeram dele o Homem-Lei. Sua lei regia no deserto de Madian.

Todo o deserto era o templo de Jetro. Ele foi o instrumento da eterna lei para criar o ambiente no qual triunfaria a missão de Moisés. Por isso, desceram sobre o Sinai os esplendores do céu.

Somente nesse templo de Jetro podia Moisés receber a lei do Sinai.

A Volta ao Ninho

O velho castelo do lago Merik rejuvenescia.

Na torre do templo, o pavilhão amarelo e branco parecia resplandecer com o sol do meio-dia, quando a princesa Thimétis, a bordo de um veleiro da embaixada da Mauritânia, desembarcava no cais de seu solitário castelo.

Apoiava-se no braço do príncipe da Bética, enquanto Fredek de Port-Ofir desembarcava com sua mãe Adhari. Essas eram as três importantes conquistas que fizera na terra natal de sua mãe, onde permanecera como regente durante seis longos e laboriosos anos. Ela havia combinado com o conselho mauritano tomar um descanso por tempo não determinado, mas disposta a voltar se a pátria de sua mãe necessitasse novamente dela. Tinham sido criadas alianças demasiado fortes naquela terra dos filhos do Sol e sua alma missionária do ideal eterno jamais poderia esquecer as obras redentoras iniciadas com tanta esperança de um êxito final.

Thimétis viu com pesar ondular o pavilhão mauritano no mastro do cais, e que dois guardas, com o uniforme da embaixada, lhe davam as boas-vindas, circunstância que lhe fazia recordar ser ela como uma proscrita em sua terra natal, na casa de seus ancestrais. Quando se dispunha a subir a escadaria da entrada ao castelo, apareceu o embaixador e o notário-mor do templo de Mênfis, enviados pelo pontífice Membra para recebê-la em seu nome. Em seus aposentos particulares, esperava-a a terna recepção de família, presidida pela fiel Jacobed com Aarão seu filho, sua esposa Míriam ou Maria e dois netinhos que lhe ofereciam uma cestinha de rosas brancas e amarelas, com um laço de fita no qual se lia:

"Bem-vinda a rainha desta casa."

Thimétis começou a chorar. Então tocou a vez de intervir Jacobed, que também chorava de emoção e de felicidade ao abraçar novamente a princesa real com quem tinha tão imensa dívida de gratidão e de amor.

A anciã Adhari chorava com elas, recordando a única visita feita naquele mesmo lugar à sua sobrinha Epúvia, quando Thimétis chegava à vida há quarenta e sete anos.

O príncipe de Bética, alheio a tão emotiva cena, observava extático uma grande tela emoldurada em ébano e nácar representando a rainha Epúvia em seu traje de coroação. Por sua vez, o príncipe Fredek observava e recordava diante do quadro, companheiro daquele outro, e que era a imagem da princesa real, no dia já distante de sua apresentação ao povo como única herdeira do trono do Egito. Então ele havia sonhado com um amor que ainda estava vivo e ardente em seu mundo interior e que o fracasso e o tempo não haviam podido apagar...

O silêncio imponente e solene de todas estas recordações formaram um ambiente de suprema nostalgia e de profunda melancolia. Uma grande aspiração insatisfeita, mas não morta, cruzara como um fantasma efêmero e fugaz, que seus próprios criadores se esforçavam em afastar.

A recordação toma às vezes formas definidas, fazendo sentir na alma intensidades que são vertigem e tormento...

— Vosso filho, alteza real, chegará daqui a três dias, se a caravana não tiver nenhum problema em sua marcha — disse imediatamente o notário-mor para cortar de um golpe o fio de tristeza que se havia formado. Foi o bastante.

Dir-se-ia que o pensamento unido de todos pelo ausente que se aproximava trouxe como o bater de asas gigantescas que desfizeram o véu cinzento de tristes recordações.

— Somente por amor a ele tive a força de fazer esta longa viagem — respondeu a princesa deixando-se cair naquela grande poltrona de suas longas meditações. — Estou novamente neste ninho de meus amores que eu não quisera abandonar outra vez.

O dia terminou com o suntuoso banquete que Aarão, como governador do castelo, oferecia à ilustre senhora daquela mansão.

Três dias depois, recebia ela em seus braços o excelso filho que permanecera ausente durante dez longos anos.

— Eu te vi partir como um jovem de vinte anos e agora te apresentas aqui como um homem bem carregado com a maturidade da vida e de todas as responsabilidades que tua grande alma quis aceitar — disse aquela mãe enamorada, contemplando seu filho, não envelhecido, mas já convertido no grande homem que chegaria a ser.

— Em compensação, mãe, eu te encontro tão jovem e tão formosa como te vi na última vez. Aqui tens mais outra filha, minha esposa, Estrela de Sharma.

Ambas se olharam um instante, e foi tão profundo o seu olhar que as uniu para sempre num afeto tão compreensivo e leal como poucas vezes pode ser encontrado em seres que nunca se haviam visto. A jovem ia ajoelhar-se para beijar a mão da augusta dama, que era a mãe do homem mais nobre que conhecera em sua breve vida, mas ela se antecipou estreitando-a com inefável amor, enquanto continuava observando-a como se quisesse recordar.

— Mas és uma menina apenas saída da infância! — disse Thimétis. — E tão preciosa como uma boneca de marfim! Moisés, meu filho, tiveste um excelente gosto! — E perguntou:

— De que céu fizeste vir esta menina para tua companheira?

— Logo mais te contarei — respondeu Moisés sorridente. — A ti será fácil amar a minha mãe? — perguntou a Estrela, que ainda não havia dito uma única palavra.

Ela olhou para os dois e, ajoelhando-se subitamente, abraçou-se com a princesa real e começou a chorar em grandes soluços. Como Thimétis se esforçasse por consolá-la, crendo que seu pranto era de angústia, a jovem finalmente falou:

— Meu pranto é de felicidade, alteza real, porque jamais pensei que os deuses me dessem uma mãe como vós.

— Minha filha, os caminhos de Deus estão cheios de surpresas e assim espero que tua união com meu filho nos traga muitas felizes compensações a quantos sacrifícios e renúncias ele e eu fizemos.

Tomou a ambos pelas mãos e, colocando-se no meio deles, encaminhou-se em direção ao pequeno templo para oferendar seu agradecimento à Divindade que lhe permitia abraçar de novo seu filho e sua esposa.

Tanta fé e amor, tão suprema exaltação de esperança e de felicidade fazia vibrar aquelas três almas fortemente unidas que o recinto sagrado ficou povoado de puríssimas e sutis presenças invisíveis, transformando-o no resplandecente cenário jamais visto por eles. Grandes nuvens de nácar, com estrias de ouro sobre um céu de límpido azul, aproximaram-se como se fossem envolvê-los, até que puderam perceber claramente inúmeros rostos humanos de notável beleza. À medida que as grandes nuvens se aproximavam, iam esboçando-se as formas dos corpos transparentes, em relevos magníficos que brotavam das próprias nuvens. E entre essas formas humanas vivas se encontraram os três que dando-se as mãos, afastaram-se da multidão no meio da qual estavam e que foi perdendo-se de vista até desaparecer por completo. Ficaram os três sozinhos sobre uma elevada colina coberta de relva e salpicada de flores. Os três deliberaram:

— Descemos? — perguntou um dos três, observando com grande atenção embaixo o profundo vale enegrecido de sombras que apenas deixavam perceber escuros vultos movendo-se em confusa mistura de coisas indefiníveis.

— Eu não! Tenho medo! — disse um.

— É tão densa a escuridão! — acrescentou outro.

— Viemos para descer e desceremos — disse o que parecia guiar os outros. Colocando-se no meio de seus companheiros, tomou-os pelas mãos e deslizaram até perder-se na densa escuridão.

As nuvens de nácar com estrias de ouro apareceram novamente e as milhares de formas humanas belas e sorridentes nelas estampadas cantaram em coro melodias suavíssimas nas quais se destacavam estas palavras:

"Agnus Dei triunfador"
"Agnus Dei salvador"
"Agnus Dei é amor"

Os três videntes se reconheceram nos três seres que desciam da colina ao escuro e profundo vale.

Naquele que tinha medo e horror de descer, Estrela se reconheceu. Thimétis viu a si mesma naquele que percebia a densa escuridão. Moisés, no que animou-os a realizar a penosa descida.

Mas a visão continuou em cenários múltiplos e variados. No escuro vale, perdiam-se de vista. Os encontros eram breves no alto da colina coberta de relva e de flores, e as separações, longas e cheias de escabrosas encruzilhadas. Até que, finalmente, a verde colina os ouviu dizer:

— Estamos unidos para sempre.
— Quanto tempo passou?
— Vimos afundar-se três continentes e desaparecer neles dez civilizações. As épocas, não podíamos contar porque vivemos na eternidade.
— E agora, que faremos?

A resposta apareceu no ato. A verde colina e o profundo vale haviam-se transformado, por obra dos séculos e de horrorosas convulsões vulcânicas e movimentos sísmicos, em imensos desertos rochosos, cujos cimos ostentavam cabeleiras de chamas vermelhas em alguns, negra fumarada em outros, e apenas no mais alto e gigantesco que os demais tinha por fundo um céu azul com nuvens de ouro e nácar que mais faziam ressaltar a pavorosa negrura do penhasco.

O ser que parecia guiar os outros soltou-se de suas mãos e começou a correr para lá.

Os dois que ficaram se interrogaram com o olhar e, tomando-se mutuamente pela mão, correram também seguindo aquele que corria escalando já o escuro promontório.

Quando tudo passou, Moisés rompeu o profundo silêncio:

— Sereis vós as duas abelhas laboriosas que encherão minha taça de mel quando a vida a fizer transbordar de aloés e de fel.

— Assim o quero! — exclamou Thimétis. — Por que afirmas isto com tanta certeza, meu filho?

— Porque, no término do esplendor que acabamos de presenciar, vi Merik em seu traje de esponsais que eu quis vestir-lhe naquele dia inesquecível, no qual abençoavas com indizível amor a nossa promessa eterna! Ela se constituiu em guia instrutor de Estrela para preencher o vazio que sua partida deixou a nosso lado.

— Bem-vindas sejam as tuas rosas de amor!... — E o filho e a mãe envolveram em amorosa recordação aquele ser que continuava amando-os desde o espaço infinito.

A pobrezinha Estrela sentia-se aturdida..., quase desaparecida da terra e da vida. Se ela considerava grande Moisés pelo que ele havia realizado para com ela, agora ela o via como um desses deuses que, no mar ou na terra, os homens veneravam. Via-o assim através do límpido cristal que era para ela sua mãe e por quanto desconhecido esplendor e glória espiritual acabava de contemplar. Em que mundo se encontrava sua insignificante pequenez? Quem era Moisés, o homem que a levantara do abismo de horror e abandono a que outros homens a arrojaram?

Apesar destas perguntas ficarem sem resposta, Estrela compreendeu que uma vida nova, um horizonte novo aparecia nesse instante. Este foi o começo bem definido da sua evolução que tanto relevo devia ter mais adiante...

Promessa é Dívida

O que se promete constitui uma dívida. As dívidas devem ser pagas, segundo o pensar e o sentir de todo ser que raciocina conforme a lei divina, que é a única absolutamente justa e igual para todos.

Com estes conceitos e fundamentos, começou a princesa Thimétis a instrução moral, espiritual e social de Estrela, a esposa de seu filho Moisés.

Começou assim porque, poucos dias depois da chegada, viu-se forçada a responder a todas as perguntas de sua nora que, depois da manifestação espiritual presenciada por ela, quis compreender tudo quando havia ocorrido diante dela naquele dia no oratório-templo de seu novo lar.

A suave e meiga mestra disse à sua discípula:

— Estrela, minha filha, ao ser consagrada esposa de um homem, como meu filho Moisés, entraste como num templo, tomada pela mão de um arcanjo. Os arcanjos são inteligências puríssimas, habitantes de céus desconhecidos na Terra, mas realmente existentes com toda a força e o poder da verdade, como existe tudo quanto percebem, vêem e apalpam nossos sentidos físicos.

"Ainda não me foi dado conhecer *que lei é a tua*, mas a intuição e a lógica me asseguram que te será pedido, e até quase exigido, o cumprimento de promessas que seguramente fizeste muito antes de vir a esta vida que tens. O que se promete é uma dívida que todo ser com dignidade e honra deve pagar, se quer evitar acidentes, quedas, golpes e dores no tempo infinitamente longo da vida eterna."

— Disseste *vida eterna,* princesa real? — perguntou timidamente a jovem.

— Esquece-te, minha filha, da princesa real, faze-me o favor! Sou tua mãe, a mãe de Moisés, teu esposo, para toda a tua vida. Acaso não estás convencida disso? Ou será que não podes ainda querer-me como tua própria mãe que te trouxe para a vida?

Por toda resposta, tomou Estrela as mãos de Thimétis e, ajoelhando-se a seus pés, dobrou sua cabecinha toucada de branco véu sobre os joelhos daquela formosa e meiga mulher que lhe parecia uma deusa, e à qual ouvia chamá-la filha com indizível ternura. Em sua cândida simplicidade, pensou e não falou: "— Não sei... nem posso saber a qual dos dois amo mais; se ao filho ou à sua mãe. São ambos tão grandes e bons!"

A Thimétis, extremamente sensitiva, talvez tenha chegado este pensamento porque, rompendo o silêncio, disse como distraída:

— Psique iluminada por Aton, oferenda de amor a quem lhe brinda amor..., esse amor que é piedade, claridade, sabedoria e conhecimento, que é salvação para todos os abismos do caminho eterno.

A jovem levantou o rosto e, ainda de joelhos, perguntou:

— Que é Aton, mãe, e que é Psique?

A Princesa sorriu complacente ao ver que a menina recolhera sua palavras.

— Aton é a suprema potência, a força criadora de quanto existe, a eterna luz em que vivemos, o ar que respiramos, a vida, enfim, que palpita e se manifesta ao nosso redor e em nós mesmos. Psique é o que vive em ti mesmo, e se manifesta na compreensão, no pensamento, no sentimento, no amor e no sofrimento, em querer e em não querer...

— Também em odiar! — exclamou a jovem com acento reconcentrado e firme.

— Guardas em teu coração ódio contra alguém? — perguntou suavissimamente a princesa, acariciando aquela cabeça humilhada que se erguia repentinamente.

— Sim, mãe..., mas na vossa presença tudo se transforma, tudo muda e se evapora como a fumaça de palhas acesas...

— Meu filho não te fez compreender o que é o ódio e quanto mal traz a quem o alimenta em si mesmo?

Como Estrela continuasse calada, Thimétis meditou, pensou, e sua mente lúcida e habituada a captar a onda dos pensamentos emitidos perto ou longe, compreendeu que a jovem esposa de seu filho guardava um amargo segredo em seu coração. Mas não quis entrar naquele *horto fechado* sem o beneplácito da sua dona, e mudou imediatamente de tema.

— Para que entres verdadeiramente no caminho a que chegaste ao te desposares com meu filho, faremos leituras de belas passagens referidas em muitas de nossas escrituras sagradas e referentes a grandes mulheres do passado, a quem devemos seguir porque seu caminho é também o nosso caminho.

— Nenhuma será maior que vós, mãe... Eu sei quanto fizeste na Mauritânia, e também antes de ir, como regente, para esse distante país.

— E quem te contou? Não foi Moisés, com toda a certeza?...

— Não, mãe. Ele pensa que ainda não sou capaz de compreender grandes coisas. Contou-me Cravina, uma das filhas do patriarca Jetro, vosso tio. Ele também é grande e bom como vós e Moisés... Pareceis deuses caminhando sobre nuvens e estrelas...

— Não tanto, minha filha!... Neste mundo novo, envolto ainda nas sombras de tanta ignorância e tão feroz egoísmo, os seres que adquiriram conhecimento porque a luz divina descerrou para eles seu grande véu, aparecem como extraordinariamente grandes, diferentes em tudo dos demais seres que convivem com eles sem compreendê-los. Tu os admiras, conforme vejo, mas em geral o mundo os julga erroneamente e, às vezes, qualifica-os até de audazes aventureiros que pretendem virar o mundo ao revés. Somente quando o sepulcro devora essas grandes e belas vidas humanas compreende o mundo que esses seres foram uma luz nas trevas, um remanso de água clara nos ressequidos desertos do egoísmo onde a pequenina relva não pode subsistir. Em mundos novos como este, essas grandezas significam dor, solidão, sacrifícios e abstenções tão imensas que por momentos essas almas se sentem esgotadas, murchas como flores sem água, quase apagadas como círios próximos a se consumir, até que a divina lei injeta neles novas energias, nova vitalidade. A esplendorosa visão do ideal eterno, atrás do qual correram durante muitas vidas, se lhes apresenta pela milésima vez em toda a sua realidade grandiosa e eterna, e essas grandes almas estendem outra vez suas asas e de novo começam a voar levando consigo as que chegaram à capacidade de compreendê-las, ouvi-las e segui-las. É assim o nosso Moisés, minha filha, e oxalá encontre ele em ti toda a compreensão, adesão e firmeza que necessitará mais adiante para chegar com menos fadiga ao cume ao qual a eterna lei há de exigir que ele suba...

— Mãe!... Ensinar-me-ás a compreendê-lo, a senti-lo e a segui-lo nessas caminhadas, que me parecem mais longas e penosas que vir desde Madian até aqui?

— Sim, filhinha!... Eu te ensinarei e seremos duas andorinhas incansáveis seguindo esse branco cisne que ainda não começou a voar...

A chegada da criada Jasmim com uma cestinha de frutas interrompeu o suave ensinamento que a admirável mãe proporcionava àquela que seria fiel companheira do gênio gigante vindo à Terra nessa época de sua longa vida planetária.

Mas, me permitirás, leitor amigo, que da altura deste glorioso encontro de almas que devem caminhar juntas, eu retroceda a outros detalhes terrestres e familiares que farão compreender melhor os caminhos futuros de Moisés em cumprimento do que era a sua missão nessa época da humanidade: gravar em pergaminhos, em coletâneas de leis e preceitos, em pedra e até ainda nas mentalidades humanas, a *lei natural* que a eterna potência criadora já havia gravado em cada centelha que emanava de Si mesma e soltava a voar por todos os mundos do vasto universo.

Os Arquivos da Luz

Antes de entrar em terras do Egito, Moisés tivera uma entrevista com o etnarca representante da autoridade suprema do vasto Negeb, que residia em Ectham, como o leitor recordará. Ele o fez para comunicar-lhe que saía de seus domínios e voltava ao Egito.

Ouviremos esse diálogo:

— Isto significa, etnarca, que necessito, uma vez mais, de tua boa vontade. Ignoro em que conceito o faraó me tem, se me considera seu parente, seu amigo ou seu inimigo. Como quero tranqüilidade e quietude interior enquanto permanecer ao lado de minha mãe, rogo que me dês um salvo-conduto para entrar em meu país, de forma a não me ver molestado como um elemento cuja presença é desagradável.

— Moisés! És meu sobrinho político, visto que minha esposa é irmã de tua augusta mãe. Não somente hei de dar-te o salvo-conduto, mas uma nomeação oficial de ministro plenipotenciário no Negeb e meu representante particular para resolver todos os negócios de meu governo com o governo egípcio. Na semana passada, faleceu o enviado especial para tratar de um intercâmbio proposto pelo governo egípcio, consistente em cavalos da nossa Arábia por cereais do vosso Egito. Ninguém melhor que tu para ocupar esse lugar por todo o tempo que permaneceres na terra natal. Antecipo que não é muito o que terás que fazer. Estás de acordo?

— Não causará isto maior aversão do faraó contra minha mãe e contra mim? — perguntou Moisés.

— Homem!... Se em dez anos ele não se dignou fazer a mais ligeira manifestação de que vos tinha em conta, não creio que isto torne maior o distanciamento e a indiferença com que agora vos trata. Além do mais, cons-

211

ta-me que o faraó tem medo de nós e propôs este negócio buscando uma aproximação.

— Está bem. Se julgas assim, etnarca, aceito agradecido este oferecimento.

Ato seguido, o etnarca chamou um escriba e a nomeação foi redigida, selada e firmada pelo etnarca e pelos três conselheiros que no Negeb representavam o rei dos árabes.

Eis que Moisés, o proscrito, o desterrado e esquecido Moisés, entraria em seu país como ministro e enviado especial do soberano da Arábia.

Uma vez mais, a invisível mão da lei divina se estendia sobre Moisés para torná-lo grande, forte e invencível.

— Viajas só? — perguntou o etnarca.

— Não. Acompanha-me minha esposa, sua camareira e meu criado de confiança, casado com ela.

— Levarás uma escolta de minha guarda montada, que é como dizer sete alfanjes bravos e dispostos como mastins de caça.

— Oh, etnarca!..., é demasiado. A nomeação é suficiente.

— Eu sei o que faço, Moisés, filho de Thimétis. Esse teu parente tem garra. Eu o conheço bem. Não é já aquele Amenhepat fraco e medroso dos quinze anos. Tem trinta anos e, às vezes, torna-se furioso e comete desatinos. Em teus dez anos de desterro mudaram muitas coisas.

— Deve ser como tu o dizes, etnarca, não ponho dúvidas. Crês que devo hospedar-me na embaixada da Arábia?

— Como residência oficial, sim, mas ficas livre de ir aonde queiras e passar dias e horas onde te agradar, sem ser incomodado.

— O tio Jetro, que tem amigos íntimos em toda parte, mantém correspondência com o grande sacerdote da sinagoga principal de Gesen, o país concedido à raça de Israel. Meu tio vive condoído pelo que padecem, pois a maioria do povo ficou como escravizado, apesar de terem sido anulados os decretos da época da regência. Bem sabes que os grandes potentados latifundiários fazem com seu ouro tudo quanto querem, a despeito de leis e ordens. Dizes bem que em meus dez anos de desterro mudaram as coisas...

— Não houve nem há um superintendente vice-rei aliado com a justiça — interrompeu o etnarca, aludindo à atuação reta e justiceira de Moisés em sua época de administração pública.

Durante esta entrevista de Moisés com o etnarca, sua esposa, a princesa Therebi, tinha levado para seus aposentos a Estrela e sua camareira, e obsequiava a esposa de Moisés com tudo quanto lhe sugeria seu amor a Thimétis, que era para ela a mais querida de suas irmãs.

Finalmente, e pouco antes de a caravana dar o aviso de partida, Therebi escreveu à irmã uma sentida epístola, escrita em sinais hieroglíficos usados pelos nobres e sacerdotes, cuja escritura estava cheia de círios ardendo, os quais queriam significar grande afeto permanente, sem variação nem mudanças de forma alguma.

Traduzida literalmente, a carta dizia assim:

"Thimétis, amada Thimétis. Sabes bem que, dentre meus poucos grandes amores, está meu amor por ti que vives no meu coração desde menina, porque na minha orfandade sem amor foi o teu amor o meu pão, o meu vinho, a minha água clara. Sabes bem, e creio ser chegada a hora em que meu amor floresça por ti, como só florescem os grandes amores que vivem na alma como a rosa imortal de Ísis. Assim é meu amor, Thimétis, grande, puro e santo, como o amor que me deste e que foi minha estrela-guia até que me uni por amor a este príncipe árabe que contagiaste com teu amor para que o brindasse a mim desde minhas bodas até hoje, sem alterações nem mudanças. Por que não me deixas corresponder teu amor com amor? Quero dizer que, se sofres muito sem o amor de teu grande filho, deves vir até aqui para perder o medo do deserto, nosso vizinho, e pouco a pouco vais aproximando-te de Madian, onde ele se empenha em residir. Meu amor aplainará todos os teus caminhos, porque compreendo que vives em orfandade sem amor como eu vivi nos primeiros anos de minha vida, até que teu amor me fez reviver desta outra vida florescida de amor, esperança e alegria. Tenho cinco amores mais: três filhinhas e dois filhos. Tu os conhecerás e eles anseiam por conhecer-te, porque te amam desde o berço.

"Anima-te e vem, amor meu, porque meu amor te espera e meus *cinco amores* serão teus porque o amor de meu marido é tal por ti, por Moisés e por teu tio Jetro que resolvi seja teu filho o mestre de nossos filhos. Valerá a pena fazer o sacrifício de vir? Os desertos da Arábia são também amor quando há amor na alma.

"Meu amor te envolve toda num abraço e em muitos abraços.

"Tua sempre em amor, esperança e fé — *Therebi*."

Agora vejamos por que no título deste capítulo aparece esta denominação: *"Os arquivos da luz."*

A leitura da epístola escrita por sua meia-irmã Therebi despertou uma série de pensamentos que talvez dormissem sonos de séculos no subconsciente da princesa Thimétis.

Tem a eterna luz aptidões e capacidades de maga divina de primeira ordem, e tão admiravelmente maneja os milhões e milhões de fios invisíveis com os quais se prendem as almas umas às outras no interminável correr dos séculos, que chegam épocas, anos e dias em que esses fios se aproximam, se cruzam, se enredam uns com outros até formar uma rede na qual todas as ligações se ajustam e respondem a um pensamento, a uma idéia que foi gerada muito mais acima e mais longe deles, mas que existe na realidade e verdade, como existimos todos no infinito ilimitado e desconhecido pelas humanidades de mundos novos. Lá se vive em desesperados e desesperantes ensaios de sistemas, de teorias, de sugestões e de hipóteses que se vão sucedendo como os séculos e como as ondas do mar, até que algum ser mais audaz e lúcido na percepção das inspirações superiores se decide a levar ao terreno prático o que parece para as multidões como louca alucinação.

Isso é o que sucede ordinariamente nos mundos de aprendizagem e de prova durante repetidos ciclos, até chegar a hora improrrogável de transpor o limite.

E então..., oh então!..., vem a derrubada de muitos dogmas da ciência e de muitos dogmas das religiões, e o que havia sido promulgado e mil vezes ordenado como irrefutável e eterno fica reduzido a uma espuma de sabão, a uma espiral de fumaça, que se desvanece por si só sem vento algum a agitá-la ou sacudi-la.

Moisés foi, em sua época, o que foi na época de Juno, o audaz e atrevido marujo que, na desconhecida pré-história, quando ardiam os vulcões da *Terra Queimada*, aquela Kremúria e depois Lemúria, que para alguns dos habitantes da Terra soa como um mito ou conto de fadas, apareceu à frente desta humanidade para fazê-la sentir a eterna e real existência de *algo* e de *alguém* que tem o direito, a força e o poder de promulgar leis físicas, metafísicas, morais e espirituais a mundos e humanidades criadas, formadas e desenvolvidas, em crescimento constante e perpétuo, por sua eterna potência criadora, conservadora e senhora absoluta e única de sua criação universal.

Essa foi a missão de Moisés em sua época, missão que ele cumpriu fidelissimamente como em todas as suas vidas messiânicas.

Os que não sofrem a triste e lamentável cegueira do fanatismo científico ou religioso lamentam grandemente o que fez a ignorância e a inconsciência humana com a sabedoria divina que iluminou este super-homem que trazia aos homens a idéia divina, o pensamento de Deus, a vontade de Deus.

Vemos em seu Apocalipse que, quando sentiu que as forças físicas não correspondiam já às invencíveis energias de seu espírito, subiu à gruta do Monte Nebo, onde costumava comungar com a Divindade, e teve ali sua última visão premonitória de que sua grande obra seria falseada e adulterada, e seus escritos declarados *apócrifos* pelos que autorizam a si mesmos em ser condutores, legisladores e guias de humanidades, cumprindo-se assim o axioma do mestre nazareno: "São cegos guiando outros cegos, e juntos caem no abismo."

Cheio de santa e justa indignação, pronunciou Moisés suas palavras finais:

"— O povo de Israel que recebeu meu legado é de dura cerviz e a lei o espalhará como pó para todos os ventos da Terra. Mas..., outro eu virá um dia e pela última vez a esta Terra, e então..., ai daqueles que não o escutarem e não o seguirem porque não haverá redenção possível por séculos e séculos!"

Na época, ele não disse como seu *outro eu* ao morrer: "— Pai! perdoai-os porque não sabem o que fazem!" Moisés teve o valor e a dor de ver no distante futuro este tremendo final de ciclo no qual duas terças partes desta humanidade seria afastada da grei do Cristo por sua dura cerviz e negação completa da divina lei.

Todas essas reflexões, imagens ou idéias foram percebidas pela mãe e pelo filho ao mesmo tempo, hora e momento em que terminou Thimétis a leitura da carta de sua irmã.

— Moisés, meu filho!... Pensei coisas terríveis quando terminei de ler a carta de minha irmã — disse a mãe.

— Acabo de pensar também eu — disse ele —, com a vantagem de saber o que havias pensado.

— Explicar-me-ás o que significa tudo isto? Moisés..., tu deves saber.

— Sim, mãe... Creio que o sei. Estrela, minha esposa, que hoje ignora tudo, foi em épocas distantes um grande amor de meu irmão Aheloin, meu guia íntimo, e ele a pôs a meu lado como instrumento que ata e estreita os fios das vidas e os atos bons e maus realizados em idades pretéritas e futuras por indivíduos, povos e países que nesta minha vida colaboram na minha obra, ou sejam, dificuldades que a estorvem... Mãe!..., és a primeira de meus aliados. Escrevamos em separado cada qual o que vimos, ouvimos, sentimos ou compreendemos e, se ambas as escrituras estiverem de acordo, tenhamos por certo que sucederá.

— Mas... Therebi sabe algo de ti e de mim?... — perguntou novamente Thimétis.

— Sabe que sou teu filho e que o menino da cestinha tirada do Nilo foi uma lenda criada e tecida pelo amor que se esconde às vezes do brutal egoísmo e lubricidade humanas para poder chegar a pôr-se em harmonia com a idéia divina, para que os caminhos de Deus se abram no meio da humanidade..., a infeliz *leprosa cega* que resiste a curar-se e, mais ainda, a ver.

— Mãe Ísis!... — exclamou a assombrada princesa real. — Puseste-me nos degraus de um trono secular e sob as naves de templos também seculares, e vejo que até a luz divina não desvaneceu para mim todas as trevas...

"Quem é Therebi..., a mais jovem de minhas meias-irmãs que tanto me quer?

"Quem é Estrela, a inesperada esposa de meu filho, que dessa forma me trazem visões para meu bem ou para meu mal?"

— Mãe!... tio Jetro foi aquele Isaac que Abraão ia sacrificar crendo que o Altíssimo assim o ordenava, e foi através desse filho que chegou ao velho

215

patriarca a promessa eterna de que ele seria o início de uma porção da humanidade no meio da qual encarnaria por duas vezes seu Verbo Eterno, seu Pensamento, sua Idéia, a Verdade. Therebi foi salva da morte ao nascer pelo tio Jetro conhecedor do espírito que vinha nela. Estrela é uma filha adotiva do tio Jetro que através do sono a atraiu para seu lado, porque conhece que espírito vem nela.

"Tio Jetro tem gravado a fogo sobre mármore este pensamento que sustenta e sustentará como uma verdade eterna em todas as vidas do mestre profeta e guia de almas que realizará em sua longa carreira evolutiva através das idades e dos séculos:

"Seres todos desta Terra, convosco fala a voz eterna, e diz: *Meus pensamentos não são os vossos pensamentos, nem meus caminhos são os vossos caminhos.*"

— Céus!... Que grandes coisas estás me dizendo, meu filho, e como eu sou pequena para conhecê-las!...

Mãe e filho dobraram a cabeça sobre o peito e a meditação das humildes almas que pedem a Luz para conhecer os caminhos de Deus fez daquele recinto (sala de leitura da princesa real) um magnífico templo espiritual no qual a presença divina descerrou seus véus, e eles viram a longa cadeia que os atava a esta Terra e a esta humanidade.

Quando tudo passou, a mãe, com os olhos cristalizados de pranto, aproximou-se de seu filho e o tomou por ambas as mãos.

— Meu filho!... Quanto nos falta por andar neste longo caminho! Não sei se tenho coragem!...

— Tu a terás, mãe, e eu também a terei! Acaso podemos pensar em negar complacência ao eterno Senhor?

Moisés Começa a Ver

Que vê Moisés em seu horizonte mental?... Que idéia o persegue com insistência em suas meditações?

Por que antes de voltar ao Egito não as tinha e elas agora golpeiam seu

216

cérebro como se um leve martelinho de prata desse golpes periódicos..., intermitentes como o cair de uma gota de água sobre pergaminho em branco?

Essa idéia tenaz trouxe-lhe uma recordação. Tinha em suas sacolas de viajante uma carta do tio Jetro para o patriarca do povo de Israel.

Já a havia esquecido.

— Mãe — disse à princesa real —, devo ir quanto antes a Gesen e, se te agrada visitar os irmãos de meu pai, poderíamos ir juntos e levar também Estrela...

— Mas, ela sabe que teu pai era de Israel?

— Ela sabe e está contente em saber porque sua mãe é de Israel e sabe também que há em Gesen um velho escriba, irmão de sua mãe.

— Oh, como são suaves e amorosos os caminhos da lei!... Iremos, filho, iremos. Desde minha chegada da Mauritânia eu os visitei só uma vez, pois bem sabes que tenho de me cuidar muito para não ser notada e não dar motivo algum de desgosto ao governo. Meu irmão o faraó tem espiões por todos os lugares do país.

"Certamente já sabe de tua chegada a Mênfis."

— Não o duvido. Deverá também saber que teu cunhado, o etnarca de Negeb, me encarregou de um negócio com ele e me deu uma brilhante escolta como encarregado especial de seus negócios. Deverá saber também, por complementação, que venho casado com uma bela jovem, o que é altamente benéfico para terminar com seus ciúmes disparatados.

— Esquecia-me, meu filho, de colocar-te a par de algo que já te convém saber. Amenhepat teve a gentileza de me enviar um belo diadema de princesa real junto com o convite para passar em Tebas, em visita oficial, acrescentando que me enviará o veleiro particular da rainha para que me leve. Que me dizes de tudo isto?

— Nada, mãe, porque, em meus trinta anos, conheço a vida humana e os homens como não os conhecia aos vinte quando me separei de ti.

— Oh, Moisés!... Meu coração adivinha que sofreste indizivelmente nestes dez anos transcorridos.

— Aprendi mais que sofri, mãe, acredita-me. Eu poderia escrever todo um livro de experiências, e te assombrarias ao ver que teu Osarsip adolescente foi transformado, por obra e graça da lei divina, num psicólogo arguto e audaz capaz de surpreender segredos nos impenetráveis abismos da alma humana.

— Então, meu filho, poderás ser um ajudante eficaz para tua mãe, a quem a lei divina colocou num monte onde nem tudo é reflexo de aurora sobre roseiras em flor...

✳ ✳ ✳

Na manhã seguinte, duas mulheres cobertas de touca e manto, acompanhadas por um médico israelita, vogavam pelos canais do Delta em direção a Gesen, levando sacolas e cestas de socorro para enfermos que iam visitar. Com quatro fortes remeiros, a gôndola voava sobre as águas tranqüilas sem que os bambuzais e os juncais gigantescos atrapalhassem de forma alguma a matutina navegação. O leitor já terá descoberto nos navegantes a princesa real com sua nora, e a Moisés, Fredek de Port-Ofir e o príncipe da Bética, que se haviam convertido em zelosos guardiães da heróica mulher que não conhecia dificuldades quando se tratava de ajudar Moisés.

Umas horas antes, um mensageiro do castelo do lago Merik havia dado o aviso em Gesen, motivo por que os cunhados da princesa a aguardavam no cais com suas esposas e filhos.

Uma visita de Thimétis era para o sofrido povo de Israel como a aparição da lua cheia rasgando as escuras nuvens de uma noite de tormenta. Mas a determinação de não exteriorizar seus sentimentos obrigava o submisso povo a guardar todo seu entusiasmo até ver-se reunido nas pracinhas do templo que, cercadas de altas muralhas de bambuzais e plátanos, nada deixava transparecer ao mundo egípcio que as rodeava.

Ali, o grande sacerdote Ismael, com o conselho de setenta anciãos, recebeu Thimétis levando-a ao humilde templo que não igualava por certo ao que, séculos depois, construiria Salomão, onde cantaram o salmo com que Abraão glorificou Jehová por suas promessas eternas.

Contudo, desta vez, a princesa não vinha só, mas acompanhada de três príncipes reais: Moisés seu filho, Fredek, filho do grande sfaz da Mauritânia, e Arfasol, príncipe soberano da Bética.

Três grandes ramos da família humana daquele tempo estavam reunidos nos lamaçais de Gesen. As freqüentes marés que faziam transbordar os lagos salgados, produziam inundações e graves inconvenientes ao infeliz povo israelita que, desde os tempos da rainha Ghala, via tornar-se dia a dia mais penosa a sua vida.

Antes da morte de Amram, a princesa real custeara a construção e inauguração da *Casa da Vida*, como chamamos hoje um sanatório para hospedagem de todos os doentes que não podiam ser atendidos em seus lares. Havia construído também escolas em cada uma das poucas sinagogas permitidas pelos intendentes, mas que ninguém se inteirasse de que era ela quem o fazia, com exceção do ancião patriarca Ismael, que era sempre o humilde solicitante desses favores.

Conservava a doutrina e os severos princípios dos primitivos patriarcas da raça, Abraão, seu fundador, Isaac e Jacó, seus sucessores, que eram como uma distante reminiscência dos kobdas e dos dáctilos pré-históricos.

O avô de Ismael, astrólogo, químico e médico de fama, tinha sido notário do conselho de Anek-Aton, o faraó chamado *santo, fazedor de santos,* e foi uma reencarnação do kobda Heberi, da época de Abel; de Abdulin de Miramar, dos íntimos discípulos de Antúlio, e de Vasiehta, o velho flâmine cego e santo, patriarca das Torres do Silêncio, que iniciou Krisna na alta escola das verdades ocultas aos inconscientes. Descendente de tão elevada ascendência espiritual, o patriarca Ismael era digno amigo e confidente de Jetro, em cuja epístola, confiada a Moisés, participava suas grandes descobertas de ordem espiritual.

Convém que o leitor a leia comigo, já traduzida, pois fora escrita no sistema hieroglífico do templo e, conhecendo-a, se compreenderá mais perfeitamente a extraordinária superioridade de Moisés, legislador e guia do povo de Israel, intermediário entre ele e toda a humanidade:

"Irmão e amigo dos séculos, Ruben de Abinoan, esteja a paz em tua alma e a saúde no teu corpo.

"Foi prometido a ti, na minha carta anterior, que eu participaria todas as verdades que me foram manifestadas e as descobertas feitas acerca do que o Altíssimo quer e pensa relacionado com a evolução das almas escolhidas para o cumprimento de sua eterna idéia neste planeta.

"Tuas percepções concordam com as minhas, que são como segue:

"Moisés e sua mãe são as bases e o alicerce de um grande passo que esta humanidade dará em direção ao divino, eterno e III - IIIIII,* um ao lado do outro marcam a soma das almas que são seus colaboradores nas tarefas que hão de chegar em seu devido momento. Dentro dessa soma, tu e eu estamos colocados na primeira fila e, além do mais, com a incomparável honra de ter ao nosso lado os mais fiéis companheiros de Anfião, de Antúlio, de Abel e de Krisna.

"Ó, irmão Ruben!... Se nesta gloriosa etapa não chegarmos a estrelas de primeira magnitude pela evolução conquistada, será porque nossas infelizes almas são ainda répteis que se arrastam pelos pântanos onde se incubam minhocas e larvas.

"A lei divina já fez cumprir o teu aviso de que viria para o meu lado um velho companheiro de estudos e iniciação, nosso irmão Isesi, que hoje compartilha comigo a direção da escola iniciática fundada por Moisés há vários anos.

"Ignoro o tempo que ele ficará no Egito. Seja qual for, não duvido que ambos o aproveitareis com empenho em benefício de nossos grandes ideais de libertação humana. Se Moisés te der para ler seu álbum de intimidades espirituais, que são um grandioso e magnífico *Apocalipse,* ficarás bem informado do que fizemos nos dez anos de sua permanência nestes desertos.

---

* 777 é o significado desses traços.

"Quando chegarás aos meus velhos braços? Ver-nos-emos ainda com nossos olhos de carne? Quer assim o eterno Senhor da almas, e é quanto deseja teu velho amigo e irmão da alma — *Jetro da Mauritânia.*"

A leitura desta carta e a presença de tão ilustres hóspedes foi para o bom patriarca Ruben, seu conselho e o povo uma festividade extraordinária, na qual, por aclamação, denominaram *Páscoa da Glória*, data que mais tarde e, até séculos depois, foi utilizada para realizar as mais notáveis obras, resoluções ou conquistas que Israel obteve no correr dos tempos.

Nessa data foi efetuada a saída do Egito de todo o povo em massa, embora seja doloroso dizer que, mais adiante, foram essas *páscoas* muito diferentes da primeira *Páscoa de Glória*, na qual tudo foi de uma elevada espiritualidade e de um alto conceito da harmonia, paz e fraternidade que faz a felicidade dos povos.

Nesse dia, Thimétis e seus acompanhantes derramaram seu amor generoso, compassivo e nobre sobre todas as dores do povo de Abraão, Isaac e Jacó.

Os que tinham dívidas, viram-nas pagas. Os doentes foram curados; os escravos que sofriam maus-tratos foram libertados e os lares mais despossuídos foram providos de quanto é necessário para a vida.

O povo de Israel regia-se então pelo que se chamava de *"Lei dos Patriarcas"* que havia sido criada por Abraão, que viveu sua longa vida sob a inspiração e leis dos kobdas, entre os quais sua irmã mais velha, Vadha, era a matriarca de um santuário de mulheres no país de Galaad.*

Essa *"Lei dos Patriarcas"* era muito concisa e breve, limitando-se ao preceito magnífico de que

"Não farás a teus semelhantes o que não queres que façam contigo."

"Farás a teus semelhantes tudo o que queiras que seja feito contigo em igualdade de circunstância."

"Não renderás adoração a deuses que pedem sacrifícios de vidas e coisas materiais, mas somente ao Altíssimo Deus invisível e Eterno Criador e Conservador de quanto vive no universo, e que só pede o cumprimento desta lei, que já foi gravada por Ele em cada alma humana que vem a encarnar neste mundo."

"Aos desobedientes desta lei os recolherás em lugar seguro e afastado dos demais, até que aprendam a viver sem causar dano nem prejuízos voluntários a seus semelhantes."

"Serás misericordioso com os fracos, com os enfermos, com as viúvas, com os órfãos e, principalmente, com os que carecem do necessário para manter a vida."

---

* A parte da Palestina que se chamou Síria e Galiléia.

"Serás zeloso cumpridor de todos os teus compromissos e palavras dadas, e verás em tua esposa a companheira de tua vida e em teus filhos, filhos de Deus encomendados a ti, da mesma forma como o são teus servidores."

"Não fecharás tua casa aos viajantes, terás piedade generosa para com todos e jamais tomarás vingança de quem recebeste ofensa."

"Deus é a Suprema Justiça, e Ele a faz em defesa e resguardo de seus servos fiéis à sua Lei."

"Seja o Altíssimo, Deus e Senhor, Criador dos mundos, abençoado e glorificado por todos os seres do universo."

※ ※ ※

Se é de teu agrado, leitor amigo, compara a elevada e pura *Lei dos Patriarcas*, que o povo de Israel observava, com a lei de Anek-Aton, o faraó santo do Antigo Egito, e também com as leis da civilização pré-histórica dos kobdas, dáctilos, profetas brancos e flâmines, cujas grandes escolas fizeram florescer os países que nessas distantes épocas emergiam do seio dos mares imensos. Compara, dizia, com o grande número de leis e ordens grosseiras, materialistas e até contrárias à moral e ao bom senso, que se pretendeu fazer passar como *Lei de Moisés* e, quando o hajas feito e raciocinado, dir-me-ás se pode ser aceito como *criação de Moisés* o que não pode, em justiça e lógica, ser atribuído a um *homem de bem*.

Quem foi o audaz violador da lei divina gravada em toda alma pela Suprema Potência e do precioso original das leis ditadas pelos primeiros patriarcas e mestres de almas das escolas civilizadoras que mencionei?

De onde partiram tão audazes e fatais deformações e adulterações, que precipitaram a humanidade no abismo de injustiças, crimes e corrupções, nos quais se debate nas idades modernas, chegando hoje a tão baixo nível e grau de degeneração que aterra e horroriza os que ainda têm rastros, vestígios e reminiscências de pudor, dignidade e vergonha, hoje desaparecidos por completo na grande maioria desta humanidade?

Viremos a folha, leitor amigo, porque, seguindo este caminho, talvez chegássemos a gerar na escassa humanidade consciente pensamentos demasiado deprimentes e pessimistas nos que ainda esperam ver purificada e engrandecida a *herança do Cristo*, pela qual se sacrificou tantas vezes e à qual ainda ama com seu grande Coração de Filho de Deus.

※ ※ ※

Quando Thimétis e Moisés ficaram a sós com o patriarca Ismael, começaram imediatamente as intimidades espirituais. O ancião, asfixiado de angústia e de aflição, e com o peso de setenta e sete anos, sentia verdadeira necessidade de confiar a outras almas fortes e fiéis seus grandes temores a respeito do futuro desse povo filho de Abraão.

As antigas profecias marcavam já a data de seu cumprimento:

"Quando o Mar Vermelho recolher suas águas e suas escarpas ficarem à vista e os lagos salgados estiverem próximos de secar, será o momento quando o gênio gigante, o arcanjo da dupla vista marchará à frente de meu povo em direção à Terra Santa, prometida a mim pelo altíssimo Senhor de tudo quanto vive em todos os mundos. Vosso pai *Abraão*, por permissão divina, vos anuncia."

O tempo era, pois, chegado.

O próprio faraó Anek-Aton havia deixado escrito vários relatos de profecias recebidas por ele, e uma delas dizia:

"Quando chegar a hora de o Santo, o Ungido, viver novamente nesta Terra, estarei nas margens do Nilo, onde serei como um irmão nascido da mesma mãe, e tenho já feito a aliança com quem será meu genitor, que será curador de males e só viverá o tempo necessário para me colocar no caminho que deve ser o meu caminho. Conhecer-me-eis pelas três letras de meu nome: HUR.

"Vosso irmão na esperança e no amor à Verdade. — *Hilkar, discípulo do mestre Antúlio.*"

O ancião Ismael tinha já as comprovações de que essas profecias estavam cumpridas. O médico Aton-Mosis, descendente direto de um conselheiro de Anek-Aton, tinha um filho desse nome, o qual tinha sido iniciado nas aulas de sabedoria divina, junto com o filho da princesa Thimétis, a escolhida de Ísis para as grandes realizações que os hierarcas dos céus projetavam nesse tempo.

Tudo isso falava o velho patriarca na íntima confidência com Moisés e Thimétis.

— Esta carta de Jetro — disse — parece dizer claramente que vós, mãe e filho, estareis no grande segredo de Deus. Não podeis confiar neste meu velho coração, que não tardará a emudecer para sempre?

"Deixar-me-eis morrer sem ter visto com meus olhos de carne o filho do Altíssimo destinado a cumprir seus eternos desígnios?"

Thimétis olhou para Moisés e o viu adormecido, todo branco como feito de neve, ao redor do qual começava a se formar um resplendor dourado com estrias de púrpura viva e, em sua fronte, dois raios de luz que feriam a vista.

Em silêncio, apontou-o para o velho patriarca que, tendo o rosto inclinado sobre o peito em profunda meditação, não o havia percebido.

— Aí o tendes — disse a meia voz.

O ancião foi preso de pavoroso aturdimento e caiu de joelhos, encostou o rosto no pavimento aos pés de Moisés, que continuava imóvel e com os olhos fechados.

— Mestre Antúlio!... Senhor de todos os santos que te seguiram e te esperam!... Bendita a hora em que estes olhos vêem e este coração palpita perto de ti! — exclamou o velho patriarca, devorando com os olhos aquele ser que não parecia de carne mas de neve feita luz.

Pouco a pouco, essa extraordinária manifestação de forças radiantes foi se evaporando até ficar o jovem Moisés de trinta anos, vestido como um modesto médico do povo e desperto para a vida de todos os dias no plano físico terrestre.

— Moisés, filho de Deus, compreendi finalmente que serás quem salvará o povo de Abraão, de Isaac e de Jacó da escravidão material e da escravidão de espírito na qual está a ponto de cair. Vivemos entre idólatras, cuja vida de corrupção e vício ultrapassa toda medida; Anek-Aton foi morto e, com ele, suas leis, seus discípulos e os continuadores da obra que ele iniciou. Fazer voltar todo o Egito ao sonho dourado do faraó santo não é obra que possamos realizar por ora. Salvemos pelo menos o povo de Abraão com os que nos querem acompanhar do Egito fundado pelos fugitivos da Atlântida, os que deixaram nas Pirâmides e na Esfinge a recordação imperecedoura de que eram possuidores do conhecimento de Deus em relação à alma humana, eterna como Ele próprio.

— O eterno onipotente esteja conosco para que assim procedamos se tal é a sua vontade soberana — respondeu Moisés. — E tu, mãe, que dizes a isto?

— Ísis é a mãe de todas as mães dos escolhidos do poder eterno para as grandes realizações. Será ela quem me determinará para secundar-te no que a divina lei quer ordenar-te.

Decidiram entre os três convocar os setenta do Grande Conselho: e; se eles estivessem de acordo, consultar a vontade e a disposição do povo.

Sete dias foram gastos em todas essas diligências, secundados eficazmente por Fredek de Port-Ofir, por Arfasol e pela jovem Estrela, que abriu amplo campo amigo entre as mulheres israelitas.

Embora muitos se mostrassem tímidos ante a magnitude da empresa e dos grandes sacrifícios que significaria a emigração de todo um numeroso povo até chegar às pradarias do Jordão das profecias do patriarca Abraão, ficou resolvido por grande maioria realizar a estupenda jornada.

Os setenta fiéis ao patriarca Ismael lançaram-se à tarefa de convencer e preparar primeiramente todos os chefes de família; Moisés, Fredek e Arfasol encarregaram-se dos homens mais jovens. A princesa real, com Estrela, fizeram o mesmo com as mães e as donzelas.

Na véspera do sétimo dia, o povo foi convocado nas pracinhas do templo e o patriarca Ismael e os Setenta rogaram a Moisés que ele fizesse a exposição clara de que as profecias estavam cumpridas, que havia chegado a hora de o povo de Israel atender à escolha divina.

Nesse momento, um jovem estudante das escrituras antigas saiu dentre a multidão e, subindo os degraus do estrado do qual Moisés falava, disse assim:

— Há uma profecia que promete o aparecimento de um *gênio gigante* designado pelo eterno poder para guiar Israel até as pradarias do Jordão prometidas a nosso pai Abraão. Onde está esse ser extraordinário, que significa a única garantia de êxito para lançar todo um numeroso povo numa jornada semelhante?

Fez-se um grande silêncio de expectativa, porque os estudiosos do povo faziam a si mesmos essa pergunta mental.

Nesse momento, apareceu sobre o estrado a princesa real coberta com seu grande véu dourado de sacerdotisa do templo de Ísis, e Moisés, convertido como numa labareda de fogo como se fosse um gigantesco varão feito de brasas ardentes, e o dedo indicador da princesa apontava-o para o povo que, possuído de fervoroso entusiasmo, caiu de joelhos adorando o eterno poder que tão claramente manifestava sua soberana vontade.

— É meu filho — exclamou a princesa —, e assim como ele, aos dezessete anos, vos salvou a todos de serem escravos do Egito, vos conduzirá daqui em diante para cumprir a vontade divina, se fordes dóceis à sua voz.

A radiante manifestação diluiu-se suavemente no éter e Thimétis chamou o jovem autor da grande pergunta que causou tão estupendo prodígio e o interrogou sobre sua família e seus estudos. Resultou disto ser ele um companheiro de estudos de Hur e que estava para unir-se em matrimônio com a mais jovem das filhas de Abinoan, irmão de Amram, o falecido esposo de Thimétis, uma encantadora jovem muito querida da princesa pela delicadeza de seus modos e de sua vida totalmente consagrada à austeridade própria dos mais nobres lares israelitas.

O jovem que fez a pergunta chamava-se Henoc e descendia por linha direta do filho primogênito de Ruben, o filho mais velho do patriarca Jacó, e toda essa tribo teve o costume de chamar Henoc ao primogênito de cada família, porque teve esse nome o primeiro filho de Ruben.

Este jovem Henoc, casado pouco depois com uma prima de Moisés de nome Esther, filha de Abinoan, irmão de Amram, foi o melhor escriba-cronista de toda a grande epopéia do povo de Israel que seguiu Moisés através dos desertos.

Faço tão detalhado esclarecimento para facilitar o julgamento lógico e reto do leitor que, sabedor de que o melhor escriba e cronista da grande viagem do povo de Israel guiado por Moisés era um seu familiar íntimo, estudioso, companheiro de Hur, educados nas aulas dos templos, conhecedores do sistema hieroglífico, costumeiro entre eles, e não podia de nenhum modo ser o autor dos relatos conhecidos, e que fazem da gloriosa epopéia uma espantosa tragédia de matanças, latrocínios e pilhagem ordenados pelo austero homem-luz que recebeu, extático, a Lei do Sinai, ou seja, uma síntese completa do que chamamos *irmandade humana, fraternidade humana.* A Lei do Sinai, bem poderia ser chamada *Código do Amor Fraterno,* porque cada um dos seus preceitos é um raio do sol eternamente fecundo do Amor Divino que dá vida a quanto existe no vasto universo.

Ainda antes de o povo sair de seu alvoroçado assombro, o patriarca Ismael fez a apresentação do príncipe de Port-Ofir, do príncipe da Bética e de Estrela, esposa do ungido divino, como íntimos colaboradores dele para guiar Israel a seus gloriosos destinos. Ismael falou ao povo nesta forma:

— A Mauritânia dos *filhos do sol* está conosco; a Bética da margem do mar, está conosco; a princesa real, filha de cem faraós, mãe espiritual de seu povo, está conosco; e principalmente está conosco a poderosa legião dos arcanjos guias de humanidades para nos conduzir à terra prometida ao nosso pai Abraão. Correspondereis vós à escolha divina?...

Um grande clamor, como de vendaval entre uma selva de pinheiros, se levantou de todo o povo congregado na praça.

— Sim, sim, sim!... Iremos para onde nos levar o escolhido de Jehová para engrandecer o seu povo!...

"Princesa real, nossa mãe! Para onde fordes, iremos nós!..."

Clamores como estes continuaram sendo ouvidos por um longo tempo.

As mulheres esforçaram-se em chegar até ela e, quando o conseguiram, levantaram-na ao alto fazendo as mais fortes mulheres de Israel uma cadeira de mãos com seus robustos braços e a fizeram passar por toda a praça para que todas as mulheres desse povo sofredor beijassem suas mãos e tocassem seus pés aprisionados em chinelas de couro de cabritinha branca bordada com fios de prata.

Não havia ali um única mulher que não houvesse recebido uma dádiva espiritual ou material da meiga e valente mulher que tudo dava sem nada pedir em troca do que entregava!...

— *Quem era essa mulher?* — perguntará o leitor com ansiosa curiosidade.

Sua descendência espiritual vinha de longas épocas atrás.

Quando os pais de Anfião, o rei santo na Atlântida, deviam celebrar esponsais aos doze anos de idade, ela foi a preceptora e governanta que os preparou durante vinte luas para o grande acontecimento. Era irmã do jovem filósofo Spano San, que depois foi patriarca da Montanha Santa, esse grande santuário-escola onde se formaram tantos mestres de almas, que mais tarde, se espalharam pelos quatro pontos cardeais quando lhes foi anunciado que esse continente seria tragado pelas águas do mar.

Quando Spano San foi eleito patriarca dos profetas brancos, os dois irmãos fundaram o santuário-escola para mulheres, e foi ela (Thimétis) designada *matriarca fundadora*.

Seu nome, nessa época, era *Adelfina de Anahuc*.

Quando se aproximou a hora de o guia desta humanidade voltar a tomar matéria neste planeta, ela se juntou aos que deviam preparar o ninho para o pássaro branco que voltava, e escolheu o papel de mãe de sua mãe, e assim concebeu aquela Valkíria do Monte de Ouro que foi mãe do grande filósofo-mártir, e continuou sendo mãe de seus discípulos íntimos, aos quais alimentou, cuidou e sustentou para que nenhum deles modificasse ou abandonasse o caminho aberto pelo grande filho, vencido talvez pelos padecimentos do desterro e a expatriação à qual os obrigou a dura perseguição sofrida em decorrência da morte do mestre.

Em outra de suas jornadas terrestres, colaborou na primeira fila com os fugitivos fundadores do que foi séculos depois a grande fraternidade kobda, escola de sabedoria e amor fraterno no meio da qual apareceu Abel, rodeado de tantas e tantas estrelas de primeira magnitude.

Através do feliz conjunto de tão favoráveis circunstâncias, Moisés viu com clareza meridiana a missão que lhe correspondia realizar nessa época e com esse povo a que estava ligado espiritualmente por alianças de almas e fisicamente, porque seu pai pertenceu à raça de Abraão.

De tudo isso surgiu a fundação de um grupo misto, ou seja, composto dos mais ativos e capazes entre os homens e as mulheres do povo de Israel, com o fim de tomar anotações referentes ao estado de cada família e de cada indivíduo. A princesa real e seus acompanhantes comprometiam-se a pagar o resgate dos que fossem escravos, ou saldar as dívidas que tivessem e em proporcionar todo o necessário para começar a preparação do grande êxodo de todo o povo de Abraão para as terras que deviam ser a pátria do povo criado por ele ao amparo de sua fé, de sua esperança na proteção divina e de sua consagração absoluta ao ideal de justiça e amor que modelou sua vida.

Cada lar, cada família, converteu-se em oficina de fabricação de roupas, calçados, sacolas, maletas e arcas, de aparelhos para cobertas ou tendas, de colchões, enxergões, acolchoados, tapetes e, de acordo com a capacidade financeira de cada família e de cada indivíduo, era também o aprovisionamento de cereais, de carnes salgadas, de legumes, de frutas secas, de azeite, de vinho, de mel e de velas de cera, e até de torcidas de algodão ou cânhamo engordurado para dar luz na escuridão da noite no deserto.

Tudo foi feito no mais impenetrável silêncio, de tal forma que nada transparecesse do grandioso projeto que só a mente de Moisés pôde conceber e sua extraordinária força de vontade realizar.

O povo de Abraão não conheceu nunca época mais feliz que essa. Todo esse numeroso povo pensava, queria e sentia em harmonia com seu grande guia dirigente, através do qual a fraternidade, a harmonia e a ajuda mútua ultrapassou tudo quanto se pudesse desejar.

Tudo era amor, simpatia, cordialidade, esperança, como roseiras em flor...

As Doze Colunas do Templo

Moisés e seus acompanhantes voltaram a Mênfis no décimo dia de sua permanência nos lamaçais de Gesen.

Sempre incógnitos, passaram das embaixadas da Mauritânia e do Negeb, onde residiam, para o amado retiro do castelo do lago Merik.

Somente ali, mãe e filho podiam sentir-se em seu próprio ambiente no ninho suave e seguro, sobrecarregado de suaves recordações onde ambos haviam passado os melhores dias de sua vida na terra que os viu nascer.

Acompanhava-os Fredek de Port-Ofir, Arfasol da Bética e Estrela de Sharma naquele salão que o leitor conhece, onde Moisés celebrou seus solenes esponsais, abençoados por seus pais e florescentes de esperança e amor. A morte prematura de Merik, a noiva adolescente, transformara em pó e fumaça aqueles sonhos celestiais...

Apenas Moisés entrou, apareceu viva a recordação como se uma mão de mago houvesse acendido repentinamente uma lâmpada de ouro abrilhantada pelo sol.

A adorável imagem de Merik flutuava diante dele com uma grande coroa de rosas brancas com muitos espinhos...

Moisés caiu de joelhos, com os braços estendidos para a meiga aparição que ele via... Seu rosto aparecia todo branco como as rosas. A princesa sua mãe aproximou-se dele e cobriu com sua mão seus olhos extáticos...

227

— Não a olhes mais, meu filho. Ela é do céu e nós ainda andamos na Terra. Quando a lei nos permitir romper todos os vínculos que nos atam a este mundo, iremos para junto dela para não nos separarmos mais.

A reação apareceu imediatamente e o *gênio gigante* ergueu-se de novo como um colosso que tivesse sido acometido de uma vertigem momentânea transformada em serena calma por sua vontade de ferro.

Estrela estava como aturdida, quietinha num canto. Fredek e Arfasol pareciam estar indagando com o olhar. A jovem esposa aproximou-se da princesa e, ao seu ouvido, fez a pergunta:

— Mãe, que viu Moisés?

— Coisas do céu, minha filha!... Um arcanjo de luz queria coroá-lo de rosas com muitos espinhos e, para aceitá-la, ele caiu de joelhos sobre o pavimento... Não te alarmes e lembra-te que uniste tua vida a um arcanjo do sétimo céu revestido de carne e caminhando pela nossa Terra.

Ouvida por todos esta resposta, fez-se prontamente a normalidade e Moisés foi o primeiro a falar:

— Aproveitemos o tempo, pois não é muito o que temos, e a tarefa é muito grande... Há mensageiros de Tebas — acrescentou, e sentou-se junto à poltrona que sua mãe acabava de ocupar.

Quando os cinco conseguiram reunir-se em círculo fechado, a princesa falou assim:

— Somos os cinco raios da estrela de luz divina que ilumina a todos os que pedem e necessitam dessa luz para dissipar as trevas que rodeiam a matéria que revestimos.

"Somos a porção mais íntima da legião de almas aliadas do ungido divino para esta época solene de nossa evolução. Unamos nossos pensamentos aos aliados ausentes: o patriarca Jetro, Isesi, Ohad, Carmi, Hur, Laio e o pontífice Membra..."

Neste momento, Numbik levantou a cortina de uma porta interior e o venerável ancião apareceu como uma figura de marfim..., todo branco desde a touca sacerdotal de iniciado até as sandálias de lã que encerravam seus pés.

— Aqui está o número *doze* — disse o pontífice —, e me regozijo por não vos haver feito esperar um minuto mais.

Thimétis levantou-se de sua poltrona e, beijando a mão do ancião, convidou-o a ocupá-la, e ela sentou-se a seu lado.

O ancião Membra abriu a porta para a divina comunicação espiritual com estas palavras:

— Que seja o nosso pensamento conjunto quem chame a divindade para sermos iluminados e fortalecidos com sua luz e seu amor

As palavras emudeceram para que falasse o pensamento.

E começou a invocação.

O sol escondia seus raios entre gazes de púrpura e de ouro, e lá muito longe, passado o deserto, na cabana de Jetro, no santuário-escola do Poço Durba, os *aliados ausentes* tomavam seu posto, e logo depois de repetir as mesmas palavras, emudeceram as vozes humanas e falou o pensamento.

Os doze espíritos encarnados que haviam pactuado antes de encarnar estabelecer sobre a Terra a idéia divina que fora sepultada já por seis vezes, na morte de Juno, de Numu, de Anfião, de Antúlio, de Abel e de Krisna; a idéia divina que na época de Anek-Aton afogaram em sangue os poderosos cegos do Egito, seria acesa novamente sobre a face do planeta, e desta vez com perfis de indelével e eterna força que nenhum vendaval humano pudesse apagar.

Seis dos aliados se encontravam mais além dos desertos, numa mísera aldeia ignorada pelo mundo, e outros seis no solitário castelo do lago Merik, também esquecido pelo mundo, porque uma mulher que desprezou o mundo o havia escolhido como refúgio e descanso de seu espírito que buscava Deus na solidão e no retiro. Não havia dito Ele, pela voz de seu profeta?: *"Não no torvelinho das multidões, mas na solidão escutareis a minha voz que falará em vosso coração"*, e os seis aliados de Poço Durba e os seis do castelo do lago Merik receberam no mesmo dia e na mesma hora a mensagem divina transmitida por Aheloin, aliado também na missão de Moisés:

"Irmãos que unidos estamos pelo Eterno e Divino Ideal, unidos também no pensar, no sentir e no querer, chegou o tempo de iniciar a obra salvadora da humanidade. Ela esqueceu a existência da eterna potência criadora e a substituiu por ídolos que patrocinam todas as iniqüidades e depravações as quais incitam seus baixos instintos e a maligna influência de inteligências tenebrosas que lutam com raiva feroz para mergulhar novamente no caos de suas trevas os que foram liberados nos cataclismos da Atlântida.

"O Deus-Amor, amado e sentido por Abraão, Isaac e Jacó vive como uma luz perene no povo criado por eles e ao qual destina a eterna idéia para semente de nova semeadura da verdade na humanidade deste planeta.

"Não sem sacrifícios conseguiremos o triunfo, Moisés! Acabas de ver nas mãos etéreas de tua 'alma esposa' que ela te ofereceu uma coroa de rosas brancas com muitos espinhos, visão exata do que será vossa vida no caminho escolhido! Nesta tremenda jornada, talvez a mais difícil de vosso eterno viver, deveis provar com fatos que sois os flâmines de Juno e de Numu, os profetas brancos de Anfião, os dáctilos de Antúlio e os kobdas de Abel.

"Não sois, pois, noviços nas renúncias, imolações e holocaustos. Se tanto fizestes em passadas épocas, que formam um colar de tríplice volta em vosso

coração, vacilareis ante outros mais que formarão a vestimenta da vossa personalidade?"

Todos se puseram de pé com a mão direita levantada para o alto, a expressão exterior do voto solene da aceitação que faziam nesse instante.

E Aheloin continuou:

"A eterna potência criadora vos constitui arautos de sua lei, que há de marcar o caminho irremovível dos mundos purificados, para esta humanidade da qual quiseste formar parte em perseverante colaboração para sua evolução definitiva. Três mil e quinhentos anos tereis para consegui-lo. O poder divino está em vós. A luz e o amor estão em vós... Nossa legião de arcanjos caminha ao vosso lado.

"Adiante, pela verdade, pela justiça e pelo amor!"

A voz celestial perdeu-se no grande silêncio da meditação profunda na qual todos os presentes estavam submersos.

O templo de Moisés estava, pois, construído e terminado com doze colunas firmes de pórfiro e de mármore e uma cúpula resplandecente formada de pensamentos unidos e de promessas eternas!

Terminada a meditação, o ancião Membra falou em primeiro lugar:

— Irmãos — disse, extremamente comovido —, parece-me sentir que a divina lei exige de mim a renúncia a meu cargo. Mas, dizei-me, eu vos peço, como hei de unir esta sugestão que julgo de origem divina com a lei dos templos e ordens criadas e mantidas durante séculos pelo sacerdócio egípcio? O pontificado só termina com a morte.

— Também nós havíamos pensado nisto — disseram Moisés e Thimétis ao mesmo tempo.

Logo depois de um momento de silêncio, o próprio Membra acrescentou com uma segurança que parecia haver-lhe chegado naquele momento:

— Posso morrer com a *morte de Osíris*. Eu a tive com êxito nos dias já distantes da minha iniciação e, embora tendo hoje o dobro da idade, a divina vontade é mais forte que os anos.

— Devemos pensar na Casa da Morte — observou Moisés. — Como iludir os setenta dias de embalsamamento?

— Posso ordenar, em meu testamento, não ser embalsamado.

— E se não for obedecida a ordem, interpretando como tendo sido dada por uma grande modéstia de vossa parte? — voltou a sugerir Moisés. — Porque também creio que cabe esta observação.

— Justamente, meu filho, e meu coração te agradece o interesse em tomar as medidas de precaução para fazer viver durante mais longo tempo este teu velho amigo... — Ao falar assim a voz de Membra tremia.

— É que por nada eu quisera sofrer um fracasso ao iniciar a minha tarefa..., um fracasso que romperia minhas asas antes de haver empreendido o vôo..., que me falte o primeiro dos doze!...

— É que o primeiro és tu!...

— Muito bem dito, santidade! — exclamou Thimétis. — O guia é ele, e não o compreende. Parece-me faltar um para completar os doze que devem caminhar seguindo o *grande guia*.

— Quem é o que falta?

— Creio que sou eu — disse a voz sonora e vibrante de Aarão levantando a cortina da porta. — Não sei como não pensastes em mim, nem tampouco eu o havia pensado. De repente, senti o impulso de vir até vós tal como se uma voz me houvesse dito:

"— Ali te esperam. Vai que é chegada a hora... e aqui estou."

Todos se olharam assombrados.

— A divindade está no nosso meio — disse solenemente o velho pontífice. — Adoremos a eterna potência que assim vigia nossos passos e nos fortalece em nossas vacilações.

Todos caíram de joelhos e, segundo o costume, tocaram o pavimento com a testa.

Passado este emocionante momento e já ocupando cada qual o seu lugar, Membra falou novamente:

— Segundo o combinado creio que algum dentre vós deve encarregar-se de preparar a minha morte aparente, de forma que o clero e o governo *me dêem por morto*. Quem se encarregará deste difícil assunto?

— Eu, santidade, encarregar-me-ei de vos fazer morrer para o mundo mas viver para a obra de Moisés — respondeu com grande serenidade a princesa Thimétis. — Eu vos rogo que façais hoje mesmo o testamento nomeando-me executora de vossas disposições póstumas.

— Quanto me agrada, filha querida, que sejais vós quem me dará a morte que há tanto tempo desejo! Depois, tomarei o nome de teu sogro e todos me chamareis o *avô Eleazar* que, ao me fazer este peitoral de ouro com doze brilhantes, fez esta profecia. — O ancião tirou de um bolsinho interior uma fina carteirinha de prata na qual guardava suas intimidades e dali extraiu um pequeno pergaminho, dobrado em quatro, escrito em sinais hieroglíficos que, traduzido, dizia assim:

"O joalheiro Eleazar, da tribo israelita de Levi, me fez hoje esta profecia: 'Ao entregar esta jóia que leva o símbolo do Eterno invisível, que é luz, poder e amor, vos vejo como grande sacerdote de um templo ambulante num vasto deserto, levando o mesmo nome com que eu sou conhecido neste mundo: *'Eleazar'.*' Passaram-se dessa época trinta e seis anos. Moisés ainda não tinha nascido, nem vós, princesa Thimétis, havíeis sido proclamada herdeira do trono do Egito. Este peitoral com a estrela de cinco pontas não era para mim mas para o pontífice Pthamer, do qual eu era notário-mor. Ao morrer, ele me deu como uma recordação, que eu conservei até hoje. Que dizeis deste meu relato?"

— Que foi uma clarividência premonitória do meu avô Eleazar — disse Moisés — e que se cumpre trinta e seis anos depois, pois desde que chegastes, santidade, a este recinto, estou pensando que sois o designado pela eterna lei para ser o primeiro grande sacerdote de Israel quando este sair da escravidão para possuir as terras prometidas ao patriarca Abraão.

Três luas se passaram e, nelas, os designados como as *"doze colunas do Templo"* e o povo dirigido por eles continuaram fazendo os preparativos para a grande jornada que ainda ignoravam quando e como deviam realizar.

A princesa Thimétis, por sua parte, cumpriu, como ela sabia cumprir, seu importante papel de primeira testamenteira do pontífice, cujo falecimento por ataque cerebral foi devidamente diagnosticado pelo médico do templo. Este acontecimento foi anunciado ao faraó e ao povo pelo notário-mor, o hierofante-príncipe Nef-Aton, meio-irmão de Ramsés I, pai de Thimétis.

O testamento hológrafo do morto ordenava que não fosse embalsamado e deixava à vontade e critério de ambos os testamenteiros, a princesa Thimétis e o notário-mor já mencionado, o cumprimento do mesmo.

Os grandes sinos da torre principal e as bandeiras violetas que a enlutavam eram demasiado eloqüentes avisos do ocorrido, que fez o povo desfilar pelo pórtico do templo onde se exibia o grande túmulo coberto de brocado violeta bordado de estrelas de ouro.

O leitor compreenderá que no sarcófago de madeira santa, coberto de brocado, não havia senão uma múmia de cera e além disso, quem poderia atrever-se em duvidar da verdade e, menos ainda, levantar a tampa de prata polida e o manto de brocado com estrelas de ouro se doze monges do templo, apoiados em lanças, velavam por três dias o sagrado cadáver?

O faraó enviou de Tebas a escolta real levando um medalhão de ouro e brilhantes com a imagem do deus Osíris e o *"Livro dos Mortos"* com capas de prata para ser colocado sobre o peito do cadáver. A escolta levava também a ordem de acompanhar o cortejo que conduziria o sarcófago à "Cripta da Morte" onde o testamento do inumado ordenava.

O séquito era presidido pela princesa Thimétis e pelo notário-mor. Quem poderia duvidar de que o pontífice Membra estava morto e bem morto? A princesa, que recebia todas as condolências, limitava-se a dizer:

— O pontífice está morto para o mundo, mas vive no reino de Ísis e abençoa com amor a todos os que o amam.

E dizia a plena verdade.

Enquanto isto ocorria, Membra que em secreta cerimônia, chamada entre eles *renúncia solene*, havia-se despojado de seu nome e de sua vestimenta pontifical, estudava e orava no pequeno templo do castelo do lago Merik, ao mesmo tempo que abria seu álbum-diário que iniciava assim:

"Eu, *Eleazar de Ismália*, sacerdote e servo do Invisível, começo este diário em seu Nome, fazendo ante Ele voto solene de escrever nestas páginas a verdade absoluta de quanto ocorrer diante de mim, de hoje em diante, até o dia da minha morte."

Moisés e Thimétis, que voltavam nesse instante de Mênfis onde haviam concluído as cerimônias fúnebres, se apresentaram perante o solitário sacerdote.

— Chegais no momento em que minha mente e meu coração vos chamava — disse. — Firmai aqui, pois sereis as únicas testemunhas de meu voto solene ante o Altíssimo.

Ambos leram e ambos assinaram em silêncio. Logo um grande abraço mudo, com os olhos cristalizados de pranto e um nó na garganta deu fim à cena que uniu para sempre, com um laço indestrutível, os três seres sobre os quais descansava a maior obra da eterna potência para este planeta: a designação de um povo como depositário da lei divina que demarcaria eternos rumos a esta humanidade.

O Santuário Messiânico

Depois de todo o acontecido, Moisés e Membra, que a partir deste momento chamaremos com seu novo nome, Eleazar, se entregaram completamente à mais perfeita organização de seu mundo interior.

Mas, para sua perfeita quietude mental, com o pretexto de tomar um descanso da longa viagem e proporcionar alguns cuidados particulares à sua mãe e à sua esposa, Moisés solicitou do faraó uma audiência privada para dali a oito dias, a fim de tratar do negócio de que o etnarca o encarregara.

Concedida amavelmente pelo faraó, satisfeito por tê-lo novamente a seu lado, Moisés penetrou com absoluta tranqüilidade em seu horto fechado. Eleazar acompanhou-o até o umbral da porta e ali o deixou só, porque compreendia bem que seus irmãos de evolução, com a irradiação ultrapoderosa do grande

Pai Sírio, convertido já num fogo-magno, era quem devia acompanhar o irmão desterrado em cumprimento da mais árdua de suas heróicas jornadas.

Em sua meditação, que durou três horas, viu com maravilhosa claridade o que deixara em seu plano habitual e o que devia realizar na jornada atual: "Um imenso véu cor de ouro e azul se descerrou, deixando a descoberto um cenário nunca imaginado nem sonhado ou visto por ele.

"Uma grande pirâmide que resplandecia como espelhos ao sol se levantava até quase perder-se de vista num plano de tão diáfana claridade que lhe permitia perceber a irradiação de seu próprio corpo astral como uma nuvem de névoa de cor azul pálido.

"Viu que setenta torres de transparente cristal vermelho vivo rodeavam a grande pirâmide e, de pé sobre cada uma, um guardião que, com suas duas enormes asas abertas, tocava o extremo das idênticas asas do guardião da torre vizinha. — Pensou:

"— Isto é uma muralha viva de asas que tremem agitadas pela forte energia que as faz vibrar.

"Ninguém respondeu ao seu pensamento, que pareceu gravado no ambiente.

"Um silêncio solene de paz e harmonia perfeita enchia-lhe a alma de infinita felicidade. Sem saber o tempo que passou nessa deliciosa contemplação, Moisés viu imediatamente que um pouco acima e como sustentado por mísulas que formavam parte da própria pirâmide, estavam sete guardiães, também alados, de cada lado da pirâmide, formando com suas asas abertas outra muralha igual à anterior dos setenta primeiros.

"Em seguida, ele pensou:

"— Sete repetido quatro vezes forma vinte e oito."

"Este pensamento pareceu também gravado no ar, como o anterior.

"Continuaram aparecendo muralhas vivas com asas que se agitavam com força e com intensa energia.

"Outra muralha mais alta estava formada por três seres alados em cada lado da grande pirâmide. E Moisés pensou:

"— Três quatro vezes repetido forma doze."

"Este seu pensamento também pareceu gravado no ambiente.

"Mais acima Moisés viu algo diferente: sete seres como formados com luz dourada mas sem asas, unidas suas mãos por uma larga faixa de gaze luminosa, envolviam a pirâmide. Da faixa de gaze emanava uma suave harmonia de instrumentos invisíveis, como se ela mesma fosse tecida de cordas musicais.

"A pirâmide diminuía suas dimensões à proporção que ganhava em altura.

Por isso, mais acima, viu o vidente cinco seres vivos também unidos por faixas de gaze luminosa que emanavam harmonias.

"Por fim, de pé sobre os vértices de um triângulo que sobressaía no alto da pirâmide como um suporte de topázio cristalino, outros três seres unidos pelos extremos de grandes mantos de gaze resplandecente com os quais apareciam cobertos da cabeça aos pés. Seus mantos, que ondulavam vertiginosamente como se um vento invisível os agitasse, envolviam a parte superior da grande pirâmide.

"— Céus!... Que vejo? — exclamou o vidente no máximo de seu assombro..., porque ele se viu de pé no ponto mais alto da pirâmide assim custodiada e guardada por todos aqueles seres cuja forte vibração de amor, de pureza e de excelsa grandeza fazia compreender, sem dúvida alguma, a grande superioridade que existia em todos eles.

"Sentia-se aturdido!

"Via-se ele mesmo colocado ali, no mais alto, sem ter sentido a subida.

"Olhou para baixo e viu tudo quanto havia estado vendo surgir pouco a pouco e que então ele via desde o alto e num só momento. Moisés olhou imediatamente para cima e para seus lados e viu que dentro de uma nuvem de chamas de suave calor e de infinita doçura, o Pai Sírio lhe estendia seus braços de luz, dizendo:

"— Porque és meu filho desterrado em áspera e dura missão, quis fazer-te ver o que deixaste em tua pátria verdadeira e única para abraçar-te ao sacrifício pela salvação da humanidade que tu mesmo criaste na longa cadeia de todas as tuas vidas na carne. Vais dar-lhe a lei eterna que a suprema potência decreta para todos os mundos nos quais as humanidades atingiram a necessária evolução.

"Bem-aventurados aqueles que a obedeçam e ai dos renitentes que a escarneçam ou a ultrajam!

"No abraço divino do pai e do filho, voltou Moisés ao plano terrestre e se viu de joelhos, com o rosto banhado em pranto."

O Povo de Abraão

Não era certamente Moisés dos que aceitam sem análise e sem raciocínio alguma imposição, venha de onde vier.

Em suas meditações solitárias, clamava assim sua alma cheia de ansiedade:

— Suprema inteligência criadora!... Faze que eu veja!... Eu quero ver, saber, compreender! — E sua mente inundada de luz divina penetrou como uma sonda na infinita imensidão da eterna idéia. E esse pensamento acudiu à invocação:

— Tenho de conhecer a fundo o que é o povo de Abraão.

Ele o conhecia somente através de seu avô Eleazar e de seu pai Amram. Mas a grande retidão e nobreza deles não podia pensar que fossem qualidades de todo um numeroso povo. Sua mãe fazia transbordar seu piedoso amor sobre esse povo ao qual pertenceu o amor humano que floresceu em sua primeira juventude. Mas tudo isso não era causa bastante para que a eterna potência quisesse fazê-lo depositário de sua lei soberana e única para toda a humanidade.

O grande filósofo, sociólogo e psicólogo de altos vôos sentiu-se como uma águia solitária que, voando sobre um ilimitado espaço desconhecido, procurasse o mais alto pico de uma montanha ou o mais alto pinheiro onde pousar seus pés para observar à sua inteira satisfação.

No dia seguinte, muito de manhã, Moisés vestiu a mais modesta túnica, tomou um dos botes usados pelos servidores do castelo, empunhou os remos e, pelo canal, dirigiu-se a Mênfis. Dali podia tomar qualquer dos barquinhos a vela que flutuavam através do verde Delta do Nilo e chegar a Gesen onde unicamente poderia averiguar a fundo o que era o povo de Abraão.

Moisés apresentou-se ao ancião sacerdote Ismael, que dificilmente o reconheceu.

— Mas Moisés, filho de Thimétis, a escolhida, a amada de Deus, a que trouxe ao mundo a ave do paraíso anunciada pelos nossos profetas... Como vens assim?

— Incógnito, pai santo, como deve vir o buscador da pérola escondida que quer encontrá-la por si mesmo sem esperá-la de ninguém.

— Que pérola tão valiosa é essa que andas procurando?

— A verdade, bom pai, a verdade que venho saber de ti porque és o único que deve conhecê-la e guardá-la como se guarda a coroa do rei.

— Vejamos que verdade é essa.

— Creio que pensareis como eu, ou seja que, a julgar por tudo o que vem ocorrendo e que é do teu conhecimento, a eterna potência me designa como guia condutor do povo de Abraão. E... o que é, bom pai, o povo de Abraão? Podeis fazer-me conhecer a fundo como, com toda a certeza, o conheces?

— Eu já sabia que virias pedir-me isto; mas não julguei que viesses tão logo e menos que o fizesses nesta forma.

— Esperavas-me no veleiro de gala da princesa real, com toda a indumentária de príncipe do Egito?

— Justamente... e ainda com escolta e arautos que te anunciassem com vibrantes toques de clarim.

— Oh, pai!..., a verdade é uma natureza divina esquiva que desconfia dos ouropéis brilhantes e gosta de se dar aos que levam túnica parda e pó nas sandálias. Não é assim?

— Sim, meu filho, Moisés querido, é assim. A luz divina estará comigo para fazer-te conhecer a fundo o povo de Abraão.

O velho sacerdote Ismael procurou e tirou de seu armário-biblioteca um pesado e grande livro de capa de pele de foca e broches de cobre.

— Abre-o tu mesmo e por ti mesmo descobre o que é o povo de Abraão.

Moisés leu:

"Origens do povo de Abraão."

"Quando os mares do planeta Terra, em pavorosa coalizão, transbordaram suas águas inundando tudo, encalhou nas montanhas de Ararat, no país de Manh, que hoje é a Armênia, um palácio flutuante que era uma embarcação como jamais foi vista pelos nossos antepassados. Vinha do ocidente escoltada por uma grande frota marítima que foi dizimada pelas ondas bravias dos cinco mares unidos para dar morte a toda a humanidade.

"O desconhecido soberano e quantos o acompanhavam deviam estar vindo fugindo da invasão das águas porque aqueles países de sonho e de riquezas incalculáveis foram submersos e sepultados para sempre no fundo do mar. Chamavam-no Pai Noé e morreu pouco tempo depois de seu navio-palácio encalhar. Seus herdeiros eram três: Sem-Heber, Kan-Efor e Jafet-Uran. Repartiram entre eles todas as riquezas desse desventurado soberano.

"Sem, o mais velho, afastou-se em direção ao sul, às pradarias regadas pelo Eufrates e o Indekel, porque gostava dos campos semeados e povoados de gado, de manadas de ovelhas, camelos e bois. Sem tomou esposa na família de um rei dos samoiedos, o qual, vencido pelos invasores sardos, que se apossaram da Ática pré-histórica devastando pelo incêndio e pela pilhagem sua capital Hisarlik, refugiava-se entre as ruínas de Calak, capital que fora da desaparecida Suméria.

"Sem escolheu a filha mais jovem do rei samoiedo, porque a encontrou descalça vadeando um pequeno arroio. Voltava de levar socorros a uma pobre mulher que, sozinha, com duas criaturas numa choça não podia ganhar o próprio sustento. A bela e gentil princesa Eufêmia deixou-lhe uma sacola de provisões e até as calças de fina pele de antílope com a qual cobria suas pernas.

"Sem, que com dois criados procurava sua manada extraviada, enamorou-se dela e o rei, seu pai, deu-a a ele como esposa três luas depois.

"Dessa esposa Sem teve seu filho primogênito, a quem chamou Arfasak, como seu avô o rei samoiedo, o qual quis fazer deste primeiro neto varão seu sucessor, herdeiro de seu nome e de seus títulos nobiliários.

"Esta é a raiz e o tronco da árvore genealógica de Abraão.

"De Arfasak nasceu Shale; de Shale nasceu Heberi; de Heberi veio Faleg; deste nasceu Reng; de Reng nasceu Sarug e de Sarug passou a descendência ao sexo feminino, porque uma rainha fatal dizimou a juventude masculina e a linha direta conservou-se através das filhas descendentes do rei samoiedo Arfasak. Foram vinte gerações até chegar a Nácar e Thare, avô e pai de Abraão, nascido em Calak, ruinosa capital da antiga Suméria e que já em maioridade e casado com Sara, sua prima, foram levantar as tendas em Urcaldia, perto do Delta do Eufrates, levando criados e rebanhos que os pais de ambos lhes haviam dado como dote no dia de suas bodas.

"A invasão das águas salobras dos mares transbordados e putrefatos com a enorme quantidade de cadáveres de homens e animais arruinou cidades e campos em toda a vasta região sumeriana convertida por essa causa num imenso cemitério, campo de morte coberto de esqueletos e podridão. Em razão dessas gravíssimas causas cujas conseqüências permaneceram durante longo tempo, epidemias e pragas tinham afetado todos os reinos da natureza humana, animal e vegetal. Os vales haviam-se convertido em mares; os mares em desertos; as cidades em ruínas cobertas de areia, cadáveres, detritos e escombros.

"As emigrações dos samoiedos, dos agafirsos e dos roxolanos do norte povoaram as regiões menos devastadas pelas águas putrefatas e venenosas.

"A vida tornou-se extremamente difícil nesses séculos, e até as famílias reais suportaram miséria e desolação. Os reis fizeram-se pastores, lavradores, lenhadores, cortadores de pedra e mineiros. Cidades, homens, famílias e tribos ambulantes formaram aldeias de tendas que mudavam de lugar de tempos em tempos na busca de facilidades para a vida.

"Tudo isso causou a mistura de dinastias, de raças, a confusão de linguagens, de religiões, de costumes e de leis. Chegada a idade de Abraão a quatro dezenas e meia de anos, e vendo-se rodeado de tal decadência moral, social e até material, empreendeu ele longa migração rumo ao ocidente, em busca de campos despovoados onde levantaria suas tendas e, ao mesmo tempo, o nobre e honrado modo de viver, aprendido de seus ancestrais.

"Os samoiedos descendiam em linha direta de Samoi, um dos solitários chamados profetas brancos. Enviado por sua escola-santuário em busca de escrituras deixadas por uns fugitivos numa gruta do istmo Corta-Gelos que unia Terra-Gelada com Poseidônia, não pôde regressar a seu país natal porque o transbordamento das águas partiu o istmo, e Terra-Gelada ficou separada do continente atlante por um largo braço do Mar do Norte. Com seis crianças abandonadas, havia formado uma pequena família pois eram quatro varões e duas mulheres de dez a quatorze anos de idade.

"Os anos, depois os séculos, tinham formado uma raça, um povo, que conservava grandes rasgos da educação moral e espiritual que o grande solitário dera a seus primeiros discípulos. As duas mulheres ele as uniu em matrimônio com os dois maiores dos quatro adolescentes que encontrou refugiados nas grutas das poucas serranias que não haviam sido tragadas pelas águas.

"O próprio Samoi havia encarnado nove vezes entre eles e pôde ver com satisfação seu povo, a raça formada por ele.

"Eufêmia, a esposa de Sem, que foi com ele raiz e tronco da raça de Abraão, conforme ficou dito, não aceitava as esposas múltiplas e por longo tempo foi conservado esse modo de viver nas primeiras famílias que se foram formando, todos descendentes seus.

"O tempo, as paixões e as fraquezas humanas tudo transformam e degeneram. Se algo bom e justo foi conservado por longo tempo, foi porque os próprios criadores da raça ou do povo encarnaram repetidas vezes entre eles, a fim de que essas raças ou povos perseverassem nos princípios fundamentais sobre os quais haviam sido constituídos.

"Abraão era um ramo da imensa árvore genealógica formada pelo atlante otlanês Sem com a filha de um rei samoiedo, e era também o próprio Samoi reencarnado pela nona vez para continuar a senda que lhe fora aberta lá muito longe e há vários séculos, quando, fugitivo e sozinho numa gruta da Terra-Gelada sacudida pelos mares transbordados, consolava seis crianças famintas e sofredoras pelo abandono em que haviam ficado.

"Na divina lucidez de suas meditações, que eram sempre extáticos desdobramentos nos quais lhe aparecia o passado com todos os seus abismos e esplendores, Abraão via que aquela Eufêmia, princesa samoieda, era a própria Sara que mantinha a seu lado como uma estrela caída dos céus de Deus sobre sua tenda.

"Mas não tinha um filho da grande mulher que era sua esposa. Em sua oração, pediu que lhe fosse concedida tal dádiva para que surgisse uma raça de anjos sobre a Terra.

"A eterna lei concedeu-lhe Isaac, e esse filho foi como a pedra fundamental da numerosa descendência de Abraão, servo de Deus. De mil maneiras foi provada a sua fé, abnegação, paciência e inquebrantável honradez. Mas nenhuma circunstância adversa teve a força de afastá-lo do caminho que escolhera em sua primeira juventude.

"O arcanjo das anunciações designou-lhe o lar onde devia buscar a esposa para seu filho quando este chegou à idade competente. Rebeca apareceu no cenário como por uma maravilhosa casualidade. Dois vigorosos rebentos apareceram no primeiro ramo da árvore genealógica de Abraão: Esaú e Jacó. Este último foi pai de doze filhos, que foram os chefes das Doze Tribos que formaram através de longos séculos o numeroso povo chamado de Israel, quando seu verdadeiro nome devia ser: povo de Abraão.

"O servo de Deus trouxe na verdade muitos anjos à Terra; contudo, a humanidade não persevera longo tempo na eqüidade e na justiça. Parece que se cansa e se enfastia da vida de santidade. Na segunda geração já houve rasgões e ocorrências sobrecarregadas de falsidade, inveja, malevolência e engano.

"Na terceira e na quarta geração houve alguns delitos graves e muitos desencaminhamentos de menor gravidade, não obstante viver reencarnado entre eles o grande homem justo e equânime que deu origem à sua raça.

"Como profeta, como áugure, como homem de conselho, Abraão levantou sempre a sua voz contra toda contravenção à breve lei na qual o povo se formou desde seus primeiros momentos.

"A eterna lei sempre se encarregou de afirmar, com algumas de suas estupendas manifestações físicas, as advertências ou correções que o fundador da raça, reencarnado no meio dela, dava a seu povo que, nascido em tão nobre e puríssimo berço com altos desígnios divinos, assim esquecia seu passado para enlodar-se num presente de idéias e costumes tão contrários àqueles de sua distante origem.

"Somente uma luz foi permanente no povo de Abraão: a *Unidade Divina*, que absorveu sempre, completamente, a fé, a esperança e a vontade desse povo bem amado de Deus, para quem Abraão tinha suplicado tanto a dádiva de povoar com anjos a terra que lhe deu vida.

"O Eterno invisível, o Deus de Abraão, esteja sobre quem isto escreve e sobre os que tiverem este escrito em suas mãos. *Nacor de Betel. Bisneto do patriarca Abraão.*"*

Quando Moisés terminou esta leitura, levantou os olhos para o velho Ismael, e estas foram suas primeiras palavras:

— Pelo Deus de Abraão e por ele mesmo prometo que serei o condutor

---

* Este ser que, em estado espiritual, ditou a escritura, havia sido filho de um filho de José, o que foi vice-rei do Egito nos anos de Jacó, um descendente direto do patriarca Abraão. O ditado foi recebido por um sensitivo ou profeta, como então se denominava, da quinta geração de Abraão, época em que parte do povo começava a se afastar do caminho de seu fundador e a tomar muitos dos costumes e práticas do Egito dessa época.

do seu povo até fazer dele o que foi a aspiração de toda a sua longa vida. O esforço e a consagração de minha parte serão absolutos e completos. Se alguma coisa falhar, será pela dura cabeça de quem não compreende o que significa uma escolha divina para desígnios futuros desconhecidos dos homens.

— Faze como dizes, meu filho, e que o Deus de Abraão esteja contigo para levar a cabo a grande e difícil empresa.

Duas semanas se passaram e Moisés não voltava ao castelo do lago Merik. Absorveu-o absolutamente o estudo do povo que a eterna lei lhe entregava para dirigir em cumprimento de um desígnio que ele ainda não conseguia perceber completamente.

Moisés conhecia, através da escritura lida, as origens nobres, elevadas e sãs desse povo; entretanto, também essa escritura dava a entender que ele se afastara do caminho da lei. De que forma, de que modo e por que causa? Devia também saber isso. Por intermédio do velho sacerdote Ismael, Moisés chamou os octogenários, os que pisavam já os umbrais da centena, com o fim de conhecer detalhes da vida desse povo. Desta maneira Moisés soube que houve rebeldias no tempo da regência e que essas rebeldias, que estiveram a ponto de provocar guerras com os países vizinhos, foram, em sua maior parte, iniciadas por elementos do povo de Abraão que se negava bravamente a deixar-se reduzir à escravidão.

Moisés julgou que essas rebeldias eram favoráveis aos descendentes de Abraão porque, embora nascido e criado em épocas de tremendas aberrações humanas, a escravidão do homem era no seu sentir mais degradante e atentatória contra a dignidade humana concedida por Deus como o mais belo tesouro oferecido à inteligência, à razão e ao livre-arbítrio de que fora dotado o ser que era o coroamento de suas criações orgânicas.

Mas logo chegou a descobrir que parte desse povo se entregava de tempos em tempos a render culto ao deuses que os egípcios adoravam, que havia oficinas nas quais os filhos de Abraão se dedicavam em esculpir figuras de deuses em ouro, prata, madeira ou argila, que eram comprados por alto preço pelos homens dos templos ou pelos fanáticos adoradores egípcios ou estrangeiros, e compreendeu bem o que significaria dirigir um numeroso povo no qual houvesse a lepra da idolatria e, pior ainda, realizada mais por avareza e dinheiro que por sentimento e convicção.

Moisés voltou ao castelo do lago Merik, mas não tão otimista quanto saíra duas semanas antes.

— Retornas entristecido, meu filho — observou sua mãe apenas o viu. — Mas, se vires ó que dos céus te enviou nossa mãe Ísis, voltará a felicidade ao teu coração. — Assim dizendo, tomou-o pela mão e o conduziu ao aposento ocupado por ele em criança e que era então o aposento de Estrela. Um berço

241

encortinado de gaze e nele um belo menino adormecido. Atrás das pesadas cortinas da alcova dormia também a mãe, que na semana anterior dera à luz o pequeno querubim que Thimétis julgava filho de seu filho.

— Fizeste-me avó, meu filho, e com isso me proporcionaste uma felicidade que eu não esperava na Terra.

Moisés contemplou por um instante o pequenino que o chamaria de pai e pensou com pesar naquele que era seu pai, a pobre vítima do fanatismo inconsciente e perverso dos que buscavam a justificação e a amizade do infinito sacrificando honras e vidas. À sua invocação intensa e amorosa, esse ser apareceu incontinenti, como se já de antemão estivesse velando o berço.

— É meu filho — disse sem pronunciar palavras a aparição. — Sou dono desta matéria, mas não da alma que a anima, e que é mais tua do que minha. É a mesma essência espiritual que animou o pai de teu único amor humano, profeta do Altíssimo, é a alma de Aton-Mosis, o médico que te viu nascer e que amparou tua augusta mãe naqueles dias difíceis e distantes.

— Como queres que o chame? — conseguiu perguntar Moisés quando a emoção lhe permitiu falar.

— Se me permites, quisera chamá-lo com o meu nome: *Essen*. Ele será o teu maior amigo e seguirá teus caminhos de sacrifício e de glória durante sua vida e mais além do sepulcro. Ele será o anjo guardião desse povo sem que os encarnados o saibam, aquele que, depois de ti, atrairá para ele todos os bens que a eterna justiça dará ao povo de Abraão, agora por ti e, depois, por Essen, teu continuador com tão grande fidelidade que manterá tua lâmpada acesa até que novamente voltes a pisar os vales terrestres.

"Moisés, tua alma gêmea, tua esposa eterna o escolheu para oferecer-te, e é ela quem te envia esta dádiva.

— Merik! Minha noiva eterna! Minha desposada invisível para todos, mas sempre presente no meu coração de homem que se converteu em cinzas geladas ao faltar-lhe o teu alento para acender as brasas!

Um suavíssimo perfume de lírios espalhou-se pelo ambiente e Thimétis, que adormecera sentada junto ao berço, despertou cheia de felicidade celestial.

— Moisés, meu filho!... Sabes quem velava este berço?

— Dize, mãe, que quase adivinho.

— É Merik quem te manda esta dádiva. Eu a vi tão suave e bela como era em sua breve vida de quinze anos. Com ela estava uma corte de seres coroados de rosas e com uma vara alta, como um cajado de pastor, na mão direita, e ornados com umas flores brancas tão frescas e reluzentes como nossos lírios das montanhas quando banhados de orvalho... Ainda sinto o seu perfume... Não o sentes também?...

— Até aqui chega a mim essa onda maravilhosa, mãe — disse a suave voz de Estrela que, afastando a cortina, apresentou seu rosto da alcova.

— Filha! Deixas já o leito? — perguntou Thimétis chegando-se até ela.

— Senti a presença de Moisés e quis ver como ele recebia o meu filho. Sinto-me tão bem e tão feliz em ver a tua felicidade e a dele, que não pude resistir ao impulso de me aproximar de vós.

— Ó mãe feliz de um ser que chega à vida com o selo divino de servidor de Deus!... — exclamou Moisés, tomando a mão que sua esposa lhe estendia e aproximando-a do menino adormecido...

Essa foi a entrada na vida terrestre de Essen, filho adotivo de Moisés e fundador da Fraternidade Essênia que suavizou os anos maduros do gênio gigante, conforme o denominavam as antigas escrituras, e continuaram seus caminhos de paz, sabedoria e amor até sua nova vinda, a derradeira, na personalidade augusta de Jhasua de Nazaré.

As idades e os séculos, por duros e tempestuosos que sejam, não podem impedir estes encadeamentos de ocorrências e de vidas consagradas e escolhidas pela eterna lei para impulsionar as humanidades aos elevados destinos a que deve levá-los a imutável lei da evolução.

No mesmo dia e na mesma hora, o grande sacerdote do povo de Israel lá em Gesen, e o patriarca Jetro em Poço Durba no distante Madian, percebiam a mesma visão que iluminou Moisés. Ambos a escreveram em seus álbuns de intimidades espirituais nesta forma:

"Está já encarnado o filho adotivo de Moisés que vi nesta visão, e a corte que rodeia sua alma-esposa está formada por todos os profetas que virão à escola fundada por Essen, para ensinar e proteger o povo de Abraão no meio do qual realizará, em épocas futuras, a gloriosa epopéia de sua derradeira vida messiânica no meio desta humanidade."

Na primeira caravana que saiu de Poço Durba e atravessou o deserto, vinha a carta do patriarca Jetro anunciando a Moisés que, através de tão imensas distâncias, a eterna luz, maga divina dos céus, vertia sobre à Terra suas claridades soberanas, que marcam rotas, abrem caminhos e forjam heróis e santos quando chegar a hora de realizar criações imorredouras.

As Duas Potências

Tranqüilo já seu espírito com o conhecimento das origens do povo de Abraão que havia adquirido, Moisés pensou em cumprir a missão de ordem financeira da qual o encarregara o príncipe governante do Negeb.

Sendo que a princesa Thimétis devia também apresentar seus agradecimentos ao faraó por seu importante obséquio, transportaram-se ambos em seu veleiro engalanado de cortinados e pavilhão ouro e neve, rio acima, mas não com o coração tão sossegado e aprazível como fora seu desejo.

Como o faraó receberia Moisés? Havendo recebido o aviso, Amenhepat saiu para recebê-los no grande cais defronte ao suntuoso palácio e acompanhado de tão numerosa escolta em toda gala, que os visitantes puderam interpretar de duas maneiras: manifestação de força defensiva ou exteriorização de afeto e homenagem.

O abraço que deu na princesa foi o de um filho na mãe por longo tempo ausente.

Em relação a Moisés, o faraó houvera-se limitado a estreitar-lhe a mão, mas Moisés chegou-se a ele com os braços abertos e Amenhepat voltou a ser aquele jovem companheiro de férias em Tebas e se deixou abraçar por ele.

No silêncio das emoções profundas, afogaram-se as palavras, e os olhos brilhantes de lágrimas contidas foram eloqüentes em extremo.

— Felicito-te, irmã, pela tua regência na Mauritânia e apenas lamento teres que voltar lá, porquanto reclama esse povo tanto a tua presença.

— Obrigado, irmão, mas tenho esperanças de acalmá-lo sem ter que voltar.

— E a ti, Osarsip, não felicito, mas apenas lamento o fato de teres perdido entre desertos e penhascos a serena coragem do governante equânime e justo.

— Atrevo-me a dizer-te, faraó, que o deserto e os penhascos ensinam o homem no que diz respeito a conhecer a si mesmo, corrigir deficiências e capacitar-se para ser útil na vida em sociedade.

— Posso interpretar essas palavras como a idéia de permaneceres no Egito?

— Creio que sim, faraó. Se não for outra a tua vontade, estou na terra que me viu nascer.

— Tantas vezes o desejei que estive a ponto de chamar-te para o meu lado. Terias vindo?

— Sim, faraó, teria vindo, sabendo que necessitavas de mim. É belo e é justo acudir a quem necessita de nossos serviços. Eu o julguei sempre assim.

Neste breve diálogo, enquanto caminhavam em direção à grande entrada do palácio poderá o leitor dar-se conta das disposições de ânimo nas quais o soberano se encontrava a respeito de seus visitantes.

No grande salão do trono, esperava-os a rainha com três filhos, dois varões e uma mulher, e toda a sua corte de damas. Moisés fez-lhe uma grande reverência beijando-lhe a mão, e Thimétis a estreitou a seu coração num sincero e maternal abraço. O primogênito de nove anos, a menina de sete e o menor de quatro anos, foram apresentados aos visitantes com estas palavras do faraó:

— Aqui tendes minhas conquistas. Não são mais valiosas que o ouro e os brilhantes?

— Claro, faraó! Quem pode comparar o ouro e os brilhantes com estas estrelinhas que o Eterno deixa cair sobre nossas vidas terrestres?

— Não caiu nenhuma estrela destas no teu caminho, Osarsip? — disse o faraó olhando para Moisés com astuto sorriso.

— Sim, faraó!... A lei eterna me deu uma esposa e um filhinho que eu fiz questão que nascesse no Egito. Meu filho nasceu há apenas cinqüenta e sete dias.

— Oh! Esta, sim, é uma notícia grande e bela. Posso saber quem foi a escolhida?

— A filha mais moça de teu grande parente, o patriarca Jetro, que é um astro de luz perene no deserto e na Arábia. Estás de acordo?

— Assim, assim! As filhas do tio Jetro são, quase sempre, rebentos bastardos de rainhas e princesas esquecidas do seu dever.

— Minha Estrela não é filha de rainhas nem de princesas, mas vem do lar de um marujo da Bética que em suas viagens à Terra do Sol, a Mauritânia de minha avó, pescou sua estrela e abriu sua tenda sob as acácias da Bética. A barbárie humana deixou-a sozinha no mundo, e bem sabes que o tio Jetro é o pai obrigatório de todos os órfãos deste mundo.

A rainha, calada, ouvia, e uma ligeira sombra de melancolia se estendeu por seu belo rosto.

A princesa real, que percebeu isto, inclinou-se para ela e disse-lhe quase ao ouvido:

— Enquanto eles falam de suas coisas, falemos nós das nossas.

— Sim, é melhor. O faraó tem às vezes frases tão duras que temo possa chegar a ofender teu filho.

— Não te preocupes, que meu Osarsip é bom piloto em todos os mares. Eu soube que o rei, teu pai, está doente e reclama a tua presença. Irás vê-lo?

— Ainda não sei. O faraó esperava vossa visita para resolver isto.

— Que relação pode ter uma coisa com a outra?... Não compreendo.

— Por que não levas, minha rainha, a princesa real a teus aposentos particulares? Estarias lá muito melhor que entre a aridez de nossas conversas

245

sobre compra e venda, sobre o deve e o haver. — Isto foi o que sugeriu imediatamente o faraó quando julgou chegado o momento de discutir o assunto de que havia sido encarregado pelo hartat do Negeb.

A rainha não o fez repetir a indicação e, muito agradecida pela concessão, saiu levando Thimétis pelo braço enquanto a aia levava as crianças e as damas seguiam atrás das duas augustas senhoras.

Apenas elas tinham saído, disse o faraó:

— Terás compreendido que, com a presença de tão numerosas testemunhas de vista e de ouvido, os soberanos de povos não podem falar.

— Sim, claro está. Compreendi. Tens ordens secretas para dar-me?

— Respondo com outra pergunta: Consideras-te cidadão egípcio e meu súdito?

— Creio que és tu, faraó, quem deve dizer se sou um cidadão egípcio ou um infeliz pária expulso de sua pátria como um réptil venenoso.

— Nós nos separamos com vinte anos, quando podíamos chamar-nos Osarsip e Amenhepat reciprocamente. Agora temos já trinta anos, somos casados e pais de família. Que fiz eu na tua ausência e que fizeste longe de mim?

— Faraó!... Ignoro completamente o que fizeste, mas sem dúvida alguma agiste conforme o dirigente de um grande país. Mas o que eu fiz, é bem pouca coisa diante do mundo. Foi uma completa renúncia a quanto os homens consideram sua felicidade suprema, para consagrar-me absolutamente ao progresso espiritual e moral de minha psique e de todos os que cruzaram o meu caminho. Para isto fundei uma escola de ciências, artes e de cultura interior e exterior, de forma que os alunos ali formados sejam seres capazes de ensinar, encaminhar e dirigir outros num futuro já próximo ou distante, segundo o Eterno invisível o disponha. Eu quis ser como um continuador do patriarca Jetro, embora tendo a certeza de não chegar à altura que ele chegou.

— E que altura julgas ser essa? Pobre velho! Sem nenhum amor a si mesmo, lançou-se atrás das quimeras do visionário Anek, e lá ficou vegetando no deserto como um lagarto ao sol... Penso, Osarsip, que para chegar a alguma coisa um homem deve amar a si mesmo o bastante para ultrapassar todas as barreiras que se oponham a esse supremo anelo de toda alma destinada à imortalidade. Acaso não te julgas destinado a ser imortal?

— Sim, faraó, e porque assim o julgo deixo a um lado do caminho o perecedouro e o fugaz para prender-me como a raiz à terra ao que é imperecedouro e eterno.

— Está bem, homem de pedra! Entretanto, deves convir que podemos fazer a imortalidade com obras e não com sonhos que se desvanecem ao despertar.

"Criei cidades, reconstruí templos, construí outros, construí circos, termas, palácios, casas da vida onde não as havia e, principalmente, uma grande escola de esgrima e artes da guerra com mil bolsas de estudo por trimestre para formar um exército que ultrapasse os que todos os países do mundo têm. Não é isto criar uma imortalidade digna de um filho dos deuses?"

— Efetivamente, faraó! Creio que realizaste obras de acordo com o teu ideal e muito em consonância com a tua situação. Acrescento que todo ser humano é como um livro vivo em cujas páginas nosso Eu interior vai anotando suas realizações boas ou más, segundo os ideais que sustenta e seu livre-arbítrio.

"Minhas obras nestes dez anos não podem, de forma alguma, comparar-se com as tuas, que parecem imensas à vista de todo este mundo. As minhas são invisíveis, sem forma, sem nome, conhecidas apenas por aqueles que as receberam e por mim que as fiz. As tuas atraem sobre ti grandeza, renome, glória, fama. As minhas nada mais trazem que a íntima e secreta satisfação de ter podido realizá-las..."

— Compreendi, Osarsip, compreendi. Anek... sempre Anek! Se é verdade que as almas reencarnam, és a reencarnação desse faraó sonhador e visionário, que teve a desgraça de atrair a morte para si mesmo e para milhares de seres que sonharam acordados como ele.

"Sabes que as ruas de Amarna, de Abidos, de Tentira e os caminhos adjacentes foram rios de sangue e cenário de horrendas matanças? Podemos dizer que realizou alguma obra justa esse incauto sonhador de impossíveis?"

— Faraó!... Se uma vandálica horda de piratas, armada de catapultas, invade tuas cidades e destrói tuas obras, devemos culpar a ti que as fizeste ou aos bárbaros que as reduziram a escombros?...

O faraó ficou pensativo e calado por longo espaço de tempo, e Moisés guardou silêncio como ele. Finalmente, saiu de seu mutismo e, com certo desalento e cansaço, disse o faraó:

— Meus raciocínios sempre foram vencidos pelos teus. Por que será que a razão e a lógica estão sempre do teu lado?

— Muita honra é para mim, faraó, mas não julgues que em todos os terrenos eu saio vencedor. Aprendi a perder e perco com serenidade. Também é esta uma das minhas obras invisíveis, sem forma e sem nome, que pude realizar no meio do deserto e dos penhascos.

— Serenidade na derrota!, no fracasso!, na renúncia de tudo!... Na miséria, na ruína! Pelos deuses, Osarsip, na verdade pareces de pedra! — exclamou o faraó dominado por uma exaltação muito próxima do despeito e da ira.

— Rogo que não te exasperes por minha causa, faraó. Eu não me perdoaria nunca, pois não vim para desagradar-te, mas para passar uns momentos de placidez em tua companhia, e ao mesmo tempo cumprir o encargo do etnarca do Negeb.

— Eu quase o havia esquecido, eu te asseguro.

— Pois eu pensava neste momento no assunto. Ele pode enviar à tua fronteira, por enquanto, quatro mil cavalos. Teus administradores verão qual é a equivalência em cereais, de acordo com o custo atual, de todas as coisas.

— Tudo isso já está feito, Osarsip e, se for do teu agrado, no final daremos a nossa concordância. Por enquanto, vamos consagrar-nos a nós mesmos. Quanto tempo pensas em permanecer no Egito? Um ano, dois, três ou dez?

— Permanecerei o tempo necessário para conseguir a tua generosidade, piedade ou justiça para os que carecem delas, talvez sem teu conhecimento.

— Mas há alguém que não esteja a seu gosto e prazer no Egito? — perguntou o faraó com inusitada veemência.

— Oh, faraó!... Em tão grande e rico país se compreende muito bem que abundem os abusos dos fortes sobre os débeis.

— Quem são, no teu parecer, os fortes e quem os débeis?

— Como em todas as terras e em todas as épocas, faraó, são fortes os potentados pelo ouro e pela posição conquistada junto dos poderes reinantes. Pensa um momento nos que gozam de todos os bens que sua fortuna e amizade contigo lhes proporcionam. E a seguir pensa também nos que, tratados como uma raça inferior, vivem a vida dos escravos e dos párias aceitos por compaixão em terra estrangeira...

— Os beduínos... os jacobos ou israelitas! Por favor, Osarsip! Desceste tanto de nível que chegaste a pensar neles? Eu jamais houvera acreditado, se não tivesse ouvido de teus próprios lábios!

— Isso também me ensinou o deserto e os penhascos, entre os quais meditei durante dez anos, faraó! Não há justiça nem uma mediana igualdade em favorecer com extremada grandeza a uns e em apertar a corda, quase até rompê-la, atada ao pescoço de outros.

— Quem são os que estão sendo enforcados no Egito? Queres me dizer? Os jacobos descendentes dos porcos?...

— Eles e outras tribos estrangeiras que ficaram e são como o refugo do Nilo. Se não os queres, nem há para o país vantagem alguma na sua presença, seria justo deixá-los sair em busca de sua vida em outras terras, em outros ares, outros horizontes. Além do mais, não são descendentes de porcos, mas do cruzamento da raça atlante com a dos samoiedos do norte. Essa é a origem da raça de Israel que um ilustre antepassado, um faraó de dinastia já desaparecida recebeu como um dádiva dos deuses. Eles vêm desde Sem, lugar-tenente de Noepastro e de Eufêmia, filha de Forkam III, rei dos samoiedos, então desterrados de Hisarlik, sua pátria original.

— Bah..., bah!... Tuas velhas histórias soam a contos sem realidade provada. Ainda és capaz de sair com a notícia de que sabes quem edificou as velhas pirâmides e a monstruosa Esfinge!

— Posso dizê-lo, faraó, porque na verdade o sei através das velhas escrituras recolhidas nos arquivos de templos egípcios, de tumbas egípcias e firmadas por egípcios da velha nobreza faraônica, quando tu e eu só estaríamos no pensamento divino, se é que Ele se havia dignado pensar em centelhas de luz indefinidas...

— Que escrituras são essas que te deram tão belas notícias e das quais somente tu tiveste conhecimento?

— Também as houveras conhecido, faraó, se tivesses querido. O velho templo de On, hoje em ruínas, teve por arquivista o hierofante Isesi da Mauritânia durante vinte e cinco anos. Minha mãe, em sua regência naquele país, tirou-o da prisão onde jazia seqüestrado por ordem superior. Haviam-lhe permitido conservar seu arquivo particular e demais pertences; e o hierofante Isesi está no deserto com o patriarca Jetro, de quem foi companheiro de estudos e de iniciação. Por isso eu disse que o deserto e os penhascos descobrem muitos segredos e ensinam grandes verdades.

"Creio que concordarás comigo que nem todas as grandes almas são destinadas ao trono."

— Sim, é verdade. Talvez tenhas razão. Há quem afirme ter tido o Egito um glorioso e radiante passado, e estou vendo que andas em tudo isso. Que te parece se formássemos em Tebas um escola de elevados conhecimentos onde fosses tu o pontífice máximo?

— Oh, não, faraó!... Tem o Egito em seus claustros sagrados ilustres sábios que foram meus mestres, e jamais poderia eu ocupar esse lugar sem cometer uma grave injustiça. Como um simples colaborador de tua grande idéia eu me consideraria altamente honrado e, desde já, me permito sugerir que transformes essa idéia em realidade. Podes fazê-la?

— Eu a farei, Osarsip, de uma única maneira! Eu te prometo, pela memória de meu ilustre pai que tanto amou a tua mãe... Quero fazê-la por ambos.

— Muito me agrada a tua resolução e, apesar de não encontrares entre os homens maiores entusiasmos e menos ainda palmas de glória e aplausos de louvor, recordo que dos reinos de Osíris chegar-te-ão grandes compensações. Este mundo necessita de soberanos que desta forma se preocupem com a alta cultura de seus povos...

— Está bem em quanto dizes, mas não te preocupaste em averiguar qual seja a única maneira ou forma que me impulsionaria a realizar a idéia que parece interessar-te tanto.

— Oh, faraó!... Não esqueças que és filho e neto de faraós!... Desde quando é permitido a uma pessoa qualquer pedir explicações de seus pensamentos e resoluções a um soberano de tal altura? Não o julguei prudente nem sequer razoável. Dirás apenas o que for da tua vontade que eu conheça.

— Está bem. Já que tens tão em conta a etiqueta palaciana, direi sem que me perguntes qual é a única maneira por que eu criaria essa escola superior de ciência divina e humana: seria contando contigo como hierofante máximo para dirigi-la. Se aceitares, a escola será uma realidade. Se não aceitares, fico livre da promessa feita à memória de meu ilustre pai que tanto amou tua mãe.

O faraó dirigiu a Moisés um olhar que tinha ares de desafio, pois teve a impressão que o enredara numa rede de aço da qual não poderia escapar com facilidade.

Moisés compreendeu isso imediatamente, mas tinha chegado a hora em que a lei o havia colocado entre os invencíveis, os invulneráveis e inamovíveis, onde ela, eterna potência, coloca os que jamais retiram sua mão do arado que abriu o sulco, nem voltam a cabeça para trás no caminho empreendido, nem encurtam o andar em sua viagem para contemplar um jardim florescido...

Depois de um curto silêncio, ele respondeu:

— Também eu, faraó, repito tuas próprias palavras: Só de uma maneira me seria possível corresponder ao teu desejo de que seja eu o diretor dessa grande escola.

— Qual é essa maneira, senhor Osarsip-penhasco? Oh, quisera que fosses um homem e não um pedernal, eu te asseguro!...

— Não te incomodes, faraó!... A vida me fez tal como sou: pedra, penhasco, pedernal, calhau que machuca os pés, aresta que faz sangrar as mãos... Terias algum inconveniente que a escola projetada abrisse suas portas e desse entrada livre a todo aquele que tivesse condições para aproveitar o ensinamento e pôr sua vida inteiramente em harmonia com ela? Esta seria a minha única maneira de poder corresponder ao teu desejo.

— Tens Anek até na medula de teus ossos. Na grande escola-templo de Abidos entraram até os escravos trazidos com argola no pescoço desde a Gália e da distante Escusai como prisioneiros de guerra...

— Naturalmente, faraó, da mesma forma como se o Egito fosse invadido e vencido e teus filhos escravizados, por que não poderiam eles entrar numa escola superior de ciência divina e humana?

— Teu raciocínio sempre deita por terra minhas idéias boas ou más! Sempre tens razão, Osarsip! Dize-me por fim toda a verdade. Eu te conjuro por meu pai e por tua mãe a que me digas a verdade: És um filho dos deuses ou um filho dos homens?

— A princesa real do Egito, filha de teu pai Ramsés I e de Epúvia Ahisa, filha do grande sfaz da Mauritânia, é a única mulher que me tem chamado de filho. É tudo quanto posso dizer-te, faraó.

— Merecias um trono, Osarsip, mas como eu não o posso dar a ti, dou-te um templo-escola, onde sejas um pontífice-rei! Onde a queres? Em Mênfis, em Tebas, na antiga Abidos?

— No velho templo de On, se não te opões, mas sem pontificado nem reinado que não me tornariam diferente do que sou. Somente peço portas abertas e entrada livre para os que forem capazes de compreender o ensinamento e adaptar sua vida absolutamente a ele. As raças e posições sociais não entram em meus programas de cultura superior das inteligências. Se meus modos de ver não menosprezam os teus, faraó...

— O tempo o dirá. Experimentemos e ainda espero fazer-te chegar à minha altura...

— Empenho vão, no meu parecer, faraó... Apesar disso, quero colaborar na realização de tua grande idéia porque considero um dever iniludível colaborar em toda obra justa, bela e boa para nossos semelhantes.

"Fazer homens justos e bons; mulheres honestas e puras para esta juventude que sai recentemente da vida é uma belíssima obra, faraó, e muito digna de um soberano que teve por antepassados distantes grandes criadores de civilizações de continentes... Thot, Hermes, Mizraim, Soser estão reclamando de ti uma imitação..."

— Não te entusiasmes tanto, Osarsip, sem saber se sou ou não capaz de realizar tudo o que estou vendo que cabe em teus sonhos...

— O amor é mais forte que a morte! O amor salva de todos os abismos!

— Volta o pesadelo de Anek-Aton. Vais morrer na tua lei!

— Não duvides disso, faraó. Os penhascos do deserto e eu nos parecemos!

— Efetivamente. E como estou convencido de que tens fibra de triunfador, quero ter-te a meu lado para que triunfemos juntos. Dize-me, não te causa ilusão fazer do Egito o mais glorioso país do mundo?

— Esse foi o pesadelo de Anek-Aton segundo tua própria expressão, faraó, mas como este mundo não vislumbrou ainda o que em verdade poderia merecer o nome de *glorioso*, Anek morreu envenenado, assassinados em massa todos os seus adeptos e envenenado também o seu filho que subiu ao trono, com igual pesadelo que seu pai. Em compensação, triunfou Tutank-Amon, que dobrou a cabeça ao jugo dos conceitos humanos que hoje, por enquanto, são muito diferentes dos pensamentos e dos conceitos da eterna lei.

— Quando se poderá chamar grande e glorioso um país segundo o teu critério?

— Quando governantes e povos tenham chegado à capacidade de agir com eqüidade e justiça em todos os atos e momentos da vida.

— Mas julgas que isto é de possível realização no mundo?

— Em épocas muito remotas foi possível, faraó, conforme mencionam velhíssimas escrituras com fatos e provas que não podemos desmentir; contudo, esse estado glorioso e feliz não foi de perpétua duração, porque esta humanidade é ainda fruta verde e necessita amadurecer depois de haver sofrido freqüentes podas e dolorosos cortes, tal como as árvores de teus hortos e jardins.

— Queres que ensaiemos o mesmo com nosso Egito milenar?

— Sim, faraó! Ensaiemos tu e eu em ser justos e bons, e logo peçamos a todo o Egito que também o seja.

— Que justiça e que bondade devo pôr em prática antes de alguém?

— Julgas que ages com justiça em relação aos estrangeiros que vivem no país?

— Voltas aos beduínos e aos negros do país de Kush. Aos berberes, que comem até carne de tigres e panteras e vendem as peles à nobreza espúria do Indostão.

— Sim, faraó, volto por todos os escravizados e pisoteados deste e de todos os países do mundo!

— Mas, homem!... Queres fazer dos animais anjos do paraíso?

— Faraó!... Os que levantaram todas as cidades, templos e monumentos que embelezam tuas cidades não são animais. São homens que pensam e amam, que têm esposas e filhos que padecem fome, nudez, frio, miséria, porque o meio salário que lhes dá a tua lei não consegue cobrir suas necessidades. Se deles se exige trabalho dobrado diverso do exigido dos cidadãos egípcios, que razão há para obrigá-los a conformar-se com meio salário como compensação pelo duplo trabalho?

"Se vais dizer que não satisfazem tuas aspirações, por que os reténs no país?"

— Queres, ao que parece, encarregar-te de limpar o Egito de tanta imundície indesejável... Triste tarefa a tua, Osarsip! Que sairás ganhando com isto?

— Não falávamos há um momento de países grandes e gloriosos? Transformar numa humanidade culta o que é imundície na tua opinião, creio ser o único meio de chegar a conseguir um país grande e, na verdade, glorioso.

— Oh!... Estou compreendendo o teu sonho, Osarsip! Queres a alta escola de ciência humana e divina de portas abertas para transformar em homens e mulheres cultos toda essa confusa mistura de párias, beduínos e sujos jacobos que enfeiam nossas cidades...

"És um homem audaz e valente quando te entregas a um trabalho semelhante! Podes fazê-lo, Osarsip, ainda que me cause pena de ti porque desta forma condenas a ti mesmo a morrer sacrificado."

— "A morte por um ideal de libertação humana é a suprema consagração do Amor", diziam os sábios filósofos da pré-história que fizeram a civilização de três continentes.

— Minhas razões não te convencem, mas os acontecimentos te convencerão. Amanhã mesmo será criada a tua escola. Eu te dou minha palavra de faraó. Com tuas portas abertas, será o mesmo que penetrar numa caverna povoada de corvos, hienas e tigres que te devorarão pedacinho por pedacinho se minha garra de leão não te defender a tempo... És bom e chegaste aos trinta anos sem conhecer os maus sentimentos dos homens! Nestes dez anos de tua ausência eu os conheci bem e..., perdoa o meu egoísmo, por isso pensei em ti não menos que um milhão de vezes.

— Graças, faraó, embora não crendo merecer tão grandes elogios de tua parte. Posso escolher os mestres da escola?

— Tudo quanto se refere a ela deves fazê-lo tu. Eu só quero ser o espectador de tua obra...

Um acompanhante apresentou-se arquejante à porta, desesperado.

— Senhor!... perdão se vos interrompo... Sua grandeza o príncipe real caiu do grande balanço e a rainha está desmaiada!

— Vamos lá! — disse o faraó, levantando-se apressadamente, seguido por Moisés. A cena que apareceu à vista de ambos não podia ser mais desoladora.

O menino, estendido no solo, deitando sangue pela boca e pelo nariz, estava imóvel, enquanto a princesa Thimétis, ajoelhada a seu lado, esforçava-se por conter a hemorragia.

Desmaiada sobre um divã, a rainha era socorrida por suas damas, sem dar sinais de vida nem ela nem seu pequeno filho.

Moisés levantou sua mãe e suspendeu o pequeno, colocando-o de pé entre seus joelhos e seu peito. A hemorragia conteve-se imediatamente e o menino, que ainda não havia recobrado completamente o conhecimento, disse a meia voz:

— Pai, vais castigar-me pela travessura? — Sentindo-se tão amorosamente abraçado por Moisés, julgava ser o faraó quem o mantinha entre os braços.

— Não temas, não haverá castigo: contudo, fica em silêncio e pensa em querer ser curado.

O menino fechou os olhos e parecia dormir.

— Convém que te tranqüilizes, faraó — disse Moisés, vendo-lhe o rosto branco como um papel e com o aspecto severo dos grandes acessos de cólera.

— Agora me dirás quem em justiça deve pagar pelo estado da rainha, do príncipe quase morto e pelo grande desgosto que sofri.

— O que estás pensando, faraó, é o que não deves fazer, se queres que este acidente passe dentro de poucos momentos.

O olhar de Moisés, carregado de toda a força magnética que pôde imprimir nele, envolveu o faraó como num véu de frescor, serenidade e calma.

Com o pensamento, ele já havia decretado num instante a morte por decapitação da aia-mor e dos pagens e criados que cuidavam das crianças.

Aproximou-se de Moisés, que ainda sustentava entre os joelhos e o peito o menino, e perguntou:

— Sabias o que eu pretendia fazer?

— Sim, faraó. Estavas a ponto de ordenar que fossem decapitados imediatamente os encarregados de vigiar as crianças.

— É verdade! E creio que é de justiça para que isto não suceda novamente.

— Repara! Tua esposa já veio a si e logo estará bem. Este menino, antes do pôr-do-sol te procurará para que lhe contes uma aventura. Serias mais feliz e maior cortando meia dúzia de vidas num instante?

— Mas então, na tua opinião, o que é um rei, soberano de um grande povo?

— Um representante do Deus invisível e onipotente, para governar e cuidar de seus povos.

— A rainha já está bem — disse a princesa real aproximando-se —, e o menino creio que não corre mais perigo algum. O grande susto já passou. Não é verdade, Ramsés, que já não sentes nenhuma dor? — perguntou ela ao menino acariciando-o amorosamente.

— O faraó me castigará?

— Não, filhinho, mas não repitas o que fizeste hoje — respondeu ela tomando-o dos braços de Moisés para aproximá-lo de seu pai.

"Amplo perdão para todos, reclama esta tua velha irmã, Amenhepat" — acrescentou Thimétis, procurando suavizar o ambiente que ainda estava pesado e tenso.

— Porque estáveis vós duas aqui, pois, se não fosse assim...

— O sol está muito alto e por isso é adorável e benéfico para todos... Compreendeste, faraó, o hieróglifo de minha mãe?

— Tua mãe e tu vivem em outros mundos que não são a Terra, e estou com medo de ser arrastado por vós da mesma forma que um satélite pela órbita que lhe é determinada.

Uns momentos depois, a família real, reunida ao redor de uma suntuosa mesa esplendidamente servida, celebrou o término feliz do acidente e o faraó e Moisés continuaram o diálogo interrompido, do qual ficavam bem definidas as duas grandes forças que eram duas poderosas montanhas colocadas uma defronte à outra como em permanente desafio: uma de ordem material e a outra de ordem espiritual.

O faraó Ramsés II do Egito e Moisés, o vidente do Sinai.

MÃOS DE LUZ

Barbara Ann Brennan

Este livro é de leitura obrigatória para todos os que pretendem dedicar-se à cura ou que trabalham na área da saúde. É uma inspiração para todos os que desejam compreender a verdadeira essência da natureza humana.
ELISABETH KUBLER-ROSS

Com a clareza de estilo de uma doutora em medicina e a compaixão de uma pessoa que se dedica à cura, com quinze anos de prática profissional observando 5000 clientes e estudantes, Barbara Ann Brennan apresenta este estudo profundo sobre o campo energético do homem.

Este livro se dirige aos que estão procurando a autocompreensão dos seus processos físicos e emocionais, que extrapolam a estrutura da medicina clássica. Concentra-se na arte de curar por meios físicos e metafísicos.

Segundo a autora, nosso corpo físico existe dentro de um "corpo" mais amplo, um campo de energia humana ou aura, através do qual criamos nossa experiência da realidade, inclusive a saúde e a doença. É através desse campo que temos o poder de curar a nós mesmos.

Esse corpo energético — pelo qual a ciência só ultimamente vem se interessando, mas que há muito é do conhecimento de curadores e místicos — é o ponto inicial de qualquer doença. Nele ocorrem as nossas mais fortes e profundas interações, nas quais podemos localizar o início e o fim de nossos distúrbios psicológicos e emocionais.

O trabalho de Barbara Ann Brennan é único porque liga a psicodinâmica ao campo da energia humana e descreve as variações do campo de energia na medida em que ele se relaciona com as funções da personalidade.

Este livro, recomendado a todos aqueles que se emocionam com o fenômeno da vida nos níveis físicos e metafísicos, oferece um material riquíssimo que pode ser explorado com vistas ao desenvolvimento da personalidade como um todo.

Mãos de Luz é uma inspiração para todos os que desejam compreender a verdadeira essência da natureza humana. Lendo-o, você estará ingressando num domínio fascinante, repleto de maravilhas.

EDITORA PENSAMENTO

LUZ EMERGENTE

A Jornada da Cura Pessoal

Barbara Ann Brennan

O primeiro livro de Barbara Ann Brennan — *Mãos de Luz*, publicado pela Editora Pensamento — consagrou-a como uma das mais talentosas mestras da atualidade no seu campo específico de atuação. Agora, neste seu novo livro há muito esperado, ela continua sua pesquisa inovadora sobre o campo energético humano e sobre a relação de nossas energias vitais com a saúde, com a doença e com a cura.

Com base em muitas das novas descobertas que ela fez na sua prática diária, a autora mostra de que modo tanto os pacientes como os agentes de cura podem ser energizados para entender melhor e trabalhar com o nosso poder de cura mais essencial: a luz que se irradia do próprio centro da condição humana.

Nas suas várias partes, este livro explica como e por que a imposição das mãos funciona; descreve o que um curador pode ou não fazer para beneficiar as pessoas, ensina a forma básica de uma sessão de cura e como uma equipe constituída por um curador e um médico pode funcionar com resultados excelentes; apresenta depois o conceito do sistema interno de equilíbrio e mostra como podemos desenvolver doenças quando não seguimos a orientação desse sistema; transcreve a seguir uma série de interessantes entrevistas com pacientes que ajudam a explicar o processo de cura de um modo muito simples; explica o modo como os relacionamentos podem afetar a saúde, tanto positiva como negativamente, e propõe, para finalizar, maneiras práticas de criar relacionamentos saudáveis, além de mostrar a conexão entre saúde, doença e cura com o processo criativo.

O livro traz, ainda, uma série detalhada de casos clínicos esclarecedores, propõe exercícios, além de incluir ilustrações em preto e branco ou em cores para a melhor compreensão do texto.

Apresentando os aspectos práticos e teóricos desse novo campo de pesquisa, Barbara Ann Brennan coloca-se na liderança da prática da cura na nossa época.

CULTRIX/PENSAMENTO